김용태·이기웅 공저

통상행정법

대외무역법 · 외국환거래법

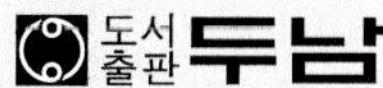
도서출판 두남

머 리 말

대외무역법 · 외국환거래법은 Global 경제시대에서의 무역 · 통상거래와 관련된 주요한 행정법이다. 물론 통상행정법에서 관세법의 중요성을 간과할 수 없지만 관세법은 통관법규와 함께 조세법규와 관세형사법규의 특질도 갖고 있기 때문에 순수한 통상법으로 분류하는 데 애매한 점이 있을 뿐 아니라 그 법조문의 분량이 방대하여 통상행정법의 범주에 포함하여 한 권의 책으로 저술하는 데 어려움이 있다.

아울러 여러 대학의 국제통상학과 커리큘럼에서 '관세법'만 따로 한 학기 강좌로 개설하고 있는 점도 고려하여 이 책의 저술 범위에서 그 내용을 제외하였다. 그리하여 이 책은 특히, '국제통상법규' 과목으로 개설한 대학의 한 학기 강좌에 적합한 분량으로 대외무역법과 외국환거래법의 핵심적 내용을 모두 단박에 숙지하면서 법률 상호간 연관성을 거시적으로 이해할 수 있도록 기술하였다.

또한, 이 책의 내용은 대외무역법 · 외국환거래법을 이론적으로 배우는 대학생, 관세사시험 등을 준비하는 수험생, 수출입기업에서 무역 · 통상거래의 실무를 직접 다루는 기업체 관계자, 그리고 관련 전문분야에 종사하는 실무전문가들에게 길잡이로서 유용한 지침서가 될 수 있도록 의도하였다.

아무쪼록 이 책이 대학에서 관련 학문을 배우는 학생이나 수험생 그리고 무역실무에 종사하는 관계자들에게 조금이라도 도움이 되고, 우리나라 통상행정법의 발전에 일조할 수 있기를 간절하게 기대해 본다. 어려운 상황에서 이 책의 출판을 흔쾌히 결심해 주신 도서출판 두남의 전두표 대표님과 이승구 상무님께 깊은 감사를 드린다.

2024년 12월
공저자 씀

차 례

제1장
대외무역행정의 기본적 이해

제1절 대외무역행정의 목적과 적용범위

제2절 권한의 위임

제 1 절 대외무역행정의 목적과 적용범위

Ⅰ. 대외무역행정의 목적

1. 대외무역법의 입법목적

대외무역법의 입법목적은 대외 무역을 진흥하고 공정한 거래 질서를 확립하여 국제 수지의 균형과 통상의 확대를 도모함으로써 국민 경제를 발전시키는 데 이바지함에 있다.

2. 대외무역행정의 일반원칙

우리나라의 대외무역행정은 헌법에 따라 체결·공포된 무역에 관한 조약과 일반적으로 승인된 국제법규에서 정하는 바에 따라 자유롭고 공정한 무역을 조장함을 원칙으로 하고, 정부는 대외무역법이나 다른 법률 또는 헌법에 따라 체결·공포된 무역에 관한 조약과 일반적으로 승인된 국제 법규에 무역을 제한하는 규정이 있는 경우에는 그 제한하는 목적을 달성하기 위하여 필요한 최소한의 범위에서 이를 운영하여야 한다(대외무역법 제3조).

이에 따라 산업부장관은 무역의 진흥을 위하여 필요하다고 인정되면 물품등의 수출과 수입을 지속적으로 증대하기 위한 조치를 할 수 있으며, 무역의 진흥을 위하여 필요하다고 인정되면 다음에 해당하는 자에게 필요한 지원을 할 수 있다(대외무역법 제4조):

㉮ 무역의 진흥을 위한 자문, 지도, 대외 홍보, 전시, 연수, 상담 알선 등을 업(業)으로 하는 자;
㉯ 무역전시장이나 무역연수원 등의 무역 관련 시설을 설치·운영하는 자;
㉰ 과학적인 무역업무 처리기반을 구축·운영하는 자.

아울러 산업부장관은 우리나라가 체결한 무역에 관한 조약의 이행을 위하여 필요한 때에는 관련 공공기관, 기업 및 단체 등으로부터 필요한 자료의 제출을 요구할 수 있는데, 무역에 관한 조약의 이행을 위하여 필요한 자료를 직무상 습득한 자는 자료제공자의 동의 없이 그 습득한 자료 중 기업의 영업비밀 등 비밀유지가 필요하다고 인정되는 기업정보를 타인에게 제공 또는 누설(漏泄)하거나 사용 목적 외의 용도로 사용하여서는 것이 금지된다(대외무역법 제9조제1항). 여기에서 직무상 습득한 기업정보를 타인에게 제공 또는 누설하거나 사용 목적 외의 용도로 사용한 자는 3년 이하의 징역 또는 3천만원 이하의 벌금에 처한다(대외무역법 제54조). 이 경우 법인의 대표자나 법인 또는 개인의 대리인, 사용인, 그 밖의 종업원이 그 법인 또는 개인의 업무에 관하여 위반행위를 하면 그 행위자를 벌하는 외에 그 법인 또는 개인에게도 해당 조문의 벌금형을 과(科)하되, 법인 또는 개인이 그 위반행위를 방지하기 위하여 해당 업무에 관하여 상당한 주의와 감독을 게을리하지 아니한 경우에는 예외를 적용한다(대외무역법 제57조).

한편, 산업부장관은 다음에 해당하는 경우에는 물품등의 수출과 수입을 제한하거나 금지할 수 있다(대외무역법 第5조):

> ① 우리나라 또는 우리나라의 무역 상대국(이하 "교역상대국")에 전쟁 · 사변 또는 천재지변이 있을 경우;
> ② 교역상대국이 조약과 일반적으로 승인된 국제법규에서 정한 우리나라의 권익을 인정하지 아니할 경우;
> ③ 교역상대국이 우리나라의 무역에 대하여 부당하거나 차별적인 부담 또는 제한을 가할 경우;
> ④ 헌법에 따라 체결 · 공포된 무역에 관한 조약과 일반적으로 승인된 국제법규에서 정한 국제평화와 안전유지 등의 의무를 이행하기 위하여 필요할 경우;
> ⑤ 국제평화와 안전유지를 위한 국제공조에 따른 교역여건의 급변으로 교역상대국과의 무역에 관한 중대한 차질이 생기거나 생길 우려가 있는 경우;
> ⑥ 인간의 생명 · 건강 및 안전, 동물과 식물의 생명 및 건강, 환경보전 또는 국내자원보호를 위하여 필요할 경우.

여기에서 수출 또는 수입의 제한이나 금지조치를 위반한 자에게는 5년 이하의 징역 또는 수출 · 수입하는 물품등의 가격의 3배에 해당하는 금액 이하의 벌금에 처한다(대외무역법 제53조제2항).

Ⅱ. 대외무역행정의 적용범위

1. 대외무역행정의 의의

1) 무역의 개념

대외무역행정에서 "무역"이란 물품, 용역, 전자적 형태의 무체물(無體物)에 해당하는 것(이하 "물품등")의 수출과 수입을 말한다(대외무역법 제2조제1호). 여기에서 "용역"이란 다음과 같은 용역을 말한다(대외무역령 제3조):

① 부가가치세법 시행령에 따른 용역(출판업과 영상 · 오디오 기록물 제작 및 배급업을 포함한다);
② 지식기반용역 등 수출유망산업으로서 전기통신업, 금융 및 보험업, 임대업, 광고업, 사업시설 유지관리 서비스업, 교육 서비스업, 보건업, 연구개발업, 번역 및 통역 서비스업을 영위하는 자가 제공하는 용역;
③ 국내의 법령 또는 대한민국이 당사자인 조약에 따라 보호되는 특허권 · 실용신안권 · 디자인권 · 상표권 · 저작권 · 저작인접권 · 프로그램저작권 · 반도체집적회로의 배치설계권의 양도(讓渡), 전용실시권(專用實施權)의 설정 또는 통상실시권(通常實施權)의 허락.

(1) 위탁가공무역

가공임을 지급하는 조건으로 외국에서 가공(제조, 조립, 재생, 개조를 포함한다)할 원료의 전부 또는 일부를 거래 상대방에게 수출하거나 외국에서 조달하여 이를 가공한 후 가공물품등을 수입하거나 외국으로 인도하는 수출입을 말한다(대외무역관리규정 제2조제6호).

(2) 수탁가공무역

가득액을 영수(領收)하기 위하여 원자재의 전부 또는 일부를 거래 상대방의 위탁에 의하여 수입하여 이를 가공한 후 위탁자 또는 그가 지정하는 자에게 가공물품등을 수출하는 수출입을 말하는데, 위탁자가 지정하는 자가 국내에 있음으로써 보세공장 및 자유무역지역에서 가공한 물품등을 외국으로 수출할 수 없는 경우 관세법에 따른 수탁자의 수출 · 반출과 위탁자가 지정한 자의 수입 · 반입 · 사용은 이를 대외무역법에 따른 수출 · 수입으로 간주한다(대외무역관리규정 제2조제7호).

(3) 연계무역

물물교환(Barter Trade), 구상무역(Compensation trade), 대응구매(Counter purchase), 제품환매(Buy Back) 등의 형태에 의하여 수출 · 수입이 연계되어 이루어지는 수출입을 말한다(대외무역관리규정 제2조제10호).

(4) 중계무역

수출할 것을 목적으로 물품등을 수입하여 관세법에 따른 보세구역 및 보세구역외 장치의 허가를 받은 장소 또는 자유무역지역법에 따른 자유무역지역 이외의 국내에 반입하지 아니하고 수출하는 수출입을 말한다(대외무역관리규정 제2조제11호).

2) 물품의 개념

대외무역행정에서 "물품"이란 다음과 같은 것을 제외한 동산(動産)을 말한다(대외무역법 제2조제2호):

> ① 외국환거래법에서 정하는 지급수단;
> ② 외국환거래법에서 정하는 증권;
> ③ 외국환거래법에서 정하는 채권을 화체(化體)한 서류

한편, "전자적 형태의 무체물"은 다음에 해당하는 것을 말한다(대외무역령 제4조):

> ㉮ 소프트웨어 진흥법에 따른 소프트웨어;
> ㉯ 부호 · 문자 · 음성 · 음향 · 이미지 · 영상 등을 디지털 방식으로 제작하거나 처리한 자료 또는 정보 등으로서 영상물(영화, 게임, 애니메이션, 만화, 캐릭터를 포함한다), 음향 · 음성물, 전자서적, 데이터베이스;
> ㉰ 앞의 ㉮와 ㉯의 집합체와 그밖에 이와 유사한 전자적 형태의 무체물로서 컴퓨터 등 정보처리능력을 가진 장치에 저장한 상태로 반출 · 반입한 후 인도 · 인수하는 것.

3) 무역거래자 등의 개념

대외무역행정에서 "무역거래자"란 수출 또는 수입을 하는 자, 외국의 수입자 또는 수출자에게서 위임을 받은 자 및 수출과 수입을 위임하는 자 등 물품등의 수출행위와 수입행위의 전부 또는 일부를 위임하거나 행하는 자를 말한다(대외무역법 제2조제3호). 그리고 "국내"란 대한민국의 주권(主權)이 미치는 지역을 말하며(대외무역령 제2조제1호), "외국"이란 국내 이외의 지역을 말한다(대외무역령 제2조제2호).

2. 수출의 적용범위

1) 수출의 개념

대외무역행정상 "수출"이란 다음에 해당하는 것으로 한다(대외무역령 제2조제3호):

> ㉮ 매매, 교환, 임대차, 사용대차(使用貸借), 증여 등을 원인으로 국내에서 외국으로 물품이 이동하는 것[우리나라의 선박으로 외국에서 채취한 광물(鑛物) 또는 포획한 수산물을 외국에 매도(賣渡)하는 것을 포함한다];

㉯ 관세법에 따른 보세판매장에서 외국인에게 국내에서 생산(제조 · 가공 · 조립 · 수리 · 재생 또는 개조하는 것을 말한다)된 물품을 매도하는 것;
㉰ 유상(有償)으로 외국에서 외국으로 물품을 인도(引渡)하는 것으로서 수출대금은 국내에서 영수하지만 국내에서 통관되지 아니한 수출 물품등을 외국으로 인도하거나 제공하는 "외국인도수출"에 해당하는 것;
㉱ 외국환거래법에 따른 거주자(이하 "거주자")가 같은 법에 따른 비거주자(이하 "비거주자")에게 용역의 국경을 넘은 이동에 의한 제공, 비거주자의 국내에서의 소비에 의한 제공, 거주자의 상업적 해외주재에 의한 제공, 거주자의 외국으로의 이동에 의한 제공하는 것;
㉲ 거주자가 비거주자에게 정보통신망을 통한 전송과 그밖에 컴퓨터 등 정보처리 능력을 가진 장치에 저장한 상태로 반출 · 반입한 후 인도 · 인수하는 방법으로 전자적 형태의 무체물(無體物)을 인도하는 것.

2) 수출실적의 인정범위

대외무역행정상 "수출실적"의 인정범위는 산업부장관이 정하여 고시하는 기준에 해당하는 수출통관액 · 입금액, 가득액(稼得額)과 수출에 제공되는 외화획득용 원료 · 기재의 국내공급액을 말한다(대외무역령 제2조제11호). 여기에서 산업부장관이 정하여 고시하는 기준은 다음과 같다(대외무역관리규정 제25조제1항):

① 대외무역행정상 수출 중 유상으로 거래되는 수출(대북한 유상반출실적을 포함한다);[1]
② 대외무역행정상 승인이 면제되는 수출 중 다음에 해당하는 수출:[2]
  ㉠ 외국에서 개최되는 박람회, 전람회, 견본시, 영화제 등에 출품하기 위하여 무상으로 반출하는 물품등의 수출로서 현지에서 매각된 것;
  ㉡ 해외에서 투자, 건설, 용역, 산업설비수출 그 밖에 이에 준하는 사업에 종사하고 있는 우리나라 업자(현지 합작법인을 포함한다)에게 무상으로 송부하기 위하여 반출하는 시설기재, 원료, 근로자용 생활필수품 및 그밖에 그 사업에 관련하여 사용하는 물품으로서 주무부장관 또는 주무부장관이 지정한 기관의 장이 확인한 물품에서 해당하는 물품등의 수출 중 해외건설공사에 직접 공하여지는 원료 · 기재, 공사용 장비 또는 기계류의 수출(수출신고필증에 재반입하지 않는다는 조건이 명시된 분만 해당한다);
③ 수출자 또는 수출 물품등의 제조업자에 대한 외화획득용 원료 또는 물품등의 공급 중 수출에 공하여 지는 것으로 다음에 해당하는 경우:[3]
  ㉠ 내국신용장(Local L/C)에 의한 공급;
  ㉡ 구매확인서에 의한 공급;
  ㉢ 산업부장관이 지정하는 생산자의 수출 물품 포장용 골판지상자의 공급;

④ 외국인으로부터 대금을 영수하고 외화획득용 시설기재를 외국인과 임대차계약을 맺은 국내업체에 인도하는 경우;[4)]
⑤ 외국인으로부터 대금을 영수하고 자유무역지역으로 반입신고한 물품등을 공급하는 경우;[5)]
⑥ 외국인으로부터 대금을 영수하고 그가 지정하는 자가 국내에 있음으로써 물품등을 외국으로 수출할 수 없는 경우 보세구역으로 물품등을 공급하는 경우;[6)]
⑦ 외화를 받고 외항선박에 선박용품 등 관리에 관한 고시에 따른 내국선박용품을 공급하는 경우.[7)]

이에 따라 수출실적의 인정금액은 다음과 같은 경우를 제외하고는 수출통관액(FOB가격 기준)으로 한다(대외무역관리규정 제26조제1항);

㉮ 중계무역에 의한 수출의 경우에는 수출금액(FOB가격)에서 수입금액(CIF가격)을 공제한 가득액
㉯ 외국인도수출의 경우에는 외국환은행의 입금액(다만, 위탁가공된 물품을 외국에 판매하는 경우에는 판매액에서 원자재 수출금액 및 가공임을 공제한 가득액)
㉰ 현지에서 매각된 것에 해당하는 수출은 외국환은행의 입금액
㉱ 원양어로에 의한 수출 중 현지경비사용분은 외국환은행의 확인분
㉲ 용역 수출의 경우에는 용역의 수출실적의 확인 및 증명 발급기관의 장이 외국환은행을 통해 입금확인한 금액

---

1) 이 경우 수출실적의 인정시점은 수출신고수리일로 한다(대외무역관리규정 제27조제1항). 다만, 수출 중 용역 또는 전자적 형태의 무체물 수출의 경우에는 입금일로 한다.

2) 이 경우 수출실적의 인정시점은 수출신고수리일로 한다(대외무역관리규정 제27조제1항). 다만, ㉠의 수출, 중계무역, 외국인도수출의 경우에는 입금일로 한다.

3) 이 경우 수출실적의 인정금액은 외국환은행의 결제액 또는 확인액으로 한다(대외무역관리규정 제26조제2항). 그리고 수출실적의 인정시점은, 외국환은행을 통하여 대금을 결제한 경우에는 결제일이고 외국환은행을 통하여 대금을 결제하지 아니한 경우에는 당사자간의 대금 결제일로 한다(대외무역관리규정 제27조제2항)

4) 이 경우 수출실적의 인정금액은 외국환은행의 입금액으로 한다(대외무역관리규정 제26조제2항). 그리고 수출실적의 인정시점은 입금일로 한다(대외무역관리규정 제27조제1항).

5) 이 경우 수출실적의 인정금액은 외국환은행의 입금액으로 한다(대외무역관리규정 제26조제2항). 그리고 수출실적의 인정시점은 입금일로 한다(대외무역관리규정 제27조제1항).

6) 이 경우 수출실적의 인정금액은 외국환은행의 입금액으로 한다(대외무역관리규정 제26조제2항). 그리고 수출실적의 인정시점은 입금일로 한다(대외무역관리규정 제27조제1항).

7) 이 경우 수출실적의 인정금액은 선박용품 등 관리에 관한 고시에 따라 보고된 적재허가서에 기재된 금액으로 한다(대외무역관리규정 제26조제2항). 그리고 수출실적의 인정시점은 선박용품 등 관리에 관한 고시에 따른 적재허가서에 기재된 허가일자로 한다(대외무역관리규정 제27조제3항).

> ㉳ 전자적 형태의 무체물의 수출의 경우에는 한국무역협회장 또는 한국소프트웨어 산업협회장이 외국환은행을 통해 입금확인한 금액

한편, 대외무역행정에서 "위탁판매수출"이란 물품등을 무환으로 수출하여 해당 물품이 판매된 범위안에서 대금을 결제하는 계약에 의한 수출을 말한다(대외무역관리규정 제2조제4호). 아울러 대외무역행정에서 "임대수출"이란 임대(사용대차를 포함한다) 계약에 의하여 물품등을 수출하여 일정기간 후 다시 수입하거나 그 기간의 만료 전 또는 만료 후 해당 물품등의 소유권을 이전하는 수출을 말한다(외국환관리규정 제2조제8호).

3. 수입의 적용범위

대외무역행정상 "수입"이란 다음에 해당하는 것을 말한다(대외무역령 제2조제4호):

> ㉮ 매매, 교환, 임대차, 사용대차, 증여 등을 원인으로 외국으로부터 국내로 물품이 이동하는 것;
> ㉯ 유상으로 외국에서 외국으로 물품을 인수하는 것으로서 산업부장관이 정하여 고시하는 기준에 해당하는 것;[8]
> ㉰ 비거주자가 거주자에게 산업부장관이 정하여 고시하는 방법으로 용역[9]을 제공하는 것;
> ㉱ 비거주자가 거주자에게 정보통신망을 통한 전송과 그밖에 산업부장관이 정하여 고시하는 방법으로 전자적 형태의 무체물을 인도하는 것.

이에 따라 대외무역행정상 "수입실적"의 인정범위는 유상으로 거래되는 수입에 해당하는 수입통관액 및 지급액을 말한다(대외무역령 제2조제12호). 그리고 수입실적의 인정시점은 수입신고수리일로 하되, 외국인수수입과 용역 또는 전자적 형태의 무체물의 수입의 경우에는 지급일로 한다(대외무역관리규정 제27조제4항). 이 경우 수입실적의 인정금액은 수입통관액(CIF가격 기준)으로 하는데, 외국인수수입과 용역 또는 전자적 형태의 무체물의 수입의 경우에는 외국환은행의 지급액으로 한다(대외무역관리규정 제26조제2항).

한편, 대외무역행정에서 "수탁판매수입"이란 물품등을 무환으로 수입하여 해당 물품이 판매된 범위안에서 대금을 결제하는 계약에 의한 수입을 말한다(대외무역관리규정 제2조제5호). 아울러 대외무역행정에서 "임차수입"이란 임차(사용대차를 포함한다)

---

8) 수입대금은 국내에서 지급되지만 수입 물품등은 외국에서 인수하거나 제공받는 "외국인수수입"을 말한다(대외무역관리규정 제2조제12호).

9) 대외무역관리규정 제3조 제2항에서 규정하는 용역을 말한다.

계약에 의하여 물품등을 수입하여 일정기간 후 다시 수출하거나 그 기간의 만료 전 또는 만료 후 해당 물품의 소유권을 이전받는 수입을 말한다(대외무역관리규정 제2조제9호).

4. 다른 법령과의 관계

무역에 관하여는 대외무역법에서 정하는 바에 따른다(대외무역법 제6조제1항). 그리고 관계 행정기관의 장은 물품등의 수출 또는 수입을 제한하는 법령이나 훈령 · 고시 등(이하 "수출 · 수입요령")을 제정하거나 개정하려면 미리 산업부장관과 협의하여야 하는데, 이 경우 산업부장관은 관계 행정기관의 장에게 그 수출 · 수입요령의 조정을 요청할 수 있다(대외무역법 제6조제2항).

한편, 산업부장관의 조정명령의 이행에 대하여는 공정거래법을 적용하지 아니하고, 산업부장관은 조정명령이 공정거래법에 따른 사업자 간의 국내 시장에서의 경쟁을 제한하는 것이면 공정거래위원회와 미리 협의하여야 한다(대외무역법 제50조). 그리고 대외무역법에 따른 물품등의 수출 · 수입행위에 대하여는 그 행위가 업무 수행상 정당하다고 인정되는 범위에서 국가보안법을 적용하지 아니한다(대외무역법 제51조).

Ⅲ. 통상의 진흥정책

1. 통상진흥 시책의 수립

대외무역법 제7조 제1항에 따라 산업부장관은 무역과 통상을 진흥하기 위하여 매년 다음 연도의 통상진흥 시책을 세워야 하는데, 통상진흥 시책에는 다음과 같은 사항이 포함되어야 한다(대외무역법 제7조제2항; 대외무역령 제8조):

① 통상진흥 시책의 기본 방향;
② 국제통상 여건의 분석과 전망;
③ 무역 · 통상 협상 추진 방안과 기업의 해외 진출 지원 방안;
④ 통상진흥을 위한 자문, 지도, 대외 홍보, 전시, 상담 알선, 전문인력 양성 등 해외시장 개척 지원 방안;
⑤ 통상 관련 정보수집 · 분석 및 활용 방안;
⑥ 원자재의 원활한 수급을 위한 국내외 협력 추진 방안;
⑦ 주요 지역별, 경제권별 또는 업종별 통상진흥 시책;
⑧ 무역 · 통상의 진흥과 관련되는 기관 또는 단체의 통상활동 계획;

> ⑨ 그밖에 산업부장관이 무역 · 통상의 진흥과 관련하여 필요하다고 인정하는 통상진흥 시책

이에 따라 산업부장관은 통상진흥 시책의 수립을 위한 기초 자료를 수집하기 위하여 교역상대국의 통상 관련 제도 · 관행 등과 기업이 해외에서 겪는 고충 사항을 조사할 수 있고(대외무역법 제7조제3항), 다음과 같은 기관이나 단체에 필요한 협조를 요청할 수 있다(대외무역령 제7조):10)

> ㉮ 관계 행정기관;
> ㉯ 지방자치단체;
> ㉰ 대한무역투자진흥공사법에 따른 대한무역투자진흥공사;
> ㉱ 민법 제32조에 따라 산업부장관의 허가를 받아 설립된 한국무역협회;
> ㉲ 그밖에 무역 · 통상과 관련되는 기관 또는 단체.

2. 민간 협력 활동의 지원 등

대외무역법 제8조 제1항에 따라 산업부장관은 무역 · 통상 관련 기관 또는 단체가 교역상대국의 정부, 지방정부, 기관 또는 단체와 통상, 산업, 기술, 에너지 등에서 협력활동을 추진하는 경우 필요한 지원을 할 수 있다.11) 그리고 산업부장관은 기업의 해외 진출을 지원하기 위하여 무역 · 통상 관련 기관 또는 단체로부터 정보를 체계적으로 수집하고 분석하여 지방자치단체와 기업에 필요한 정보를 제공할 수 있다(대외무역법 제8조제2항).

또한, 산업부장관은 정보의 수집 · 분석 및 제공을 위하여 필요한 경우 관계 중앙행정기관의 장, 시 · 도지사, 무역 · 통상 및 기업의 해외 진출과 관련한 기관 또는 단체에 자료 및 통계의 제출을 요청할 수 있다(대외무역법 제8조제3항). 아울러 산업부장관은 기업의 해외 진출과 관련된 상담 · 안내 · 홍보 · 조사와 그 밖에 기업의 해외 진출에 대한 지원 업무를 종합적으로 수행하기 위하여 대한무역투자진흥공사에 해외진출지원센터를 둔다(대외무역법 제8조제4항).12)

---

10) 또한, 산업부장관은 통상진흥 시책을 수립하기 위하여 필요한 경우에는 본문 ①, ③ 내지 ⑤의 기관이나 단체에 해당 분야나 특정 사안에 대한 조사 또는 사실 확인을 요청할 수 있다(대외무역령 제9조).

11) 여기에서 지원을 받으려는 무역 · 통상 관련기관 또는 단체는 신청서에 사업 내용과 사업 성과 등이 포함된 사업계획서를 첨부하여 산업부장관에게 제출하여야 하고, 산업부장관은 제출받은 사업계획서를 검토하여 통상, 산업, 기술, 에너지 등에서 협력 활동을 효율적으로 추진하기 위하여 필요하다고 인정되면 자금, 인력 및 정보 등을 지원할 수 있으며, 지원을 받은 관련 단체는 해당 지원 사업이 끝난 후 3개월 이내에 산업부장관에게 사업결과보고서를 제출하여야 한다(대외무역령 제11조제1항·제2항·제5항).

한편, 산업부장관은 우리나라가 체결한 무역에 관한 조약의 이행을 위하여 필요한 때에는 관련 공공기관, 기업 및 단체 등으로부터 필요한 자료의 제출을 요구할 수 있다(대외무역법 제9조제1항). 여기에서 무역에 관한 조약의 이행을 위하여 필요한 자료를 직무상 습득한 자는 자료 제공자의 동의 없이 그 습득한 자료 중 기업의 영업비밀 등 비밀유지가 필요하다고 인정되는 기업정보를 타인에게 제공 또는 누설(漏泄)하거나 사용목적 외의 용도로 사용하는 것은 금지된다(대외무역법 제9조제2항).

3. 전문무역상사의 지정제도 및 지원

대외무역법 제8조의2 제1항에 따라 산업부장관은 신시장 개척, 신제품 발굴 및 중소기업·중견기업의 수출확대를 위하여 수출실적 및 중소기업 제품 수출비중 등을 고려하여 무역거래자 중에서 전문무역상사를 지정하고 지원할 수 있다.

1) 지정 요건

전문무역상사로 지정받을 수 있는 자는 다음에 해당하는 자로서 신용등급이 산업부장관이 정하여 고시하는 기준을 충족하는 자로 한다(대외무역령 제12조의2제1항):[13)]

① 다음의 요건을 모두 갖춘 무역거래자
  ㉮ 전년도 수출실적 또는 직전 3개 연도의 연평균 수출실적이 미화 100만 달러 이상의 범위에서 산업부장관이 정하여 고시하는 금액 이상일 것;
  ㉯ 앞의 ㉮에 따른 수출실적 중 다른 중소기업(중소기업기본법에 따른 중소기업을 말한다)이나 중견기업(중견기업법에 따른 중견기업을 말한다)이 생산한 물품등의 수출실적 비율이 100분의 20 이상의 범위에서 산업부장관이 정하여 고시하는 비율 이상일 것;
② 신시장의 개척, 신제품의 발굴 및 중소기업 또는 중견기업에 대한 효과적인 수출지원 등을 위하여 산업부장관이 농업·어업·수산업 등 업종별 특성과 조합 등 법인의 조직 형태별 수출 특성을 고려하여 고시하는 기준을 갖춘 무역거래자.

2) 지정 절차

전문무역상사로 지정받고자 하는 자는 다음의 서류를 갖추어 한국무역협회 회장[14)]

12) 해외진출지원센터의 구성·운영 및 감독에 대한 자세한 내용은 대외무역령 제12조를 참조.

13) 전문무역상사의 지정요건에 관한 자세한 내용은 대외무역관리규정 제7조를 참조.

14) 한국무역협회 회장은 전문무역상사의 지정, 갱신, 지정취소 등을 심사·의결하기 위하여 전문무역상사 심사위원회를 구성하여 운영한다(대외무역관리규정 제7조의2제2항). ▶한국무역협회 회장

에게 신청하여야 한다(대외무역관리규정 제7조의2제1항):

① 전문무역상사 지정신청서;
② 사업자등록증;
③ 중소기업 수출지원 기여에 관한 사업계획서;
④ 기타 실적증명 및 활동계획서 등 전문무역상사 지정요건에 부합함을 증명하는 서류 등.

3) 지정 취소

산업부장관은 지정을 받은 전문무역상사가 지정기준에 적합하지 아니하게 된 때에는 그 지정을 취소할 수 있는데, 거짓이나 그 밖에 부정한 방법으로 지정을 받은 경우에는 그 지정을 취소하여야 한다(대외무역법 제8조의2제3항). 여기에서 전문무역상사의 지정을 취소하는 처분을 하려면 청문을 하여야 한다(대외무역법 제47조).

4) 전문무역상사에 대한 지원

한편, 산업부장관은 전문무역상사를 통한 신시장의 개척, 신제품의 발굴 및 중소기업 또는 중견기업의 수출 확대 등을 위하여 필요하다고 인정되는 경우에는 전문무역상사의 국내외 홍보, 우수제품의 발굴, 해외 판로개척 등에 필요한 사항을 지원할 수 있다(대외무역령 제12조의3제1항).

은 심사위원회를 통해 전문무역상사 지정한 경우에는 지정증을 발급하여야 한다(대외무역관리규정 제7조의2제3항).

제 2 절 권한의 위임

대외무역법 제52조 제1조에 따라 대외무역법상 산업부장관의 권한은 그 일부를 소속기관의 장, 시 · 도지사에게 위임하거나 관계 행정기관의 장, 세관장, 한국은행 총재, 한국수출입은행장, 외국환은행장, 그 밖에 법인 또는 단체에 위탁할 수 있다. 그리고 산업부장관은 위임하거나 위탁한 사무에 관하여 그 위임 또는 위탁을 받은 자를 지휘 · 감독하며, 위임하거나 위탁한 사무에 관하여 그 위임 또는 위탁을 받은 자에게 필요한 자료의 제출을 요청할 수 있다(대외무역법 제52조제2조 · 제3조).

Ⅰ. 권한의 위임

1. 중앙행정기관의 장

다음과 같은 권한을 그 대상 물품등의 품목에 따라 그 물품등을 관장하는 중앙행정기관의 장에게 위탁하되, 산업부장관이 관장하는 물품등에 대한 권한은 제외한다(대외무역령 제91조제1항):

① 외화획득용 원료 · 기재의 수입 제한에 관한 권한;
② 외화획득용 원료 · 기재의 기준 소요량 결정에 관한 권한;
③ 외화획득 이행기간의 결정 및 그 연장에 관한 권한;
④ 외화획득용 원료 · 기재 또는 그 원료 · 기재로 제조된 물품등(산업부장관이 정하여 고시하는 품목만 해당한다)에 대한 다음의 권한:
  ㉮ 외화획득 이행 여부의 사후 관리에 관한 권한;
  ㉯ 사용목적 변경승인에 관한 권한;
  ㉰ 양도 · 양수의 승인에 관한 권한;
⑤ 무역거래자에게 수출하는 물품등의 가격, 수량, 품질, 그 밖에 거래조건 또는 그 대상지역 등에 관하여 필요한 조정명령에 관한 권한;
⑥ 특별시장 · 광역시장 · 특별자치시장 · 도지사 또는 특별자치도지사(이하 "시 · 도지사")에게 위임된 사무에 대한 지휘 · 감독 및 자료의 제출 요청에 관한 권한.

2. 기술표준원장

산업부장관이 관장하는 품목의 물품등에 대한 다음과 같은 권한을 국가기술표준원장에게 위임하되, 제①의 권한 중 목재가구에 대한 권한은 국립산림과학원장에게 위탁한다(대외무역령 제91조제2항):

> ① 외화획득용 원료 · 기재의 기준 소요량 결정에 관한 권한;
> ② 외화획득 이행 여부의 사후 관리에 관한 권한;
> ③ 시 · 도지사에게 위임된 사무에 대한 지휘 · 감독 및 자료의 제출요청에 관한 권한;
> ④ 산업부장관이 지정 · 고시한 관계 행정기관 또는 단체에 위탁된 사무에 대한 지휘 · 감독 및 자료의 제출 요청에 관한 권한.

3. 시 · 도지사

산업부장관이 관장하는 물품등에 대한 다음과 같은 권한을 시 · 도지사에게 위임하되, 자유무역지역관리원의 관할구역의 입주업체에 대한 권한은 자유무역지역관리원장에게 위임한다(대외무역령 제91조제3항):

> ① 외화획득 이행기간의 연장에 관한 권한;
> ② 외화획득용 원료 · 기재 또는 그 원료 · 기재로 제조된 물품등의 사용목적 변경 승인에 관한 권한.

4. 세관장

다음과 같은 권한을 세관장에게 위탁하되, 제⑦의 권한 중 자유무역지역관리원의 관할구역의 입주업체에 대한 권한은 자유무역지역관리원장에게 위임한다(대외무역령 제91조제4항):

> ① 수출입 승인 면제의 확인에 관한 권한;
> ② 원산지 표시의 확인에 관한 권한;
> ③ 수입한 물품등과 관련 서류의 검사에 관한 권한;
> ④ 원산지의 표시 위반에 따른 시정조치 명령;
> ⑤ 원산지의 표시 위반에 따른 과징금 부과 및 과징금 납부기한의 연장, 분할납부 및 그 결정의 취소에 관한 권한;
> ⑥ 원산지증명서의 제출 명령에 관한 권한;
> ⑦ 원산지증명서 발급 업무 중 관세양허(關稅讓許)를 받기 위한 원산지증명서 발급 업무에 관한 권한;
> ⑧ 대외무역법을 위반한 자에 대한 과태료의 부과 · 징수에 관한 권한.

Ⅱ. 권한의 위탁

1. 한국무역협회 · 한국해운협회 · 한국관광협회(중앙회 · 관광협회) · 한국소프트웨어산업협회

다음과 같은 업무를 한국무역협회, 해양수산부장관의 허가를 받아 설립된 한국해운협회, 관광진흥법에 따른 한국관광협회중앙회(제⑥의 업무에만 해당한다) 및 업종별 관광협회(제⑥의 업무에만 해당한다) 및 소프트웨어진흥법에 따른 한국소프트웨어산업협회(제⑦의 업무에만 해당한다)에 위탁한다(대외무역령 제91조제5항):

① 전문무역상사의 지정 및 지정의 취소;
② 무역업고유번호의 부여 및 관리 등 수출입통계 데이터베이스를 구축하기 위한 전산관리체제의 개발 · 운영;
③ 수출입거래에 관한 정보의 수집 · 분석;
④ 용역의 수출입 확인;
⑤ 용역 중 해운업의 수출입 확인;
⑥ 용역 중 관광사업의 수출입 확인;
⑦ 전자적 형태의 무체물의 수출입 확인.

2. 관세청장

다음과 같은 권한을 관세청장에게 위탁한다(대외무역령 제91조제6항):

① 산업부장관이 정하는 원산지 표시방법의 범위에서 그 표시방법에 관한 세부적인 사항을 정하는 권한;
② 원산지 표시방법의 확인 및 이의제기에 대한 처리 권한;
③ 원산지 표시의무 위반자의 공표에 관한 권한;
④ 원산지의 판정 및 이의제기의 처리에 관한 권한;
⑤ 세관장에게 위탁된 사무에 대한 지휘 · 감독 및 자료의 제출 요청에 관한 권한.

3. 산업부장관이 지정 · 고시하는 관계 행정기관 또는 단체의 장

수출입승인 대상물품등에 대한 다음과 같은 권한을 위탁한다(대외무역령 제91조제7항):

① 수출 또는 수입의 승인, 승인의 유효기간 설정 및 연장, 변경승인 및 변경사항 신고의 수리에 관한 권한;
② 외화획득용 원료 · 기재의 수입승인에 관한 권한;
③ 산업부장관이 관장하는 외화획득용 원료 · 기재의 사후 관리에 관한 권한

4. 그밖의 기관

1) 한국기계산업진흥회

플랜트수출의 승인 및 변경승인에 관한 권한을 산업발전법에 따라 산업부장관의 인가를 받아 설립된 한국기계산업진흥회에 위탁하되, 연불금융(延拂金融) 지원의 경우에는 한국수출입은행법에 따른 한국수출입은행에 위탁한다(대외무역령 제91조제8항).

2) 상사중재원

다음과 같은 권한을 대한상사중재원에 위탁한다(대외무역령 제91조제9항):

① 무역분쟁에 대한 조정 또는 알선에 관한 권한;
② 분쟁조정, 조정비용 부담 등에 관한 권한.

3) 대한상공회의소

원산지증명서 발급 업무(관세양허를 받기 위한 원산지증명서 발급 업무를 포함한다)를 상공회의소법에 따라 설립된 대한상공회의소나 산업부장관이 지정하여 고시하는 법인에 위탁한다(대외무역령 제91조제10항).

4) 외국환은행장 및 산업부장관이 지정한 전자무역기반사업자

구매확인서의 발급 및 사후 관리에 관한 권한을 외국환은행장 및 산업부장관이 지정한 전자무역기반사업자에게 위탁한다(대외무역령 제91조제11항).

5) 무역안보관리원

전략물자의 판정 및 통보에 관한 권한을 무역안보관리원에 위탁한다(대외무역령 제91조제12항).

Ⅲ. 무역업고유번호

1. 무역업고유번호의 신청 및 부여

산업부장관은 전산관리체제의 개발·운영을 위하여 무역거래자별 무역업고유번호를 부여할 수 있다(대외무역관리규정 제24조제1항). 이에 따라 무역업고유번호를 부여받으려는 자는 대외무역관리규정 별지 제1호 서식에 의하여 우편, 팩시밀리, 전자우편, 전자문서교환체제(EDI) 등의 방법으로 한국무역협회장에게 신청하여야 하며, 한국무역협회장은 접수 즉시 신청자에게 고유번호를 부여하여야 한다(대외무역관리규정 제24조제2항). 그리고 무역업고유번호를 부여받은 자가 상호, 대표자, 주소, 전화번호 등의 변동사항이 발생한 경우에는 대외무역관리규정 별지 제2호의 서식에 의한 무역업고유번호신청사항 변경통보서에 따라 변동사항이 발생한 날부터 20일 이내에 한국무역협회장에게 알리거나 한국무역협회에서 운영하고 있는 무역업 데이터베이스에 변동사항을 수정 입력하여야 한다(대외무역관리규정 제24조제3항).

2. 무역업고유번호의 승계 및 관리

무역업고유번호를 부여받은 자가 합병, 상속, 영업의 양수도 등 지위의 변동이 발생하여 기존의 무역업고유번호를 유지 또는 수출입실적 등의 승계를 받으려는 경우에는 변동사항에 대한 증빙서류를 갖추어 무역업고유번호의 승계 등을 한국무역협회장에게 신청할 수 있다(대외무역관리규정 제24조제4항). 그리고 한국무역협회장은 무역업고유번호의 부여 및 변경사항을 확인하고 무역업고유번호관리대장 또는 무역업 데이타베이스에 이를 기록 및 관리하여야 한다(대외무역관리규정 제24조제4항). 한편, 무역거래자는 관세법 제241조에 따른 수출(입)신고 시 무역업고유번호를 수출(입)자 상호명과 함께 기재하여야 한다(대외무역관리규정 제24조제5항).

Ⅲ. 권한의 위임·위탁 등에 따른 조정과 벌칙 적용 시의 공무원 의제

시·도지사 또는 세관장은 과징금이나 과태료를 부과하려면 각각 세관장이나 시·도지사와 미리 협의하여야 한다(대외무역령 제92조제1항). 그리고 산업부장관의 권한을 위임받거나 위탁받은 자는 위임받거나 위탁받은 업무의 처리 결과를 산업부장관에게 보고하여야 한다(대외무역령 제92조제2항).[15] 또한, 산업부장관은 권한을 위임받거나 위탁받은 자가 대외무역법 또는 대외무역령을 위반하여 그 위임 또는 위탁받은 업무를 처리한 경우에는 시정조치 등 필요한 조치를 요구할 수 있는데, 시정조치 등을 요구받은 자는 지체없이 그 업무를 시정하고 그 결과를 산업부장관에게 보고하여야 한다(대외무역령 제92조제3항·제4항).

한편, 산업부장관이 위탁한 사무에 종사하는 한국은행, 한국수출입은행, 외국환은행, 그밖에 특정 법인 또는 단체의 임직원은 형법 제129조부터 제132조까지의 벌칙을 적용할 때에는 공무원으로 간주한다(대외무역법 제58조). 여기에서 특정 법인 또는 단체는 다음에 해당하는 기관 또는 단체를 말한다(대외무역령 제93조): ① 한국무역협회; ② 한국소프트웨어산업협회; ③ 한국해운협회; ④ 한국관광협회중앙회 및 업종별 관광협회; ⑤ 대외무역령 제91조 제7항에 따라 지정된 단체; ⑥ 한국기계산업진흥회; ⑦ 대한상사중재원; ⑧ 대한상공회의소; ⑨ 대외무역령 제91조 제10항에 따라 지정된 법인.

15) 보고시기, 보고방법 등에 관하여 필요한 사항은 산업부장관이 정한다.

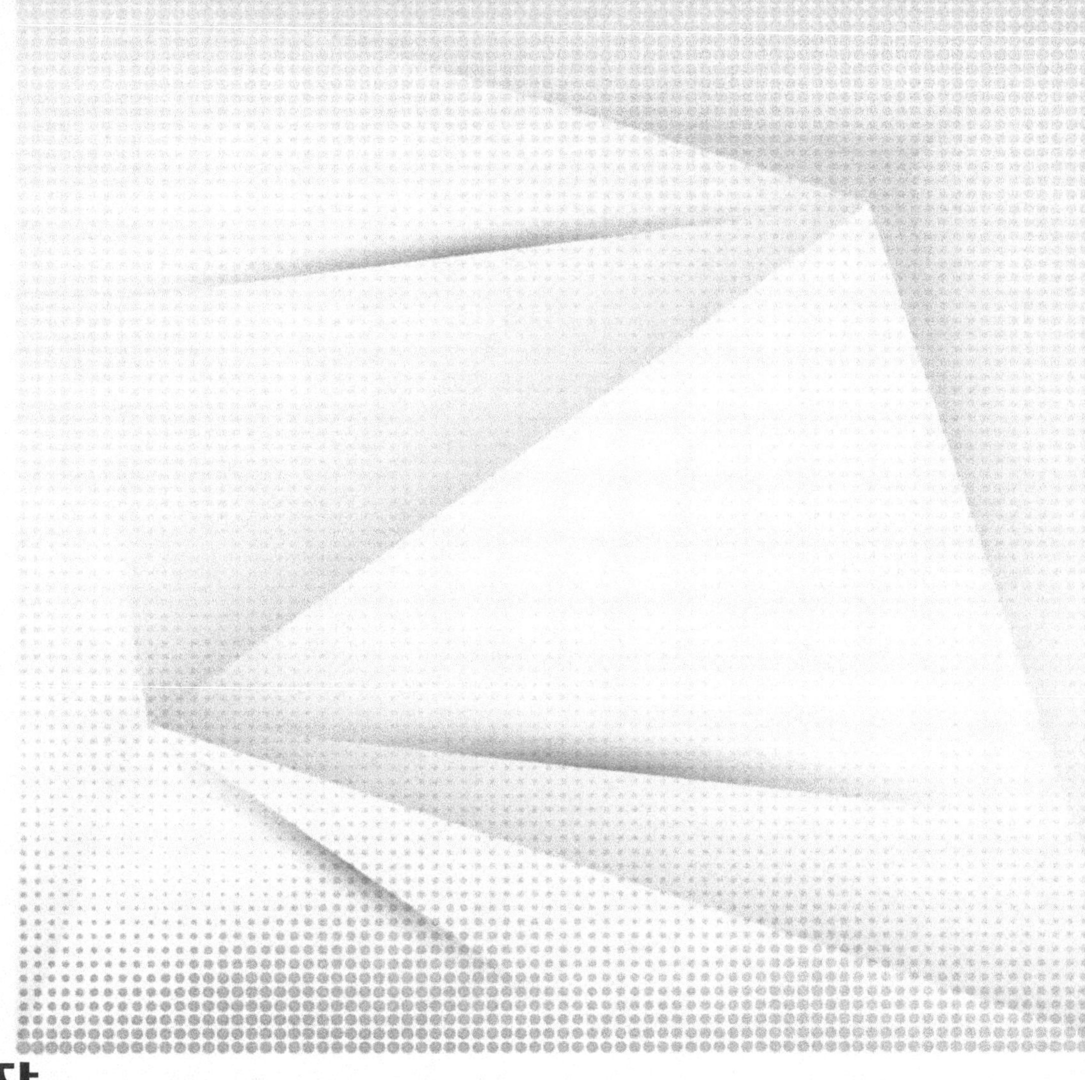

제2장 수출입거래 관리

제1절 수출입거래관리의 일반원칙

제2절 외화획득용 원료

제3절 전략물자의 수출입거래

제4절 플랜트수출거래와 정부간 수출계약거래

제 1 절 수출입거래관리의 일반원칙

대외무역법 제10조는 물품등의 수출입과 이에 따른 대금을 받거나 지급하는 것은 대외무역법의 목적의 범위에서 자유롭게 이루어져야 하고, 무역거래자는 대외신용도 확보 등 자유무역질서를 유지하기 위하여 자기 책임으로 그 거래를 성실히 이행하여야 한다는 무역자유화 원칙을 천명하고 있다.

Ⅰ. 수출입의 승인

무역자유화 원칙에도 불구하고 대외무역법은 산업부장관에게 다음과 같은 사항에 해당하는 이행 등을 위하여 필요하다고 인정하여 지정 · 고시하는 물품등의 수출 또는 수입을 제한하거나 금지할 수 권한을 부여하고 있다(대외무역법 제11조제1항; 대외무역령 제16조):

> ① 헌법에 따라 체결 · 공포된 조약과 일반적으로 승인된 국제법규에 따른 의무의 이행;
> ② 생물자원의 보호;
> ③ 교역상대국과의 경제협력 증진;
> ④ 국방상 원활한 물자 수급;
> ⑤ 과학기술의 발전;
> ⑥ 항공 관련 품목의 안전관리에 관한 사항.

이에 따라 산업부장관은 필요하다고 인정하면 승인 대상 물품등의 품목별 수량 · 금액 · 규격 및 수출 또는 수입지역 등을 한정할 수 있으며, 제한 · 금지, 승인, 승인의 유효기간 설정 및 연장, 신고, 한정 및 그 절차 등을 정한 경우에는 이를 공고하여야 한다(대외무역법 제11조제6항 · 제7항).

1. 승인의 절차

1) 개요

수출 또는 수입이 제한되는 물품등을 수출하거나 수입하려는 자는 원칙적으로 산업부장관의 승인을 받아야 한다(대외무역법 제11조제2항). 그리고 수출 또는 수입이 제한되는 물품등에 대한 승인을 받은 자가 승인을 받은 사항 중 ① 물품등의 수량 · 가격, ② 수출 또는 수입의 당사자에 관한 사항을 변경하려면 산업부장관의 변경승인을 받아야 하고, 그 밖의 경미한 사항을 변경하려면 산업부장관에게 신고하여야 한다(대외무역법 제11조제5항, 대외무역령 제18조제3항). 여기에서 대외무역법 제19조에 따라 전략물자 또는 같은 법 제32조에 따라 플랜트 수출허가를 받거나 수출승인을 받은 자도 위와 같은 승인절차에 따른 수출승인을 받은 것으로 간주된다(대외무역법 제11조제8항).

2) 수출입승인의 요건

수출입 승인기관의 장은 수출·수입의 승인을 하려는 경우에는 다음 각 호의 요건에 합당한지를 확인하여야 한다(대외무역관리규정 제11조):

① 수출·수입하려는 자가 승인을 받을 수 있는 자격이 있는 자일 것;
② 수출·수입하려는 물품등이 수출입공고 및 이 규정에 따른 승인 요건을 충족한 물품등일 것;
③ 수출·수입하려는 물품등의 품목분류번호(HS)의 적용이 적정할 것.

3) 수출입의 승인 신청 등

수출·수입의 승인을 받으려는 자는 대외무역관리규정 별지 제3호부터 별지 제5호까지의 서식에 의한 수출입승인 신청서(업체용, 세관용, 승인기관용(산업부용) 및 사본(신청자가 신청한 경우만 해당한다)에 다음과 같은 서류를 첨부하여 수출입 승인기관의 장에게 신청하여야 한다(대외무역관리규정 제10조제1항):

① 수출신용장, 수출계약서 또는 주문서(수출의 경우만 해당한다);
② 수입계약서 또는 물품등매도확약서(수입의 경우만 해당한다);
③ 수출 또는 수입대행계약서(공급자와 수출자가 다른 경우 및 실수요자와 수입자가 다른 경우만 해당한다);
④ 수출입공고에서 규정한 요건을 충족하는 서류(다만, 해당 승인기관에서 승인 요건의 충족 여부를 확인할 수 있는 경우를 제외한다).

한편, 수출입의 승인 신청이 대외무역관리규정상 수출입승인의 요건에 합당한 경우 수출입 승인기관의 장은 대외무역관리규정 별지 제3호부터 별지 제5호까지의 서식에 의한 수출입승인서[업체용, 세관용, 승인기관용(산업부용) 및 사본(신청자가 요청한 경우만 해당한다)]를 발급하여야 하는데, 수출입 물품등을 분할하여 발급할 수 있다(대외무역관리규정 제10조제2항).

2. 승인의 유효기간

수출 또는 수입 승인의 유효기간은 1년으로 하는데, 산업부장관은 국내의 물가 안정, 수급 조정, 물품등의 인도 조건 및 거래의 특성을 고려하여 유효기간을 달리 정할 수 있다(대외무역법 제11조제3항). 이에 따라 산업부장관은 다음과 같은 경우에는 해당 물품등의 수출 또는 수입 승인의 유효기간을 1년 미만으로 하거나 최장 2년의 범위에서 정할 수 있고, 다만 예외적으로 전략물자 허가의 유효기간(전략물자 수출허가의 유효기간만 해당한다)이 2년을 초과하는 경우에는 그 기간까지 수출 승인의 유효기간을 정할 수 있다(대외무역령 제18조제2항):

① 국내의 물가안정이나 수급 조정을 위하여 수출 또는 수입 승인의 유효기간을 1년 보다 단축할 필요가 있는 경우;
② 수출입계약 체결 후 물품등의 제조·가공 기간이 1년을 초과하는 경우;
③ 수출입계약 체결 후 물품등이 1년 이내에 선적되거나 도착하기 어려운 경우;
④ 앞의 제①부터 제③까지의 규정 외에 수출입 물품등의 인도 조건 및 거래의 특성을 고려하여 수출 또는 수입 승인의 유효기간을 1년보다 단축하거나 늘릴 필요가 있다고 인정되는 경우.

한편, 수출 또는 수입 승인의 유효기간은 1년을 초과하지 아니하는 범위에서 산업부장관의 승인을 받아 연장할 수 있다(대외무역법 제11조제3항). 그리고 다음과 같은 경우에는 1년 이내 또는 20년의 범위 내에서 유효기간을 단축 또는 초과하여 설정할 수 있다(대외무역관리규정 제12조):

① 산업부장관이 물가 안정 또는 수급 조정을 위하여 1년 이내로 유효기간의 단축이 필요하다고 인정하는 경우;
② 물품등의 제조·가공기간이 1년을 초과하는 경우 등 물품등의 선적 또는 도착기일을 감안하여 1년 이내에 물품등의 선적이나 도착이 어려울 것으로 수출입 승인기관의 장이 인정하는 경우;
③ 수출·수입이 혼합된 거래로서 수출입 승인기관의 장이 부득이하다고 인정하는 경우.

3. 위반행위에 대한 형사제재

수출 또는 수입이 제한되는 물품등을 승인 또는 변경승인을 받지 아니하고 수출 또는 수입 승인 대상 물품등을 수출하거나 수입한 자나 거짓이나 그밖의 부정한 방법으로 승인 또는 변경승인을 받거나 그 승인 또는 변경승인을 면제받고 물품등을 수출하거나 수입한 자는 3년 이하의 징역 또는 3천만원 이하의 벌금에 처한다(대외무역법 제54조). 법인의 대표자나 법인 또는 개인의 대리인, 사용인, 그 밖의 종업원이 그 법인 또는 개인의 업무에 관하여 위반행위를 하면 그 행위자를 벌하는 외에 그 법인 또는 개인에게도 해당 조문의 벌금형을 과(科)하는데, 법인 또는 개인이 그 위반행위를 방지하기 위하여 해당 업무에 관하여 상당한 주의와 감독을 게을리하지 아니한 경우에는 예외가 적용된다(대외무역법 제57조).

Ⅱ. 수출입승인의 예외

1. 수출입승인의 면제

수출입승인의 원칙에도 불구하고 긴급히 처리하여야 하는 물품등과 그밖에 수출 또는 수입 절차를 간소화하기 위한 물품등으로서 다음과 같은 기준에 해당하는 물품등의 수출 또는 수입은 예외적으로 수출입승인이 면제된다(대외무역법 제11조제2항단서; 대외무역령 제19조):[1)]

> ① 산업부장관이 정하여 고시하는 물품등으로서 외교관이나 그밖에 산업부장관이 정하는 자가 출국하거나 입국하는 경우에 휴대하거나 세관에 신고하고 송부하는 물품등;
> ② 다음 각 목의 어느 하나에 해당하는 물품등 중 산업부장관이 관계 행정기관의 장과의 협의를 거쳐 고시하는 물품등:
> ㉮ 긴급히 처리하여야 하는 물품등으로서 정상적인 수출 · 수입 절차를 밟아 수출 · 수입하기에 적합하지 아니한 물품등;
> ㉯ 무역거래를 원활하게 하기 위하여 주된 수출 또는 수입에 부수된 거래로서 수출 · 수입하는 물품등;
> ㉰ 주된 사업 목적을 달성하기 위하여 부수적으로 수출 · 수입하는 물품등;
> ㉱ 무상(無償)으로 수출ㆍ수입하여 무상으로 수입 · 수출하거나, 무상으로 수입 · 수출할 목적으로 수출ㆍ수입하는 것으로서 사업 목적을 달성하기

---
1) 수출 · 수입의 승인이 면제되는 수출 · 수입의 범위는 대외무역관리규정 별표 3 및 별표 4를 참조.

위하여 부득이하다고 인정되는 물품등;
㈃ 산업부장관이 정하여 고시하는 지역에 수출하거나 산업부장관이 정하여 고시하는 지역으로부터 수입하는 물품등;
㈄ 공공성을 가지는 물품등이거나 이에 준하는 용도로 사용하기 위한 물품등으로서 따로 수출·수입을 관리할 필요가 없는 물품등;
㈅ 그밖에 상행위 이외의 목적으로 수출·수입하는 물품등;
③ 외국환 거래 없이 수입하는 물품등으로서 산업부장관이 정하여 고시하는 기준에 해당하는 물품등;[2)]
④ 해외이주법에 따른 해외이주자가 해외이주를 위하여 반출하는 원자재, 시설재 및 장비로서 외교부장관이나 외교부장관이 지정하는 기관의 장이 인정하는 물품등.

2. 특정 거래 형태의 인정 등

대외무역법 제13조 제1항에 따라 산업부장관은 물품등의 수출 또는 수입이 원활히 이루어질 수 있도록 특정 거래 형태의 수출입거래를 인정할 수 있다.[3)] 여기에서 특정 거래 형태는 해당 거래의 전부 또는 일부가 다음과 같은 거래에 해당하는 수출입 거래 형태로서 산업부장관이 정하여 고시하는 기준에 해당하는 거래를 말한다(대외무역령 제20조 제1항):[4)]

① 대외무역법 제11조 제1항에 따른 수출 또는 수입의 제한을 회피할 우려가 있는 거래;
② 산업 보호에 지장을 초래할 우려가 있는 거래;
③ 외국에서 외국으로 물품등의 이동이 있고, 그 대금의 지급이나 영수(領收)가 국내에서 이루어지는 거래로서 대금 결제 상황의 확인이 곤란하다고 인정되는 거래;
④ 대금 결제 없이 물품등의 이동만 이루어지는 거래.

2) 수입할 수 있는 물품은 그 반입의 목적, 사유 등에 의하여 세관장이 타당하다고 인정하는 물품등을 말하는데, 이 경우 세관장은 과세가격이 500만원을 초과하는 수입에 대하여 수입승인서의 제출을 요구할 수 있다(대외무역관리규정 제20조).

3) 기재부장관이 외국환거래 관계 법령에 따라 무역대금 결제 방법을 정하려면 미리 산업부장관과 협의하여야 한다(대외무역법 제13조제2항).

4) 특정거래 형태의 인정 절차, 인정의 유효기간, 그 밖에 필요한 사항은 산업부장관이 정하여 고시한다(대외무역령 제20조제2항). ▶산업부장관은 특정거래 형태를 인정할 때에 새로운 거래 형태의 파악 등을 위하여 필요한 경우에는 관계 행정기관의 장에게 협조를 요청할 수 있다(대외무역령 제20조제3항).

3. 수출입거래의 진흥 등

1) 과학적 무역업무의 처리기반 구축

대외무역법 제15조 제1항에 따라 산업부장관은 물품등의 수출입 거래가 질서 있고 효율적으로 이루어질 수 있도록 대외무역통계시스템 및 전자문서 교환체계 등 과학적 무역업무의 처리기반을 구축하기 위하여 노력하여야 한다. 그리고 산업부장관은 과학적 무역업무의 처리기반을 구축하기 위하여 필요하다고 인정되면 관계 행정기관의 장에게 대통령령으로 정하는 바에 따라 통관기록 등 물품등의 수출입 거래에 관한 정보를 제공하도록 요청할 수 있는데, 이 경우 관계 행정기관의 장은 이에 협조하여야 한다(대외무역법 제15조제2항).[5)]

(1) 전산관리체제의 개발 · 운영

산업부장관은 수출입거래가 질서 있고 효율적으로 이루어질 수 있도록 대외무역법 제15조 제1항에 따라 다음과 같은 전산관리체제를 개발 · 운영하여야 한다(대외무역령 제21조제1항).[6)]

> ① 무역거래자별 고유번호(이하 "무역업고유번호")의 부여 및 관리 등 수출입통계 데이터베이스를 구축하기 위한 전산관리체제;
> ② 「불공정무역행위 조사 및 산업피해구제에 관한 법률」 제4조에 따른 불공정무역행위를 방지하기 위한 전산관리체제;
> ③ 효율적인 수출입 거래를 위한 다음 각 목의 전산관리체제:
> ㉮ 부문별 무역전산관리체제를 유기적으로 연계하기 위한 전산관리체제;
> ㉯ 관계 행정기관의 장이 필요하다고 인정하여 산업부장관과 협의하여 정한 해당 기관 소관의 무역 관련 전산관리체제;
> ④ 그밖에 무역업계의 요청에 따라 산업부장관이 필요하다고 인정하는 전산관리체제.

---

5) 관계 행정기관의 장은 대외무역법의 목적의 범위에서 필요하다고 인정되면 산업부장관에게 구축된 물품등의 수출입 거래에 관한 정보를 제공하도록 요청할 수 있는데, 이 경우 산업부장관은 이에 협조하여야 한다(대외무역법 제15조제3항).

6) 산업부장관은 전산관리체제를 개발 · 운영하기 위하여 필요하다고 인정하면 그 경비의 일부를 해당 전산관리체제의 개발 · 운영에 필요한 정보를 제공한 기관에 지원할 수 있다(대외무역령

(2) 수출입거래에 관한 정보의 수집 · 분석

대외무역령 제22조 제1항에 따라 산업부장관은 전산관리체제를 개발 · 운영하는 데에 필요하면 관세청장에게 다음과 같은 정보를 요청할 수 있다:

① 관세법 제241조에 따라 신고한 무역거래자의 상호, 성명 등 무역거래자에 관련된 정보;
② 관세법 제241조에 따라 신고한 각 신고별 신고 수리일, 수출 또는 수입 물품의 품명 · 수량 · 금액, 거래 형태 등에 관련된 정보로서 산업부장관이 정하는 정보;

그리고 산업부장관은 전산관리체제를 개발 · 운영하기 위하여 위와 같은 절차, 대외무역령 제92조 제2항 및 대외무역법 제48조 제1항에 따라 수집된 관련 정보를 종합적으로 분석 · 관리하여야 한다(대외무역령 제22조제1항).

2) 용역이나 전자적 형태의 무체물의 수출입 확인

대외무역령 제23조 제1항에 따라 산업부장관은 대외무역법상 용역이나 전자적 형태의 무체물을 수출입한 자가 수출입에 관한 지원을 받기 위하여 수출입 사실의 확인을 신청하면 수출입 확인을 할 수 있다.

(1) 용역의 수출입 사실의 확인 및 실적증명 발급 절차

용역의 수출입 사실의 확인 및 실적증명 발급을 받으려는 자는 대외무역관리규정 별지 제24호 서식에 의한 수출 · 수입실적의 확인 및 증명발급 신청서에 거래 사실을 증명할 수 있는 서류를 첨부하여 다음에 해당하는 발급기관의 장에게 신청하여야 하고, 이 경우 발급기관의 장은 수출입 사실의 확인이 가능하고 신청 사실에 하자가 없다고 인정하는 경우에만 수출 · 수입실적의 확인 및 증명서를 발급하여야 한다(대외무역관리규정 제30조제1항):

① 한국무역협회장;
② 한국해운협회장(해운업의 경우만 해당한다);
③ 한국관광협회중앙회장 및 문화체육관광부장관이 지정하는 업종별 관광협회장(관광사업의 경우만 해당한다).

(2) 전자적 형태의 무체물의 수출입 사실의 확인 및 실적증명 발급

전자적 형태의 무체물의 수출입 사실의 확인 및 실적증명 발급을 받으려는 자는 대외무역관리규정 별지 제26호 서식에 의한 수출 · 수입실적의 확인 및 증명발급 신청서에 거래 사실을 증명할 수 있는 서류를 첨부하여 한국무역협회장 또는 한국소프트웨어산업협회장에게 신청하여야 하고, 이 경우 한국무역협회장 또는 한국소프트웨어산업협회장은 수출입 사실의 확인이 가능하고 신청 사실에 하자가 없다고 인정하는 경우에만 수출 · 수입실적의 확인 및 증명서를 발급하여야 한다(대외무역관리규정 제30조제2항).

(3) 발급기관장의 자료제출 요구와 발급현황 보고의무

수출 · 수입실적의 확인 및 증명 발급기관의 장은 신청인에게 수출 · 수입실적의 확인 및 증명서의 발급심사를 위하여 필요한 자료의 제출을 요구할 수 있다(대외무역관리규정 제30조제3항). 그리고 수출 · 수입실적의 확인 및 증명 발급기관의 장은 수출 · 수입실적의 확인 및 증명서의 발급현황 등에 관한 매분기 실적을 다음 달 20일까지 산업부장관과 관세청장에게 보고하여야 한다(대외무역관리규정 제30조제4항).

Ⅲ. 수출입요령의 통합공고

대외무역법 제12조 제1항에 따라 관계 행정기관의 장은 수출 · 수입요령을 제정하거나 개정하는 경우에는 그 수출 · 수입요령이 그 시행일 전에 소정의 절차 따라 공고될 수 있도록 이를 산업부장관에게 제출하여야 한다. 그리고 산업부장관은 소정의 절차에 따라 제출받은 수출 · 수입요령을 통합하여 공고하여야 한다(대외무역법 제12조제2항).

1. 적용법령

대외무역법 제12조에 따라 산업부장관이 고시하는 해당 물품의 수출입의 요건 및 절차 등을 규정하고 있는 다음과 같은 법령을 말한다(통합공고 제3조제1항): 약사법; 마약류관리법; 화장품법; 식품위생법; 화학물질관리법; 화학물질등록평가법; 양곡관리법; 비료관리법; 농약관리법; 가축전염병예방법; 식물방역법; 종자산업법; 축산법; 전기생활용품안전법; 계량에관한법률; 석유사업법; 원자력안전법; 전파법; 야생생물법; 폐기물국가간이동법; 대기환경보전법; 소음 · 진동관리법; 자동차관리법; 산업안전보건법; 오존층보호법; 건설기계관리법; 먹는물관리법; 자원재활용법; 생화학무기법; 축산물위생관리법; 건강기능식품법; 농수산물품질법; 방위사업법; 수산업법; 고압가스법; 영화비디오법; 게임산업법; 음악산업법; 하수도법; 주세법; 지방세법; 총포화약법; 의료기기법; 인체조직법; 수산생물질병법; 사료관리법; 생물다양성법; 폐기물관리법; 전자제품등자원순환법; 액화석유가스법; 목재이용법; 농수산생명자원법; 기타 특정물품의수출입절차 또는 요령을 정한 법률 및 국제협약; 수입식품법; 어린이제품법; 위생용품관리법; 에너지이용 합리화법; 잔류성물질법; 화학제품안전법; 친환경농어업법; 생활방사선법;

해양생명자원법: 체외진단의료기기법 등.

2. 요건확인품목의 수출입요령

1) 대상품목

"요건확인품목"이란 수출입요령에서 주무부처의 장 또는 관련단체의 장으로부터 허가, 추천, 신고, 검사, 검정, 시험방법, 형식승인 등을 받도록 한 물품을 말하며(통합공고 제2조 제1호), 그 대상품목은 통합공고 제8조의 별도규정을 제외하고는 별표 1의 품목별 수출요령과 별표 2의 품목별 수입요령에서 정한다(통합공고 제4조제1항). 그리고 요건확인품목은 HS(Harmonized Commodity Description and Coding System)에 따라 분류하여 지정함을 원칙으로 하되, 무역정책 목적 및 해당법령의 목적 수행상 필요에 의해 세분류하여 표기할 수 있다(통합공고 제5조).

2) 품목별 수출입요령

통합공고의 별표 1, 2에서 요건확인품목으로 게기되지 아니한 물품 또는 대상품목의 지정이 용도기준으로 된 경우에 당해용도 이외의 물품은 통합공고 제8조에 별도로 정한 물품, 대외무역관리규정 및 수출입공고 등에서 다른 규정이 없는 한 요건확인의 절차를 거치지 아니하되, 요건확인 대상물품의 지정이 용도기준인지 여부가 불명확한 경우에는 산업부장관이 주무부처의 장 및 관세청장과 협의하여 결정한다(통합공고 제6조 제1항). 그리고 통합공고 별표 1, 2의 품목별 수출입요령이 요건확인품목의 용도기준에 의한 분류 또는 물품의 소관에 따라 주무부처의 장의 확인을 받아 수입할 수 있도록 한 경우에 "주무부처 의 장"이라 함은 해당 수출입 물품을 사용 또는 수요하는 업체와 가장 관련이 있는 관계 행정기관으로 한다(통합공고 제6조제3항).

3) 수출입공고등과의 관계

통합공고에서 정한 요건확인의 내용과 대외무역법 제11조 규정에 의한 수출입공고 등과 대외무역법 제19조의 규정에 의한 전략물자 수출입공고의 제한내용이 동시에 적용될 경우에는 통합공고에서 정한 요건확인의 내용과 수출입공고등의 제한내용이 모두 충족되어야만 수출 또는 수입할 수 있으며, 1개의 요건확인품목에 대해 2개 이상의 법령이 관련되어 통합공고 별표 1, 2의 수출입요령에서 2개 이상의 요건확인을 받을 것을 규정하고 있는 경우에는 당해 요건확인 품목에 대한 해당법령의 적용대상 물품이나 고시대상품목의 분류가 용도기준으로 된 물품이외에는 당해 물품에 부과된 2개 이상의 요건을 이 고시가 정한 요건확인기관에서 확인받아야 한다(통합공고 제7조).

제 2 절 외화획득용 원료

Ⅰ. 외화획득용 원료 · 기재의 수입 승인 등

대외무역법 제16조 제1항에 따라 산업부장관은 원료, 시설, 기재(機材) 등 외화획득을 위하여 사용되는 물품등(이하 "원료 · 기재")의 수입에 대하여는 수입승인 대상 물품등의 품목별 수량 · 금액 · 규격 및 수출 또는 수입지역 등의 제한을 적용하지 아니할 수 있다. 이에 따라 수입승인을 받아야 하는 물품등을 외화획득용 원료 · 기재로 수입하려는 자는 산업부장관이 정하여 고시하는 기준에 따라 산업부장관의 승인을 받아야 한다(대외무역령 제24조제1항). 그리고 원료 · 기재를 수입한 자와 수입을 위탁한 자는 원칙적으로 그 수입에 대응하는 외화획득을 하여야 한다(대외무역법 제15조제3항).

여기에서 "외화"란 외국환거래법 시행령에 따른 대외지급수단을 말하고대외무역관리규정 제2조제1호), "외화획득용 원료 · 기재"란 다음에 해당하는 것을 말한다(대외무역령 제2조제5호):

> ㉮ 외화획득용 원료는 외화획득에 제공되는 물품, 용역 및 전자적 형태의 무체물(이하 "물품등")을 생산하는 데에 필요한 원자재 · 부자재 · 부품 및 구성품;
> ㉯ 외화획득용 시설기재(施設機材): 외화획득에 제공되는 물품등을 생산하는 데에 사용되는 시설 · 기계 · 장치 · 부품 및 구성품[물품등의 하자(瑕疵)를 보수하거나 물품등을 유지 · 보수하는 데에 필요한 부품 및 구성품을 포함한다];
> ㉰ 외화획득용 제품은 수입 후 또는 국내 구매 후 생산과정을 거치지 않은 상태로 외화획득에 제공되는 물품등;
> ㉱ 외화획득용 용역은 외화획득에 제공되는 물품등을 생산하는 데에 필요한 용역;
> ㉲ 외화획득용 전자적 형태의 무체물: 외화획득에 제공되는 물품등을 생산하는 데에 필요한 전자적 형태의 무체물.

1. 원료 · 기재의 품목 및 수량과 외화획득의 범위

1) 외화획득용 원료 · 기재의 수량

외화획득용 원료 · 기재의 수량은 외화획득을 위한 물품등의 1단위를 생산하기 위하여 제공되는 외화획득용 원료 · 기재의 기준 소요량을 말하고, 산업부장관은 외화획득용 원료 · 기재의 기준 소요량을 정하는 경우에는 해당 물품등을 생산하는 데에 필요한 실제 수량 외에 생산 공정에서 생기는 평균 손실량을 포함시킬 수 있다(대외무역령 제25조제1항·제2항).

여기에서 "소요량"이란 외화획득용 물품등의 전량을 생산하는 데에 소요된 원자재의 실량과 손모량을 합한 양을 말한다(대외무역관리규정 제2조제25호). 또한 "기준 소요량"이란 외화획득용 물품등의 1단위를 생산하는 데에 소요되는 원자재의 양을 고시하기 위한 것으로서 단위실량과 평균 손모량을 합한 양을 말한다(대외무역관리규정 제2조제23호). 그리고 "평균 손모량"이란 외화획득용 물품등을 생산하는 과정에서 생기는 원자재의 손모량(손실량 및 불량품 생산에 소요된 원자재의 양을 포함한다)의 평균량을 말한다(대외무역관리규정 제2조제20호).

2) 외화획득의 범위

외화획득의 범위는 다음에 해당하는 방법에 따라 외화를 획득하는 것으로 한다(대외무역령 제26조제1항): ① 수출; ② 주한 국제연합군이나 그 밖의 외국군 기관에 대한 물품등의 매도; ③ 관광; ④ 용역 및 건설의 해외 진출; ⑤ 국내에서 물품등을 매도하는 것으로서 산업부장관이 정하여 고시하는 기준에 해당하는 것. 여기에서 무역거래자가 외국의 수입업자로부터 수수료를 받고 행한 수출 알선은 외화획득행위에 준하는 행위로 간주한다(대외무역령 제26조제2항).

한편, "산업부장관이 정하여 고시하는 기준에 해당하는 것"이란 다음과 같은 거래를 말한다(대외무역관리규정 제31조):

① 외국인으로부터 외화를 받고 국내의 보세지역에 물품등을 공급하는 경우;
② 외국인으로부터 외화를 받고 공장건설에 필요한 물품등을 국내에서 공급하는 경우;
③ 외국인으로부터 외화를 받고 외화획득용 시설 · 기재를 외국인과 임대차계약을 맺은 국내업체에 인도하는 경우;
④ 정부 · 지방자치단체 또는 정부투자기관이 외국으로부터 받은 차관자금에 의한 국제경쟁입찰에 의하여 국내에서 유상으로 물품등을 공급하는 경우(대금 결제 통화의 종류를 불문한다);
⑤ 외화를 받고 외항선박(항공기)에 선(기)용품을 공급하거나 급유하는 경우;
⑥ 절충교역거래(off set)의 보완거래로서 외국으로부터 외화를 받고 국내에서 제조된 물품등을 국가기관에 공급하는 경우.

3) 외화획득용 원료의 범위

외화획득용 원료의 범위는 다음과 같다(대외무역관리규정 제32조):

> ① 수출실적으로 인정되는 수출 물품등을 생산하는 데에 소요되는 원료(포장재, 1회용 파렛트를 포함한다);
> ② 외화가득율(외화획득액에서 외화획득용 원료의 수입금액을 공제한 금액이 외화획득액에서 차지하는 비율을 말한다)이 30퍼센트 이상인 군납용 물품등을 생산하는 데에 소요되는 원료;
> ③ 해외에서의 건설 및 용역사업용 원료;
> ④ 산업부장관이 정하여 고시하는 기준에 해당하는 외화획득용 물품등을 생산하는 데에 소요되는 원료;
> ⑤ 앞의 제①부터 제④까지의 규정에 따른 원료로 생산되어 외화획득이 완료된 물품등의 하자 및 유지보수용 원료.

2. 외화획득 이행기간

외화획득의 이행기간은 다음과 같은 구분에 따른 기간의 범위에서 산업부장관이 정하여 고시하는 기간으로 한다(대외무역령 제27조제1항):

> ① 외화획득용 원료·기재를 수입한 자가 직접 외화획득의 이행을 하는 경우에는 수입통관일 또는 공급일부터 2년;
> ② 다른 사람으로부터 외화획득용 원료·기재 또는 그 원료·기재로 제조된 물품등을 양수한 자가 외화획득의 이행을 하는 경우에는 양수일부터 1년;
> ③ 외화획득을 위한 물품등을 생산하거나 비축하는 데에 2년 이상의 기간이 걸리는 경우에는 생산하거나 비축하는 데에 걸리는 기간에 상당하는 기간;
> ④ 수출이 완료된 기계류의 하자 및 유지 보수를 위한 외화획득용 원료·기재인 경우는 하자 및 유지 보수 완료일부터 2년.

이에 따라 외화획득 이행의무자는 외화획득용 원료의 수입신고수리일, 용역 또는 전자적 형태의 무체물의 공급일, 수입된 외화획득용 원료 또는 해당 원료로 제조된 물품등의 구매일 또는 양수일부터 다음과 같은 기간이 경과한 날까지 외화획득의 이행을 하여야 한다(대외무역관리규정 제39조제1항):

> ㉮ 외화획득 행위의 경우에는 2년;

㈏ 국내공급(양도를 포함한다)인 경우에는 1년;
㈐ 외화획득 물품의 선적기일이 2년 이상인 경우에는 그 기일까지의 기간;
㈑ 수출이 완료된 기계류(HS 84류부터 90류까지의 규정에 해당하는 품목)의 하자 및 유지보수용 원료등인 경우에는 10년.

그런데 외화획득 이행의무자는 위와 같은 기간 내에 외화획득의 이행을 할 수 없다고 인정되면 소정의 서류를 갖추어 산업부장관에게 그 기간의 연장을 신청하여야 하고, 신청을 받은 산업부장관은 그 신청이 타당하다고 인정할 때에는 외화획득의 이행기간을 연장할 수 있다(대외무역령 제27조제2항·제3항).

이에 따라 외화획득의 이행기간을 연장하려는 자는 그 기간 종료일 전에 대외무역관리규정 별지 제14호 서식에 의한 외화획득이행기간 연장신청서 3부에 그 사실을 인정할 수 있는 서류 1부를 첨부하여 관할 특별시장·광역시장·도지사 또는 특별자치도지사에게 신청하여야 한다(대외무역관리규정 제39조제2항). 그리고 시·도지사는 다음 각 호의 어느 하나에 해당하는 경우 1년의 범위 내에서 외화획득 이행기간을 연장할 수 있다(대외무역관리규정 제39조제3항):

㉠ 생산에 장기간이 소요되는 경우;
㉡ 제품생산을 위탁한 경우 그 공장의 도산 등으로 인하여 제품 생산이 지연되는 경우;
㉢ 외화획득 이행의무자의 책임 있는 사유가 없음에도 신용장 또는 수출계약이 취소된 경우;
㉣ 외화획득이 완료된 물품의 하자보수용 원료등으로서 장기간 보관이 불가피한 경우;
㉤ 그밖에 부득이한 사유로 외화획득 이행기간 내에 외화획득 이행이 불가능하다고 인정되는 경우.

3. 원료·기재의 사후 관리제도

산업부장관은 승인을 받아 수입한 외화획득용 원료·기재 및 그 원료·기재로 제조된 물품등에 대하여는 외화획득 이행의무자의 외화획득 이행 여부를 사후 관리하여야 하는데, 산업부장관이 정하여 고시한 요건을 갖춘 자가 수입승인을 받아 수입한 원료·기재에 대하여는 수입승인을 받은 자가 사후 관리하도록 할 수 있으며, 원료·기재를 양수한 자로서 산업부장관이 정하여 고시한 요건을 갖춘 자의 경우에도 또한 적용된다(대외무역령 제28조제1항·제2항). 그리고 사후관리는 외화획득 이행의무자별 및 품목별로 매 분기에 수입한 총량을 대상으로 행하되, 사후관리의 방법 등에 관하여 필요한 사항은 산업부장관이 정하여 고시한다(대외무역령 제28조제3항).

위와 같은 사후 관리규정에도 불구하고 다음에 해당하는 경우에는 사후 관리가 면제된다(대외무역령 제29조):

① 품목별 외화획득 이행 의무의 미이행률이 10퍼센트 이하인 경우;
② 외화획득 이행의무자의 분기별 미이행률이 10퍼센트 이하이고, 그 미이행 금액이 미화 2만 달러에 상당하는 금액 이하인 경우;
③ 외화획득 이행의무자의 책임이 없는 사유로 외화획득의 이행을 하지 못한 경우로서 산업부장관이 인정하는 경우;
④ 해당 품목이 수입승인 대상에서 제외됨으로써 그 수입에 대응하는 외화획득의 이행을 할 필요가 없는 경우 등 산업부장관이 사후관리를 할 필요성이 없어진 것으로 인정하는 경우.

4. 원료 · 기재의 목적을 벗어난 사용 등

원료 · 기재를 수입한 자는 그 수입한 원료 · 기재 또는 그 원료 · 기재로 제조된 물품등을 부득이한 사유로 인하여 당초의 목적 외의 용도로 사용하려면 원칙적으로 소정의 절차에 따라 산업부장관의 승인을 받아야 한다(대외무역법 제17조제1항). 또한, 수입한 원료 · 기재 또는 그 원료 · 기재로 제조된 물품등을 당초의 목적과 같은 용도로 사용하거나 수출하려는 자에게 양도(讓渡)하려는 때에는 양도하려는 자와 양수(讓受)하려는 자가 함께 원칙적으로 산업부장관의 승인을 받아야 한다(대외무역법 제17조제2항). 여기에서 "부득이한 사유"란 다음에 해당하는 경우를 말한다(대외무역령 제30조제2항):

① 우리나라나 교역상대국의 전쟁 · 사변, 천재지변 또는 제도 변경으로 인하여 외화획득의 이행을 할 수 없게 된 경우;
② 원료 · 기재로 생산된 물품등으로서 그 물품등을 생산하는 데에 고도의 기술이 필요하여 외화획득의 이행에 앞서 시험제품을 생산할 필요가 있는 경우;
③ 외화획득 이행의무자의 책임이 없는 사유로 외화획득의 이행을 할 수 없게 된 경우;
④ 그밖에 산업부장관이 불가항력으로 외화획득의 이행을 할 수 없다고 인정한 경우.

한편, 위와 같은 승인규정에도 불구하고 물품등을 생산하는 데에 필요한 실제 수량 외에 생산 공정에서 생기는 평균 손실량에 해당하는 외화획득용 원료 · 기재 또는 그 원료 · 기재로 생산한 물품등과 산업부장관이 사후관리를 할 필요성이 없어진 것으로 인정하는 경우에 해당하는 외화획득용 원료 · 기재는 예외적으로 원료 · 기재의 목적을 벗어난 사용을 하더라도 산업부장관의 승인을 받을 필요가 없다(대외무역법 제17조제1항단서; 대외무역령 제30조제3항). 아울러 외화획득용 원료 · 기재의 사후 관리가 면제되는 원료 · 기재 또는 그 원료 · 기재로 제조된 물품등을 당초의 목적과 같은 용도로 사용하거나 수출하려는 자에게 양도(讓渡)하려는 때에도 산업부장관의 승인을 받을 필요가 없다(대외무역법 제17조제2항단서; 대외무역령 제30조제5항).

Ⅱ. 구매확인서의 발급과 위반행위에 대한 형사제재

1. 구매확인서의 발급

구매확인서란 외화획득용 원료 · 기재를 구매하려는 경우 또는 구매한 경우 외국환은행장 또는 전자무역법에 따라 산업부장관이 지정한 전자무역기반사업자가 내국신용장에 준하여 발급하는 증서(구매한 경우에는 구매확인서 신청인이 세금계산서를 발급받아 부가가치세법 시행규칙 제9조의2에서 정한 기한 내에 신청하여 발급받은 증서에 한한다)를 말한다(대외무역관리규정 제2조제18호).

대외무역법 제18조 제1항에 따라 산업부장관은 외화획득용 원료 · 기재를 구매하려는 자가 부가가치세법 제24조에 따른 영(零)의 세율을 적용받기 위하여 확인을 신청하면 외화획득용 원료 · 기재를 구매하는 것임을 확인하는 구매확인서를 발급할 수 있다. 그리고 산업부장관은 구매확인서를 발급받은 자에 대하여는 외화획득용 원료 · 기재의 구매 여부를 사후관리하여야 한다(대외무역법 제18조제2항).

이에 따라 구매확인서를 발급받으려는 자는 구매확인신청서에 다음과 같은 서류를 첨부하여 산업부장관에게 제출하여야 한다(대외무역령 제31조제1항):[7] ㉮ 구매자 · 공급자에 관한 서류; ㉯ 외화획득용 원료 · 기재의 가격 · 수량 등에 관한 서류; ㉰ 외화획득용 원료 · 기재라는 사실을 증명하는 서류로서 산업부장관이 정하여 고시하는 서류. 그리고 구매확인서 발급의 신청을 받은 산업부장관은 신청인이 구매하려는 원료 · 기재가 외화획득의 범위에 해당하는지를 확인하여 발급 여부를 결정한 후 구매확인서를 발급하여야 한다(대외무역령 제31조제2항).

여기에서 "외화획득용 원료 · 기재라는 사실을 증명하는 서류"란 다음의 어느 하나

7) 구매확인서의 발급신청 등에 관한 자세한 내용은 대외무역관리규정 제37조를 참조.

를 말한다(대외무역령 제36조제2항):

① 수출신용장
② 수출계약서(품목·수량·가격 등에 합의하여 서명한 수출계약 입증서류)
③ 외화매입(예치)증명서(외화획득 이행 관련 대금임이 관계 서류에 의해 확인되는 경우만 해당한다)
④ 내국신용장
⑤ 구매확인서
⑥ 수출신고필증(외화획득용 원료·기재를 구매한 자가 신청한 경우에만 해당한다)
⑦ 외화획득에 제공되는 물품등을 생산하기 위한 경우임을 입증할 수 있는 서류

2. 위반행위에 대한 형사제재

원료·기재를 수입한 자와 수입을 위탁한 자(원료·기재 또는 그 원료·기재로 제조된 물품등을 양수한 자)가 수입에 대응하는 외화획득을 하지 아니하거나 승인을 받지 아니하고 목적 외의 용도로 원료·기재 또는 그 원료·기재로 제조된 물품등을 사용한 자 또는 승인을 받지 아니하고 원료·기재 또는 그 원료·기재로 제조된 물품등을 양도한 자는 3년 이하의 징역 또는 3천만원 이하의 벌금에 처한다(대외무역법 제54조). 그리고 법인의 대표자나 법인 또는 개인의 대리인, 사용인, 그 밖의 종업원이 그 법인 또는 개인의 업무에 관하여 위반행위를 하면 그 행위자를 벌하는 외에 그 법인 또는 개인에게도 해당 조문의 벌금형을 과(科)하는데, 법인 또는 개인이 그 위반행위를 방지하기 위하여 해당 업무에 관하여 상당한 주의와 감독을 게을리하지 아니한 경우에는 예외가 적용된다(대외무역법 제57조).

제3절 전략물자의 수출입거래

Ⅰ. 개설

1. 전략물자의 의의

대외무역법 제19조에 따라 산업부장관은 관계 행정기관의 장과 협의하여 국제수출통제체제의 원칙에 따라 국제평화 및 안전유지와 국가안보를 위하여 수출허가 등 제한이 필요한 물품등(이하 "전략물자")을 지정하여 고시하여야 한다.[8] 여기에서 "국제수출통제체제"란 다음을 말한다(대외무역령 제32조):

① 바세나르체제(WA);
② 핵공급국그룹(NSG);
③ 미사일기술통제체제(MTCR);
④ 오스트레일리아그룹(AG);
⑤ 화학무기의 개발 · 생산 · 비축 · 사용 금지 및 폐기에 관한 협약(CWC);
⑥ 세균무기(생물무기) 및 독소무기의 개발 · 생산 · 비축 금지 및 폐기에 관한 협약(BWC)
⑦ 무기거래조약(ATT).

그리고 "전략물자"에는 국제수출통제체제에서 정하는 물품의 제조 · 개발 또는 사용 등에 관한 기술로서 산업부장관이 관계 행정기관의 장과 협의하여 고시하는 기술을 포함하되, 다음에 해당하는 기술은 제외한다(대외무역령 제32조의2):

㉮ 일반에 공개된 기술;
㉯ 기초과학연구에 관한 기술;
㉰ 특허 출원에 필요한 최소한의 기술;
㉱ 대외무역법에 따라 수출허가를 받은 전략물자의 설치, 운용, 점검, 유지 및 보수에 필요한 최소한의 기술.

8) 이에 따라 산업부장관은 행정규칙으로 "전략물자 수출입고시"를 제정 · 시행하고 있다.

2. 전략물자의 수출허가

대외무역법 제19조의2에 따라 전략물자를 수출하려는 자 또는 수출신고(관세법 제241조 제1항에 따른 수출신고를 말한다.)하려는 자는 대통령령으로 정하는 바에 따라 산업부장관이나 관계 행정기관의 장의 허가를 받아야 한다. 다만, 방위사업법 제57조 제2항에 따라 허가를 받은 방위산업물자 및 국방과학기술이 전략물자에 해당하는 경우에는 예외로 한다. 여기에서 "전략물자의 수출"에는 전략물자에 해당하는 기술을 ① 국내에서 국외로의 이전하거나 ② 국내 또는 국외에서 대한민국 국민(국내법에 따라 설립된 법인을 포함한다)으로부터 외국인(외국의 법률에 따라 설립된 법인을 포함한다)에게로의 이전하는 경우가 포함된다. 그리고 기술이전의 경우에는 다음과 같은 방법으로 이전하는 경우도 포함된다(대외무역령 제32조의3): ㉮ 전화, 팩스, 이메일 등 정보통신망을 통한 이전; ㉯ 지시, 교육, 훈련, 실연(實演) 등 구두나 행위를 통한 이전; ㉰ 종이, 필름, 자기디스크, 광디스크, 반도체메모리 등 기록매체나 컴퓨터 등 정보처리장치를 통한 이전.

3. 상황허가의 대상

대외무역법 제19조의3에 따라 전략물자에는 해당되지 아니하나 대량파괴무기와 그 운반수단인 미사일 및 재래식무기(이하 "대량파괴무기등")의 제조 · 개발 · 사용 또는 보관 등의 용도로 전용될 가능성이 높은 물품등을 수출하려는 자는 그 물품등의 수입자나 최종사용자가 그 물품등을 대량파괴무기등의 제조 · 개발 · 사용 또는 보관 등의 용도로 전용할 의도가 있음을 알았거나 그 수출이 다음에 해당되어 그러한 의도가 있다고 의심되면 대통령령으로 정하는 바에 따라 산업부장관이나 관계 행정기관의 장의 상황허가를 받아야 한다:[9)]

> ① 수입자가 해당 물품등의 최종 용도에 관하여 필요한 정보 제공을 기피하는 경우;
> ② 수출하려는 물품등이 최종 사용자의 사업 분야에 해당되지 아니하는 경우;
> ③ 수출하려는 물품등이 수입국가의 기술수준과 현저한 격차가 있는 경우;
> ④ 최종 사용자가 해당 물품등이 활용될 분야의 사업경력이 없는 경우;
> ⑤ 최종 사용자가 해당 물품등에 대한 전문적 지식이 없으면서도 그 물품등의 수출을 요구하는 경우;
> ⑥ 최종 사용자가 해당 물품등에 대한 설치 · 보수 또는 교육훈련 서비스를 거부하는 경우;

9) 상황허가의 신청방법에 대하여는 대외무역령 제33조 제1항을 참조.

⑦ 해당 물품등의 최종 수하인(受荷人)이 운송업자인 경우;
⑧ 해당 물품등에 대한 가격 조건이나 지불 조건이 통상적인 범위를 벗어나는 경우;
⑨ 특별한 이유 없이 해당 물품등의 납기일이 통상적인 기간을 벗어난 경우;
⑩ 해당 물품등의 수송경로가 통상적인 경로를 벗어난 경우;
⑪ 해당 물품등의 수입국 내 사용 또는 재수출 여부가 명백하지 아니한 경우;
⑫ 해당 물품등에 대한 정보나 목적지 등에 대하여 통상적인 범위를 벗어나는 보안을 요구하는 경우;
⑬ 그밖에 국제정세의 변화 또는 국가안전보장을 해치는 사유의 발생 등으로 산업부장관이나 관계 행정기관의 장이 상황허가를 받도록 정하여 고시하는 경우.

4. 전략물자의 수출허가 또는 상황허가의 신청 등

전략물자 또는 전략물자에는 해당되지 않으나 대량파괴무기와 그 운반수단인 미사일 및 재래식무기의 제조 · 개발 · 사용 또는 보관 등의 용도로 전용(轉用)될 가능성이 높은 물품등을 수출하려는 자는 전략물자수출허가신청서나 상황허가신청서에 다음과 같은 서류를 첨부하여 산업원부장관이나 관계 행정기관의 장에게 제출해야 한다(대외무역령 제33조제1항):

① 수출계약서, 수출가계약서(輸出假契約書) 또는 이에 준하는 서류;
② 수입국의 정부가 발행하는 수입목적확인서 또는 이에 준하는 서류;
③ 수출하는 물품등의 용도와 성능을 표시하는 서류;
④ 수출하는 물품등의 기술적 특성에 관한 서류;
⑤ 수출하는 물품등의 용도 등에 관한 최종 사용자의 서약서;
⑥ 그밖에 수출허가나 상황허가에 필요한 서류로서 산업부장관이 정하여 고시하는 서류.

한편, 수출허가신청이나 상황허가신청을 받은 산업부장관 또는 관계 행정기관의 장은 15일 이내에 수출허가나 상황허가의 여부를 결정하고 그 결과를 신청인에게 알려야 하는데, 수출허가나 상황허가를 신청한 물품등에 대하여 별도의 기술 심사, 국내 · 국제 관계기관과의 협의 또는 현지조사가 필요한 경우에는 그 협의나 현지조사를 하는 데에 걸리는 기간은 본문에 따른 기간에 산입하지 아니한다(대외무역령 제33조제2항).

5. 수출허가 및 상황허가의 기준과 허가면제

1) 수출허가 및 상황허가의 기준

산업부장관이나 관계 행정기관의 장은 상황허가 신청을 받으면 허가기준에 따라 수출허가나 상황허가를 할 수 있는데, 수출허가 및 상황허가의 기준은 다음과 같다(대외무역법 제19조의6제1항; 대외무역령 제34조):

> ① 해당 물품등이 평화적 목적에 사용될 것;
> ② 해당 물품등의 수출이 국제평화 및 안전유지와 국가안보에 영향을 미치지 아니할 것;
> ③ 해당 물품등의 수입자와 최종 사용자 등이 거래에 적합한 자격을 가지고 있고 그 물품등의 사용 용도를 신뢰할 수 있을 것;
> ④ 그밖에 국제수출통제체제의 원칙 중 산업부장관이 정하여 고시하는 사항을 지킬 것.

하지만 산업부장관이나 관계 행정기관의 장은 수출허가, 상황허가, 경유 또는 환적허가 및 중개허가를 한 후 다음에 해당하는 경우에는 해당 허가를 취소할 수 있다(대외무역법 제19조의7): ㉮ 거짓 또는 부정한 방법으로 허가를 받은 사실이 발견된 경우; ㉯ 전쟁, 테러 등 국가 간 안보 또는 대량파괴무기등의 이동 · 확산 우려 등과 같은 국제정세의 변화가 있는 경우.

2) 전략물자의 수출허가 또는 상황허가의 면제

대외무역법 제19조의6 제3항에 따라 산업부장관 또는 관계 행정기관의 장은 재외공관에서 사용될 공용물품을 수출하는 경우 등 다음에 해당하는 경우에는 수출허가 또는 상황허가를 면제할 수 있는데, 수출자는 수출 후 7일 이내에 산업부장관 또는 관계 행정기관의 장에게 수출거래에 관한 보고서를 제출하여야 한다(대외무역령 제35):

> ① 재외공관, 해외에 파견된 우리나라 군대 또는 외교사절 등에 사용될 공용물품을 수출하는 경우;
> ② 선박 또는 항공기의 안전운항을 위하여 긴급 수리용으로 사용되는 기계, 기구 또는 부분품 등을 수출하는 경우;
> ③ 그밖에 수출허가 또는 상황허가의 면제가 필요하다고 인정하여 산업부장관이 관계 행정기관의 장과 협의하여 고시하는 경우.

Ⅱ. 전략물자등의 판정과 이동중지 명령 등

1. 전략물자등의 전문판정

대외무역법 제20조 제1항에 따라 물품등을 수출, 수출신고, 경유, 환적 또는 중개하려는 자 또는 정보수사기관의 장 등은 해당 물품등이 전략물자인지 또는 상황허가 대상 물품등인지를 확인하기 위하여 산업부장관이나 관계 행정기관의 장에게 판정을 신청할 수 있다. 이에 따라 무역거래자가 전략물자 또는 상황허가 대상물품에 해당하는지 여부에 대하여 판정을 받으려면 다음의 서류를 첨부한 판정신청서를 산업부장관이나 관계 행정기관의 장에게 제출하여야 한다(대외무역령 제36조제1항):

> ① 물품등의 용도와 성능을 표시하는 서류;
> ② 물품등의 기술적 특성에 관한 서류;
> ③ 그 밖에 전략물자 또는 상황허가 대상인 물품등의 판정에 필요한 서류로서 산업부장관이 정하여 고시하는 서류.

무역거래자로부터 판정신청을 받은 산업부장관이나 관계 행정기관의 장은 15일 이내에 신청한 물품등이 전략물자 또는 상황허가 대상인 물품등에 해당하는지를 판정하여 신청인에게 알려야 하는데, 판정을 신청한 물품등에 대하여 별도의 기술 심사나 다른 관계 행정기관과의 협의가 필요한 경우 그 기술 심사나 협의를 하는 데에 필요한 기간은 본문에 따른 기간에 산입하지 아니하고, 판정의 유효기간은 2년으로 한다(대외무역령 제36조제2항·제3항).

여기에서 산업부장관이나 관계 행정기관의 장은 무역안보관리원장[10] 또는 대통령령으로 정하는 관련 전문기관에 판정을 위임하거나 위탁할 수 있으며, 원자력안전위원회는 그 소관 물품등이 전략물자 또는 상황허가 대상인 물품등에 해당하는지에 대한 판정 및 통보 업무를 한국원자력통제기술원에 위탁한다(대외무역법 제20조제1항후단; 대외무역령 제37조).

2. 전략물자등의 자가판정

대외무역법 제20조의2 제1항에 따라 물품등의 무역거래자는 산업부장관이 고시하는 교육을 이수한 경우에는 다음에 해당하지 않는 물품등이 전략물자 또는 상황허가 대상인 물품등에 해당하는지에 대한 판정을 자체적으로 판단하는 자가판정으로 할 수 있는데, 이 경우 물품등의 무역거래자는 판정대상 물품의 성능과 용도 등 산업부장관

10) 무역안보관리원의 설립과 그 업무에 대하여는 대외무역법 제25조와 대외무역령 제46조를 참조.

이 고시[11)]하는 정보를 전략물자 수출입관리 정보시스템에 등록하여야 한다:

> ① 기술(제22조에 따른 자율준수무역거래자 중 산업부장관이 고시하는 무역거래자가 기술을 수출하는 경우는 제외한다)
> ② 그밖에 산업부장관이 자가판정 대상이 아닌 것으로 고시하는 물품등

여기에서 "전략물자 수출입관리 정보시스템"은 산업부장관이 ㉮ 수출허가, 상황허가, 자가판정, 수입목적확인서의 발급 등에 관한 업무와 ㉯ 전략물자의 수출입통제에 필요한 정보의 수집 · 분석 및 관리 업무를 수행하기 위하여 관계 행정기관의 장 및 무역안보관리원과 공동으로 구축 · 운영하는 정보시스템을 말한다(대외무역법 제24조제1항). 그리고 교육을 이수하지 아니하고 자가판정을 한 자 또는 전략물자 수출입관리 정보시스템에 정보를 등록하지 아니한 자에게는 500만원 이하의 과태료를 부과한다(대외무역법 제59조제3항).

3. 수입목적확인서의 발급

대외무역법 제22조에 따라 전략물자를 수입하려는 자는 산업부장관이나 관계 행정기관의 장에게 수입목적 등의 확인을 내용으로 하는 수입목적확인서의 발급을 신청할 수 있다. 여기에서 전략물자 수입목적확인서를 발급받으려면 전략물자 수입목적확인서 발급신청서에 그 전략물자의 최종 사용자 및 사용 목적을 증명할 수 있는 서류 등 전략물자의 수입 목적을 확인하는 데에 필요한 서류로서 산업부장관이나 관계 행정기관의 장이 정하여 고시하는 서류를 첨부하여 산업부장관이나 관계 행정기관의 장에게 제출하여야 한다(대외무역령 제40조제1항). 그리고 신청을 받은 산업부장관이나 관계 행정기관의 장은 7일 이내에 전략물자 수입목적확인서를 발급하여야 하는데, 수입목적 확인을 신청한 물품등에 대하여 별도의 기술 심사나 관계 행정기관과의 협의가 필요한 경우 그 기술 심사나 협의를 하는 데에 필요한 기간은 본문에 따른 기간에 산입하지 아니하고, 발급한 전략물자 수입목적확인서의 유효기간은 1년으로 한다(대외무역령 제40조제2항 · 제3항).

---

11) 산업부장관은 전략물자 수출입통제업무를 효율적으로 수행하기 위하여 필요한 경우 전략물자로 판정된 물품등에 대하여 그 명칭, 규격, 통제번호 등 해당 물품등이 전략물자라는 사실을 확인할 수 있는 객관적 사항에 관한 것으로서 산업부장관이 정하여 고시하는 사항을 공고할 수 있다(대외무역령 제36조제4항).

4. 전략물자등에 대한 이동중지명령과 경유 또는 환적의 허가

1) 전략물자등에 대한 이동중지명령

대외무역법 제21조 제1항에 따라 산업부장관과 관계 행정기관의 장은 전략물자나 상황허가 대상인 물품등(이하 "전략물자등")이 허가를 받지 아니하고 수출되거나 거짓이나 그 밖의 부정한 방법으로 허가를 받아 수출되는 것(이하 "무허가수출등")을 막기 위하여 필요하면 적법한 수출이라는 사실이 확인될 때까지 전략물자등의 이동중지명령을 할 수 있다. 또한, 전략물자등의 무허가수출등을 막기 위하여 긴급하게 그 이동을 제한할 필요가 있으면 그럼에도 불구하고 산업부장관과 관계 행정기관의 장은 적법한 수출이라는 사실이 확인될 때까지 직접 그 이동을 중지시킬 수도 있다(대외무역법 제21조제2항).

2) 전략물자등에 대한 경유 또는 환적의 허가

전략물자등을 국내 항만이나 공항을 경유하거나 국내에서 환적(換積)하려는 법정 대상자는 산업부장관이나 관계 행정기관의 장의 허가를 받아야 한다(대외무역법 제19조의4). 여기에서 환적하려는 법정 대상자는 다음에 해당하는 자를 말한다(대외무역령 제40조의2제1항):

① 대량파괴무기등의 제조 · 개발 · 사용 또는 보관 등의 용도로 전용되거나 전용될 가능성이 있다고 인정되는 전략물자나 상황허가 대상인 물품등을 경유하거나 환적하려는 자;
② 산업부장관 또는 관계 행정기관의 장으로부터 전략물자등의 경유 또는 환적 허가를 받아야 하는 것으로 통보받은 자.

그리고 전략물자등의 경유 또는 환적 허가를 받으려는 자는 산업부장관이 고시하는 경유 또는 환적 허가 신청서에 다음과 같은 서류를 첨부하여 산업부장관 또는 관계 행정기관의 장에게 제출하여야 한다(대외무역령 제40조의2제2항):

㉮ 거래계약서 또는 이에 준하는 서류;
㉯ 해당 경유 또는 환적에 관련된 수출자, 수입자, 최종 사용자 등에 관한 서류;
㉰ 그밖에 전략물자등의 경유 또는 환적 허가에 필요한 서류로서 산업부장관이 정하여 고시하는 서류.

한편, 경유 또는 환적 허가 신청서를 제출받은 산업부장관이나 관계 행정기관의 장은 15일 이내에 경유 또는 환적 허가 여부를 결정하고 그 결과를 신청인에게 알려야 하는데, 경유 또는 환적 허가를 신청한 전략물자등에 대하여 별도의 기술 심사, 국내 · 국제 관계기관과의 협의 또는 현지조사가 필요한 경우 이를 위하여 걸리는 기간은 본문에 따른 기간에 산입하지 아니한다(대외무역령 제40조의2제3항).

3) 전략물자등의 경유 또는 환적 허가의 기준

전략물자등의 경유 또는 환적 허가를 받으려면 다음과 같은 요건을 충족하여야 한다(대외무역령 제40조의3):

① 해당 전략물자등이 평화적 목적에 사용될 것;
② 해당 전략물자등의 경유 또는 환적이 국제평화 및 안전유지와 국가안보에 영향을 미치지 아니할 것;
③ 해당 전략물자등의 수출자, 수입자, 최종 사용자 등이 거래에 적합한 자격을 가지고 있고 그 전략물자등의 사용 용도를 신뢰할 수 있을 것;
④ 그밖에 국제수출통제체제의 원칙 중 산업부장관이 정하여 고시하는 사항을 지킬 것.

4) 행정준칙

산업부장관 또는 관계 행정기관의 장은 전략물자등에 대한 이동중지조치나 경유 또는 환적의 허가를 하기가 적절하지 아니하면 다른 행정기관에 협조를 요청할 수 있는데, 이 경우 협조를 요청받은 행정기관은 국내 또는 외국의 전략물자등의 국가 간 무허가수출등을 막을 수 있도록 협조하여야 한다(대외무역법 제21조제3항). 그리고 이동중지조치를 하는 공무원은 그 권한을 표시하는 증표를 지니고 이를 관계인에게 내보여야 한다(대외무역법 제21조제4항). 한편, 전략물자등에 대한 이동중지명령 및 이동중지조치의 기간과 방법은 전략물자등의 국가 간 무허가수출등을 막기 위하여 필요한 최소한도에 그쳐야 한다(대외무역법 제21조제5항).

5. 전략물자등에 대한 중개의 허가

대외무역법 제19조의5에 따라 전략물자등을 제3국에서 다른 제3국으로 이전하거나 매매를 위하여 중개하려는 자는 원칙적으로 산업부장관이나 관계 행정기관의 장의 허가를 받아야 한다. 다만, 방위사업법 제57조 제2항에 따라 허가를 받은 방위산업물자 및 국방과학기술이 전략물자등에 해당하는 경우에는 예외로 한다. 여기에서 전략물자등의 중개허가를 신청하려면 전략물자등 중개허가신청서에 다음과 같은 서류를 첨부하여 산업부장관이나 관계 행정기관의 장에게 제출하여야 하는데(대외무역령 제41조제1항), 중개허가 신청을 받은 산업부장관이나 관계 행정기관의 장은 15일 이내에 중개허가 여부를 결정하고 그 결과를 신청인에게 알려야 하는데, 중개허가를 신청한 물품등에 대하여 별도의 기술 심사, 국내·국제 관계기관과의 협의 또는 현지조사가 필요한 경우 이를 위하여 걸리는 기간은 본문에 따른 기간에 산입하지 아니한다(대외무역령 제41조제2항):

① 거래계약서, 거래가계약서(去來假契約書) 또는 이에 준하는 서류;
② 해당 중개에 관련된 수출자, 수입자, 중개자 등에 관한 서류;
③ 중개하는 전략물자등의 용도와 성능을 표시하는 서류;
④ 중개하는 전략물자등의 기술적 특성에 관한 서류;
⑤ 중개하는 전략물자등의 용도 등에 관한 최종 사용자의 서약서;
⑥ 그밖에 전략물자등의 중개허가에 필요한 서류로서 산업부장관이 정하여 고시하는 서류.

한편, 예외적으로 다음과 같은 때에는 전략물자등에 대한 중개허가의 면제대상에 해당한다(대외무역령 제41조의2):

㉮ 국제수출통제체제의 원칙에 따라 수출국으로부터 수출허가를 받은 때;
㉯ 산업부장관이 고시하는 지역에서 중개에 따른 수수입이 이루어지는 때.

그리고 전략물자등에 대한 중개허가는 다음과 같은 기준이 적용된다(대외무역령 제42조): ㉠ 해당 물품등이 평화적 목적에 사용될 것; ㉡ 해당 물품등의 중개가 국제평화 및 안전유지와 국가안보에 영향을 미치지 아니할 것; ㉢ 해당 물품등의 수출자, 수입자, 최종 사용자 등이 거래에 적합한 자격을 가지고 있고 그 물품등의 사용 용도를 신뢰할 수 있을 것; ㉣ 그밖에 국제수출통제체제의 원칙 중 산업부장관이 정하여 고시하는 사항을 지킬 것.

Ⅲ. 전략물자 관리의 실효성 확보제도

1. 행정의무와 수출입의 제한조치

1) 행정의무

(1) 전략물자 관련서류의 보관의무

무역거래자는 다음과 같은 서류를 5년간 보관하여야 한다(대외무역법 第28조):

> ① 전략물자 판정을 신청한 경우에는 그 판정에 관한 서류;
> ② 전략물자등을 수출 · 경유 · 환적 · 중개한 자의 경우 그 수출허가, 상황허가, 경유 또는 환적 허가, 중개허가에 관한 서류;
> ③ 그밖에 산업부장관이나 관계 행정기관의 장이 정하여 고시하는 서류.

여기에서 서류 보관의무를 위반한 자에게는 1천만원 이하의 과태료를 부과한다(대외무역법 第59조제2항).

(2) 비밀 준수 의무

전략물자의 수출입통제업무와 관련된 공무원, 무역안보관리원의 임직원과 판정 업무와 관련된 자는 전략물자 수출입통제업무의 수행과정에서 알게 된 영업상 비밀을 그 업체의 동의 없이 외부에 누설금지의무가 부여된다(대외무역법 第29조). 이에 따라 비밀준수의무를 위반한 자는 3년 이하의 징역 또는 3천만원 이하의 벌금에 처한다(대외무역법 第54조). 법인의 대표자나 법인 또는 개인의 대리인, 사용인, 그 밖의 종업원이 그 법인 또는 개인의 업무에 관하여 위반행위를 하면 그 행위자를 벌하는 외에 그 법인 또는 개인에게도 해당 조문의 벌금형을 과(科)하는데, 법인 또는 개인이 그 위반행위를 방지하기 위하여 해당 업무에 관하여 상당한 주의와 감독을 게을리하지 아니한 경우에는 예외가 적용된다(대외무역법 第57).

2) 수출입 등의 제한조치

(1) 수출허가 등의 취소

산업부장관 또는 관계 행정기관의 장은 수출허가 또는 상황허가, 경유 또는 환적 허가, 중개허가를 한 후 다음에 해당하는 경우에는 해당 허가를 취소할 수 있다(대외무역법 第19조의7):

① 거짓 또는 부정한 방법으로 허가를 받은 사실이 발견된 경우;
② 전쟁, 테러 등 국가 간 안보 또는 대량파괴무기등의 이동·확산 우려 등과 같은 국제정세의 변화가 있는 경우.

만일 산업원부장관 또는 관계 행정기관의 장은 수출허가, 상황허가, 경유 또는 환적 허가, 중개허가의 취소에 해당하는 처분을 하려면 청문을 하여야 한다(대외무역법 제47조).

(2) 전략물자등의 수출입 제한

대외무역법 제30조 제1항에 따라 산업부장관 또는 관계 행정기관의 장은 다음에 해당하는 자에게 3년 이내의 범위에서 일정 기간 동안 전략물자등의 전부 또는 일부의 수출이나 수입을 제한할 수 있다:12)

① 수출허가를 받지 아니하고 전략물자를 수출하거나 관세법에 따른 수출신고를 한 자;
② 상황허가를 받지 아니하고 상황허가 대상인 물품등을 수출하거나 관세법에 따른 수출신고한 자;
③ 경유 또는 환적허가를 받지 아니하고 전략물자등을 경유 또는 환적한 자;
④ 중개허가를 받지 아니하고 전략물자등을 중개한 자;
⑤ 거짓이나 그 밖의 부정한 방법으로 수출허가, 상황허가, 경유 또는 환적허가 및 중개허가를 받은 자;
⑥ 수출허가, 상황허가, 경유 또는 환적허가 및 중개허가를 받았으나 대외무역법에 따라 산업부장관이나 관계 행정기관의 장이 정한 조건을 이행하지 아니한 자;
⑦ 대외무역법에 따른 이동중지명령을 위반하거나 이동중지조치를 방해한 자;

2. 자율준수무역거래자의 지정제도

1) 자율준수무역거래자의 지정등급 조정 및 지정취소

(1) 자율준수무역거래자의 지정

대외무역법 제22조 제1항에 따라 산업부장관은 기업 또는 법정 대학 및 연구기관의

12) 산업부장관 또는 관계 행정기관의 장은 전략물자등의 수출입을 제한한 자와 외국 정부가 자국의 법령에 따라 전략물자등의 수출입을 제한한 자의 명단과 제한 내용을 공고할 수 있다(대외무역법 제30조제

자율적인 전략물자 관리능력을 높이기 위하여 전략물자 여부에 대한 판정능력, 수입자 및 최종 사용자에 대한 분석능력 등 특정 능력을 갖춘 무역거래자를 자율준수무역거래자로 지정할 수 있다.[13] 이에 따라 자율준수무역거래자는 전략물자에 대한 수출통제업무의 일부를 자율적으로 관리하게 할 수 있다(대외무역법 제22조제2항). 그리고 자율준수무역거래자는 자율적으로 관리하는 전략물자의 수출실적 등을 산업부장관에게 보고하여야 한다(대외무역법 제22조제3항).[14] 여기에서 "법정 대학 및 연구기관"은 다음에 해당하는 대학 및 연구기관을 말한다(대외무역령 제43조제1항):

① 고등교육법에 따른 대학, 산업대학, 전문대학 및 기술대학;
② 과기출연기관법에 따라 설립된 과학기술분야 정부출연연구기관;
③ 기초연구법에 따라 인정받은 기업부설연구소;
④ 산업기술연구조합법에 따른 산업기술연구조합;
⑤ 국·공립 연구기관;
⑥ 특정연구기관법에 따른 특정연구기관;
⑦ 산업기술혁신법에 따른 전문생산기술연구소.

그리고 "특정 능력"이란 다음과 같은 능력을 말한다(대외무역령 제43조제2항):

㉮ 전략물자 해당 여부에 대한 판정능력;
㉯ 수입자 및 최종 사용자에 대한 분석능력;
㉰ 자율관리조직의 구축 및 운용 능력.

(2) 자율준수무역거래자의 등급 조정 및 지정취소

대외무역법 제22조의2 제1항에 따라 산업부장관은 자율준수무역거래자를 지정하는 경우 대통령령으로 정하는 능력을 갖춘 정도에 따라 자율준수무역거래자의 등급을 달리 정할 수 있다. 한편, 산업부장관은 다음에 해당하는 경우에는 자율준수무역거래자의 지정을 취소할 수 있다(대외무역법 제22조의2제2항):

---

13) 산업부장관은 자율준수무역거래자를 지정하는 경우 특정 능력을 갖춘 정도에 따라 자율준수무역거래자의 등급을 달리 정할 수 있다(대외무역령 제43조제4항).

14) 자율준수무역거래자는 다음의 사항별로 해당 기간 내에 그 현황이나 실적을 산업부장관에게 보고하여야 한다(대외무역령 제45조): ① 전략물자 수출허가의 반기별(半期別) 실적(다음 반기의 1개월 이내); ② 대외무역령 제43조제2항 각 호에 관한 연간 현황(다음 해의 1개월 이내).

① 전술한 특정 능력을 유지하지 못하는 경우;
② 고의나 중대한 과실로 수출허가를 받지 아니하고 전략물자를 수출한 경우;
③ 고의나 중대한 과실로 상황허가를 받지 아니하고 상황허가 대상인 물품등을 수출한 경우;
④ 고의나 중대한 과실로 전략물자의 관련서류 보관의무를 이행하지 아니한 경우;
⑤ 고의나 중대한 과실로 중개허가를 받지 아니하고 전략물자를 중개한 경우;
⑥ 자율적으로 관리하는 전략물자의 수출실적 등의 보고의무를 이행하지 아니한 경우.

2) 자율준수무역거래자의 지정신청과 자율관리 업무의 범위

(1) 자율준수무역거래자의 지정신청

자율준수무역거래자로 지정받으려는 자는 자율준수무역거래자지정신청서에 다음과 같은 서류를 첨부하여 산업부장관에게 제출하여야 한다(대외무역령 제43조제3항):[15]

① 전술한 특정 능력을 갖추었음을 증명하는 서류;
② 자율적인 수출통제 업무 관리를 위한 업무규정 및 조직도;
③ 그밖에 자율준수무역거래자의 지정에 필요한 서류로서 산업부장관이 정하여 고시하는 서류.

(2) 자율준수무역거래자의 자율관리 업무의 범위

산업부장관은 자율준수무역거래자에게 전략물자의 수출허가에 관하여 다음과 같은 수출통제업무를 자율적으로 관리하게 할 수 있다(대외무역령 제44조제1항):

① 수출허가를 받은 물품등의 최종 사용자에 관한 관리 업무;
② 수출허가를 받은 물품등의 최종 용도에 관한 관리 업무;
③ 그밖에 전략물자 수출허가 제도를 효율적으로 운용하기 위하여 산업부장관이 정하여 고시하는 업무.

15) 산업부장관은 자율준수무역거래자 지정신청을 받았을 때에는 신청서 접수일부터 40일 이내에 지정 여부와 그 등급(자율준수무역거래자로 지정된 경우만 해당한다)을 신청인에게 알려야 한다(대외무역령 제43조제5항).

3. 전략물자 수출입통제 협의회의 운영

대외무역법 제26조 제1항에 따라 산업부장관과 관계 행정기관의 장은 전략물자등의 수출입통제와 관련된 부처간 협의를 위하여 공동으로 전략물자 수출입통제 협의회를 구성할 수 있다. 협의회의 회의는 관계 행정기관의 소관 업무별로 그 소관 관계 행정기관의 장이 주재하고, 협의회의 구성원인 각 행정기관의 장은 전략물자등의 수출입통제에 필요하면 대통령령으로 정하는 정보수사기관의 장 또는 관세청장에게 조사·지원을 요청할 수 있으며, 정보수사기관의 장 또는 관세청장은 전략물자등의 무허가수출등 행위를 인지한 경우에는 협의회의 각 행정기관의 장에게 통보하는 등 필요한 조치를 취할 수 있다(대외무역법 제26조제2항내지제4항). 여기에서 "정보수사기관"은 국가정보원, 검찰청, 경찰청, 해양경찰청, 국군방첩사령부 등을 말한다(대외무역령 제47조제5항).

4. 실효성 확보를 위한 행정조치

1) 보고 및 자료제출의 명령과 검사

대외무역법 제48조 제1항에 따라 산업부장관 또는 관계 행정기관의 장은 수출이 제한되거나 금지된 물품등, 전략물자등에 대한 수출허가나 상황허가를 받은 자 또는 수출허가나 상황허가를 받지 아니하고 수출하거나 수출하려고 한 자에게 다음과 같은 사항에 관한 보고 또는 자료의 제출을 명할 수 있다: ① 수입국; ② 수입자·최종사용자 또는 그의 위임을 받은 자 및 그 소재지, 사업 분야, 주요 거래자 및 사용 목적; ③ 수입자와 최종사용자 또는 그의 위임을 받은 자를 확인하기 위한 수입국의 권한 있는 기관이 발급한 납세증명서 등 관련 자료 또는 대외 공표자료; ④ 그밖에 운송 수단, 환적국(換積國), 대금 결제방법 등 산업부장관이 정하여 고시하는 사항.

아울러 산업부장관 또는 관계 행정기관의 장은 전문판정 신청 정보 점검이나 자가판정 결과 점검을 위하여 전문판정을 신청한 자 또는 자가판정을 한 자에게 물품등의 성능, 용도 및 기술적 특성을 표시하는 상품안내서, 사양서 등 자료의 제출을 명할 수 있다(대외무역법 제48조제2항). 한편, 대외무역법 제48조 제3항에 따라 산업부장관 또는 관계 행정기관의 장은 필요하다고 인정하면 그 소속 공무원에게 앞의 보고 또는 자료의 제출을 명한 대상자의 사무소, 영업소, 공장 또는 창고 등에서 장부·서류나 그 밖의 물건을 검사하게 할 수 있다. 여기에서 검사를 하는 공무원은 그 권한을 표시하는 증표를 지니고, 이를 관계인에게 내보여야 한다(대외무역법 제48조제4항).

2) 교육명령

대외무역법 제49조에 따라 산업부장관 또는 관계 행정기관의 장은 다음에 해당하는 자에게 대통령령으로 정하는 바에 따라 교육명령을 부과할 수 있다: ① 수출허가 또는 상황허가를 받지 아니하고 수출하거나 수출신고한 자; ② 거짓이나 그 밖의 부정한 방법으로 수출허가 또는 상황허가를 받은 자; ③ 경유 또는 환적 허가 및 중개허가를 받지 아니하고 경유 · 환적 · 중개한 자; ④ 거짓이나 그 밖의 부정한 방법으로 경유 또는 환적 허가 및 중개허가를 받은 자; ⑤ 수출허가, 상황허가, 경유 또는 환적허가 및 중개허가를 받았으나 산업부장관이나 관계 행정기관의 장이 정한 조건을 이행하지 아니한 자; ⑥ 대외무역법에 따른 허가 면제 사유를 입증하기 위한 서류를 제출하지 아니한 자; ⑦ 대외무역법에 따른 이동중지명령을 위반하거나 이동중지조치를 방해한 자.

3) 위반행위에 대한 과태료 부과

산업부장관 또는 관계 행정기관의 장이 요구하는 보고 또는 자료의 제출을 하지 아니하거나 거짓으로 보고 또는 자료를 제출한 자와 산업부장관 또는 관계 행정기관의 장의 검사를 거부, 방해 또는 기피한 자에게는 2천만원 이하의 과태료를 부과한다(대외무역법 제59조제1항). 그리고 산업부장관 또는 관계 행정기관의 장의 교육명령을 이행하지 아니한 자에게는 1천만원 이하의 과태료를 부과한다(대외역법 제59조제2항).

5. 실효성 확보를 위한 형사제재

대외무역법 제53조 제1항에 따라 전략물자등의 국제적 확산을 꾀할 목적으로 다음에 해당하는 위반행위를 한 자는 7년 이하의 징역 또는 수출 · 경유 · 환적 · 중개하는 물품등의 가격의 5배에 해당하는 금액 이하의 벌금에 처한다:

① 수출허가를 받지 아니하고 전략물자를 수출한 자 ② 상황허가를 받지 아니하고 상황허가 대상인 물품등을 수출한 자 ③ 경유 또는 환적 허가를 받지 아니하고 전략물자등을 경유 또는 환적한 자 ④ 중개허가를 받지 아니하고 전략물자등을 중개한 자

여기에서 미수범도 처벌하고(대외무역법 제55조), 법인의 대표자나 법인 또는 개인의 대리인, 사용인, 그 밖의 종업원이 그 법인 또는 개인의 업무에 관하여 제① 내지 제④에 해당하는 위반행위를 하면 그 행위자를 벌하는 외에 그 법인 또는 개인에게도 해당 조문의 벌금형을 과(科)하는데, 법인 또는 개인이 그 위반행위를 방지하기 위하여 해당 업무에 관하여 상당한 주의와 감독을 게을리하지 아니한 경우에는 예외로 하는 양벌

규정이 적용된다(대외무역법 제57조).

또한, 다음에 해당하는 자는 5년 이하의 징역 또는 수출 · 수입 · 경유 · 환적 · 중개하는 물품등의 가격의 3배에 해당하는 금액 이하의 벌금에 처한다(대외무역법 제53조제2항):

㉮ 수출허가를 받지 아니하고 전략물자를 수출한 자;
㉯ 거짓이나 그 밖의 부정한 방법으로 전략물자 수출허가를 받은 자;
㉰ 상황허가를 받지 아니하고 상황허가 대상인 물품등을 수출한 자;
㉱ 거짓이나 그 밖의 부정한 방법으로 상황허가를 받은 자;
㉲ 경유 또는 환적 허가를 받지 아니하고 전략물자등을 경유 또는 환적한 자;
㉳ 거짓이나 그 밖의 부정한 방법으로 전략물자등의 경유 또는 환적 허가를 받은 자;
㉴ 중개허가를 받지 아니하고 전략물자등을 중개한 자
㉵ 거짓이나 그 밖의 부정한 방법으로 전략물자등의 중개허가를 받은 자.

여기에서 ㉯와 ㉱ 및 ㉴의 미수범도 처벌하며(대외무역법 제55조), 앞에서 설명한 양벌규정도 적용된다(대외무역법 제57조).

한편, 이동중지명령을 위반한 자에 대하여는 5년 이하의 징역 또는 1억원 이하의 벌금에 처한다. 이 경우 징역과 벌금은 병과(倂科)할 수 있고(제53조의2), 앞에서 설명한 양벌규정도 적용되며(대외무역법 제57조), 정부의 전략물자 관리정책에 따른 업무를 수행하는 무역안보관리원의 임직원은 형법 제129조부터 제132조까지의 벌칙을 적용할 때에는 공무원으로 간주한다(대외무역법 제58조).

제 4 절 플랜트수출거래와 정부간 수출계약거래

Ⅰ. 플랜트수출거래

1. 플랜트수출의 적용대상

플랜트수출의 대상은 다음과 같은 수출을 말한다(대외무역법 제32조제1항):

> ① 농업 · 임업 · 어업 · 광업 · 제조업, 전기 · 가스 · 수도사업, 운송 · 창고업 및 방송 · 통신업을 경영하기 위하여 설치하는 기재 · 장치 및 특정 설비 중 FOB가격으로 미화 50만 달러 상당액 이상인 산업설비의 수출;
> ② 산업설비 · 기술용역 및 시공을 포괄적으로 행하는 수출(이하 "일괄수주방식에 의한 수출").

여기에서 "특정 설비"란 다음과 같은 설비를 말하되, 해외건설공사와 함께 일괄수주방식에 의하여 수출하는 설비는 제외한다(대외무역령 제51조): ㉮ 발전설비; ㉯ 담수 설비 및 용수처리설비; ㉰ 해양설비 및 수상구조설비; ㉱ 석유 처리설비 및 석유화학설비; ㉲ 정유설비 및 송유설비; ㉳ 저장탱크 및 저장기지설비; ㉴ 냉동 및 냉장설비; ㉵ 제철 · 제강설비 및 철강재구조설비; ㉶ 공해방지설비; ㉷ 공기조화설비; ㉸ 신에너지 및 재생에너지 설비; ㉹ 정치식(定置式) 운반하역설비 및 정치식 건설용설비; ㉺ 시험연구설비; ㉻ 그밖에 산업 활동을 위하여 필요한 설비. 그리고 "시공"이란 다음과 같은 공사를 수행하는 것을 말한다(대외무역령 제52조제1항): ㉠ 토목공사; ㉡ 건축공사; ㉢ 플랜트 설치공사(다만, 플랜트수출자나 수출용 기자재를 설계 · 제작하는 자가 제작한 기계 및 장치를 직접 설치하는 공사는 제외한다[16]).

2. 플랜트수출의 승인

산업부장관은 플랜트수출을 승인 또는 변경승인을 하기 위하여 필요하면 플랜트수출의 타당성에 관하여 관계 행정기관의 장의 의견을 들어야 하고, 이 경우 의견을 제시할 것을 요구받은 관계 행정기관의 장은 정당한 사유가 없으면 지체없이 산업통상자원부

---

16) 그럼에도 불구하고 「해외건설촉진법 시행령」 제17조 제1항 제1호 라목에 따른 해외공사실적을 인정받으려는 경우에만 산업부장관은 플랜트수출자나 수출용 기자재를 설계 · 제작하는 자가 제작한 기계 및 장치를 직접 설치하는 공사를 플랜트 설치공사로 인정할 수 있다(대외무역령 제52조제2항).

장관에게 의견을 제시하여야 한다(대외무역법 제32조제2항). 또한, 산업부장관이 일괄수주방식에 의한 수출에 대하여 승인 또는 변경승인하려는 때에는 미리 국토교통부장관의 동의를 받아야 한다(대외무역법 제32조제3항). 그리고 산업부장관은 일괄수주방식에 의한 수출로서 건설용역 및 시공부문의 수출에 관하여는 해외건설촉진법에 따른 해외건설사업자에 대하여만 승인 또는 변경승인할 수 있다(대외무역법 제32조제4항).

아울러 산업부장관은 플랜트수출을 촉진하기 위하여 그에 관한 제도개선, 시장조사, 정보교류, 수주 지원, 수주질서 유지, 전문인력의 양성, 금융지원, 우수기업의 육성 및 협동화사업을 추진할 수 있는데, 이 경우 산업부장관은 플랜트수출 관련 기관 또는 단체[17]를 지정하여 이들 사업을 수행하게 할 수 있다(대외무역법 제32조제6항).

3. 위반행위에 대한 형사제재

거짓이나 그밖의 부정한 방법으로 승인 또는 변경 승인을 받은 자는 3년 이하의 징역 또는 3천만원 이하의 벌금에 처한다(대외무역법 제54조). 그리고 법인의 대표자나 법인 또는 개인의 대리인, 사용인, 그 밖의 종업원이 그 법인 또는 개인의 업무에 관하여 위반행위를 하면 그 행위자를 벌하는 외에 그 법인 또는 개인에게도 해당 조문의 벌금형을 과(科)하는데, 법인 또는 개인이 그 위반행위를 방지하기 위하여 해당 업무에 관하여 상당한 주의와 감독을 게을리하지 아니한 경우에는 예외가 적용된다(대외무역법 제57조).

Ⅱ. 정부간 수출계약거래

1. 정부간 수출계약의 보증 및 원칙

대외무역법 제32조의2 제1항에 따라 정부는 국내 기업의 원활한 정부간 수출계약을 지원하기 위하여 특정 보증·보험기관으로 하여금 국내 기업의 외국 정부에 대한 정부간 수출계약 이행 등을 위한 보증사업을 하게 할 수 있다. 그리고 정부는 정부간 수출계약과 관련하여 어떠한 경우에도 경제적 이익을 갖지 아니하고, 보증채무 등 경제적 책임 및 손실을 부담하지 아니한다(대외무역법 제32조의2제2항).

여기에서 "정부간 수출계약"이란 외국 정부의 요청이 있을 경우, 정부간 수출계약 전담기관인 대한무역투자진흥공사가 소정의 절차[18]에 따라 국내 기업을 대신하여 또는

---

17) 이러한 기관 또는 단체를 이른바 플랜트수출촉진기관이라 하는데 그 자세한 사항은 대외무역령 제54조를 참조.

국내 기업과 함께 계약의 당사자가 되어 외국 정부에 물품등(방위산업발전법 제2조 제1항 제1호에 따른 방위산업물자등은 제외한다)을 유상(有償)으로 수출하기 위하여 외국 정부와 체결하는 수출계약을 말한다(대외무역법 제2조제4호). 그리고 "특정 보증 · 보험 기관"은 국내에서 수출 · 수입 등 대외거래에 대한 보증 또는 보험 업무를 10년 이상 영위하고 있는 자 중 산업부장관이 다음과 같은 사항을 평가하여 지정하는 기관을 말한다(대외무역령 제54조의2): ① 보증사업의 수행에 필요한 재정능력; ② 수출 · 수입 등 대외거래의 당사자에 대한 신용정보의 수집 · 분석 및 평가에 관한 능력; ③ 수출 · 수입 등 대외거래에서 발생한 채권에 대한 관리체계.

2. 정부간 수출계약 심의위원회

대외무역법 제32조의4 제1항에 따라 정부간 수출계약의 체결, 변경, 해지 등 대통령령으로 정하는 사항을 심의 · 의결하기 위하여 전담기관에 정부간 수출계약 심의위원회를 두는데,[19] 이 위원회는 위원장 1명을 포함한 7명 이상 15명 이내의 위원으로 구성하고, 위원장은 대한무역투자진흥공사 사장이 된다(대외무역법 제32조의4제2항). 정부간 수출계약 심의위원회의 심의 · 의결 사항은 다음과 같은 사항을 말한다(대외무역령 제54조의5):

① 외국 정부와 체결하려는 정부간 수출계약의 수용 여부, 국내 기업의 이행능력 평가, 국내 기업으로 하여금 조치하도록 할 계약 이행 보증 내용의 적정성 등에 관한 사항;
② 계약기간 · 계약금액 등 정부간 수출계약의 변경에 관한 사항;[20]
③ 국내 기업이 조치를 한 계약 이행 보증 세부 사항의 적정성에 관한 사항;
④ 국내 기업의 정부간 수출계약에 따른 물품등의 공급 의무 불이행, 인가 · 허가 · 면허 등의 취소 · 정지 등으로 인한 계약 이행능력의 상실, 부정한 방법에 의한 계약의 체결, 그밖의 원인으로 인한 정부간 수출계약의 해지 또는 해제에 관한 사항;
⑤ 그밖에 위원회의 위원장이 정부간 수출계약과 관련하여 위원회의 심의 · 의결에 부치는 사항.

18) 다음에 규정된 절차를 말한다(대외무역령 제4조의2): ① 외국 정부의 물품등(방위산업물자등은 제외한다) 구매의사에 관한 대외무역법에 따른 정부간 수출계약 전담기관(이하 "전담기관")의 확인; ② 국내 기업의 정부간 수출계약 이행능력에 관한 평가 및 추천(다만, 외국 정부가 물품등을 수출할 국내 기업을 지정하는 경우에는 추천을 생략할 수 있다); ③ 전담기관과 국내 기업의 정부간 수출계약 이행에 관한 약정의 체결; ④ 전담기관과 외국 정부와의 수출에 관한 계약의 체결(국내 기업과 함께 계약의 당사자가 되어 체결하는 경우를 포함한다).

19) 정부간 수출계약 심의위원회의 구성 및 운영에 관하여는 대외무역령 제54조의6를 참조.

한편, 대외무역법 제32조의5 제1항에 따라 국내 기업은 정부간 수출계약이 체결된 경우 그 계약 내용을 성실히 이행하여야 한다. 그리고 국내 기업은 보증·보험의 제공 등 법정 계약 이행 보증 조치를 취하여야 한다(대외무역법 제32조의5제2항).[21] 또한 국내 기업은 정부간 수출계약 전담기관인 대한무역투자진흥공사 또는 정부간 수출계약 심의위원회의 자료제출 요구가 있을 경우 특별한 사정이 없으면 이에 따라야 한다(대외무역법 제32조의5제3항). 여기에서 "법정 계약 이행 보증 조치"는 다음과 같은 조치를 말한다(대외무역령 제54조의7; 제54조의3):[22]

> ㉮ 정부간 수출계약의 내용에 따른 선수금의 반환, 계약 내용의 이행, 하자의 보수 등에 대하여 금융실명법에 따른 금융회사등으로부터 보증을 받아 제공하는 것;
> ㉯ 외국 정부에 대한 정부간 수출계약 이행 등에 대하여 보증·보험기관으로부터 보증을 받아 제공하는 것.

20) 다만, 다음과 같은 사항으로서 위원회에서 정하는 경미한 사항은 제외한다: ㉮ 물품등의 인도 횟수, 인도 장소의 변경; ㉯ 부품·규격의 변경; ㉰ 대금의 지급방법 및 지급횟수의 변경; ㉱ 그밖에 앞의 ㉮부터 ㉰까지의 사항에 준하는 사항.

21) 국내 기업이 계약 이행 보증 조치의무나 자료제출의무를 위반할 경우 전담기관은 그 사실을 외국 정부에 통보할 수 있고, 위원회는 해당 기업의 정부간 수출계약에 대한 심의를 거부할 수 있다(대외무역법 제32조의5제4항).

22) 다만, 외국 정부와 국내 기업이 합의한 경우에는 계약 이행 보증 조치의 일부를 생략할 수 있다.

제3장 수출입물품의 원산지관리와 수출입의 질서확립

제 1 절 수출입물품의 원산지관리

Ⅰ. 원산지 표시의무와 실효성 확보

1. 원산지 표시의무

대외무역법 제33조 제1항에 따라 산업부장관이 공정한 거래 질서의 확립과 생산자 및 소비자 보호를 위하여 공고한 원산지표시대상물품을 수출하거나 수입하려면 그 물품등에 대하여 원산지를 표시하여야 한다. 그리고 수입된 원산지표시대상물품에 대하여 단순한 가공활동을 거침으로써 해당 물품등의 원산지 표시를 손상하거나 변형한 자[1]는 그 단순 가공한 물품등에 당초의 원산지를 표시하여야 하는데, 이 경우 다른 법령에서 단순한 가공활동을 거친 수입 물품등에 대하여 다른 기준을 규정하고 있으면 그 기준에 따른다(대외무역법 제33조제2항).

여기에서 "단순한 가공활동"이란 판매목적의 물품포장 활동, 상품성 유지를 위한 단순한 작업 활동 등 물품의 본질적 특성을 부여하기에 부족한 가공활동을 말하며, 그 가공활동의 구체적인 범위는 관계 중앙행정기관의 장과 협의하여 산업부장관이 정하여 고시한다(대외무역령 제55조제2항).[2]

이에 따라, 무역거래자 또는 물품등의 판매업자는 수출 또는 수입 물품등 및 수입원료를 사용한 국내생산물품등에 대하여 다음과 같은 행위는 금지된다(대외무역법 제33조제4항):

---

1) 무역거래자 또는 물품등의 판매업자에 대하여 뒤에서 설명하는 본문 제④가 적용되는 경우는 제외한다.

2) 수입 후 단순한 가공활동을 수행한 물품등의 원산지 표시는 다음과 같은 방법에 따라 원산지를 표시하여야 한다(대외무역관리규정 제78조제1항). ① 원산지표시대상물품이 수입된 후, 최종 구매자가 구매하기 이전에 국내에서 단순 제조·가공처리되어 수입 물품의 원산지가 은폐·제거되거나 은폐·제거될 우려가 있는 물품의 경우에는 제조·가공업자(수입자가 제조업자인 경우를 포함한다)는 완성 가공품에 수입 물품의 원산지가 분명하게 나타나도록 원산지를 표시하여야 한다. ② 원산지표시대상물품이 대형 포장 형태로 수입된 후에 최종구매자가 구매하기 이전에 국내에서 소매단위로 재포장되어 판매되는 물품인 경우에는 재포장 판매업자(수입자가 판매업자인 경우를 포함한다)는 재포장 용기에 수입 물품의 원산지가 분명하게 나타나도록 원산지를 표시하여야 하고, 재포장되지 않고 낱개 또는 산물로 판매되는 경우에도 물품 또는 판매용기·판매장소에 스티커 부착, 푯말부착 등의 방법으로 수입품의 원산지를 표시하여야 한다. ③ 원산지표시대상물품이 수입된 후에 최종구매자가 구매하기 이전에 다른 물품과 결합되어 판매되는 경우(예: 바이올린과 바이올린케이스, 라이터와 라이터케이스 등)에는 제조·가공업자(수입자가 제조업자인 경우를 포함한다)는 수입된 해당 물품의 원산지가 분명하게 나타나도록 "(해당 물품명)의 원산지: 국명"의 형태로 원산지를 표시하여야 한다.

① 원산지를 거짓으로 표시하거나 원산지를 오인(誤認)하게 하는 표시를 하는 행위; ② 원산지의 표시를 손상하거나 변경하는 행위(수입 물품등에 한정한다); ③ 원산지표시대상물품에 대하여 원산지 표시를 하지 아니하는 행위(수입 물품등에 한정한다); ④ 앞의 제①부터 제③까지의 규정에 위반되는 원산지표시대상물품을 국내에서 거래하는 행위. 그리고 ⑤ 원산지증명서를 위조 또는 변조하거나 거짓된 내용으로 원산지증명서를 발급받거나 물품등에 원산지를 거짓으로 표시하는 등의 방법으로 외국에서 생산된 물품등(외국에서 생산되어 국내에서 단순한 가공활동을 거친 물품등을 포함한다)의 원산지가 우리나라인 것처럼 가장(假裝)하여 그 물품등을 수출하거나 외국에서 판매하는 행위는 금지된다(대외무역법 제38조). 여기에서 "단순한 가공활동"이란 대외무역령 제61조 제2항에 따라 산업부장관이 고시한 단순한 가공활동의 기준에 따른 활동을 말한다(대외무역령 제67조).

여기에서 특히, 원산지 오인이 우려되는 물품은 원산지표시대상물품으로서 ㉮ 주문자상표부착(OEM)방식에 의해 생산된 수입 물품의 원산지와 주문자가 위치한 국명이 상이하여 최종구매자가 해당 물품의 원산지를 오인할 우려가 있는 물품, ㉯ 물품 또는 포장·용기에 현저하게 표시되어 있는 상호·상표·지역·국가 또는 언어명이 수입 물품의 원산지와 상이하여 최종구매자가 해당 물품의 원산지를 오인할 우려가 있는 물품을 말한다(대외무역관리규정 제77조제1항). 이러한 수입 물품은 해당 물품 또는 포장·용기의 전면에 뒤에서 설명하는 원산지표시의 일반원칙에 따라 원산지를 표시하여야 하며, 물품의 특성상 전후면의 구별이 어렵거나 전면에 표시하기 어려운 경우 등에는 원산지 오인을 초래하는 표시와 가까운 곳에 표시하여야 하는데, 해당물품에 원산지가 적합하게 표시되어 있고, 최종판매단계에서 진열된 물품 등을 통하여 최종구매자가 원산지 확인이 가능하며, 국제 상거래 관행상 통용되는 방법으로 원산지를 표시하는 경우 세관장은 산업부장관과 협의하여 포장·용기에 표시된 원산지가 원산지 오인을 초래하는 표시와 가깝지 않은 곳에 있어도 원산지 오인이 없는 것으로 볼 수 있다(대외무역관리규정 제77조제2항). 또한, 이러한 수입 물품을 판매하는 자는 판매 또는 진열시 소비자가 알아볼 수 있도록 상품에 표시된 원산지와는 별도로 스티커, 푯말 등을 이용하여 원산지를 표시하여야 한다(대외무역관리규정 제77조제3항).

2. 원산지 표시의 실효성 확보수단

대외무역법 제33조 제5항에 따라 산업부장관 또는 시·도지사는 원산지 표시의무에 관한 규정을 위반하였는지 확인하기 위하여 필요하다고 인정하면 수입한 물품등(제35조 제3항에서 준용하는 경우 "국내생산물품등"으로 간주한다)과 관련 자료에 대하여 관계된 자를 방문이나 서면으로 조사할 수 있다. 여기에서 "관련 자료"는 다음에 해당하는 자료를 말한다(대외무역령 제57조의2): ㉠ 수입한 물품등의 무역거래자 및 판매업자의 정보에 관한 자료; ㉡ 수입한 물품등의 가격, 수량, 품질 및 제조 또는 가공 공정에 관한 자료; ㉢ 그밖에 원산지의 표시에 대한 위반 여부를 확인하기 위하여 산업부장관이 필요하다고 인정하는 자료. 검사를 거부, 방해 또는 기피한 자에게는 1천만원 이하의 과태료를 부과한다(대외무역법 제59조제2항).

1) 원산지의 표시 위반에 대한 시정명령 등

(1) 개요

대외무역법 제33조의2 제1항에 따라 산업부장관 또는 시 · 도지사는 원산지표시의 무규정을 위반한 자에게 판매중지, 원상복구, 원산지 표시 등 대통령령으로 정하는 시정조치를 명할 수 있는데, 앞에서 설명한 제①부터 제③까지의 원산지 표시의 금지 의무를 위반한 자에게 3억원 이하의 과징금을 부과할 수 있다(대외무역법 제33조의2제2항).[3] 여기에서 산업부장관 또는 시 · 도지사는 과징금을 내야 하는 자가 납부기한까지 내지 아니하면 국세 강제징수의 예 또는 지방행정제재부과금법에 따라 징수한다(대외무역법 제33조의2제4항). 그리고 산업부장관 또는 시 · 도지사는 과징금 부과처분이 확정된 자에 대해서는 대통령령으로 정하는 바에 따라 그 위반자 및 위반자의 소재지와 물품등의 명칭, 품목, 위반내용 등 처분과 관련된 사항을 공표할 수 있다(대외무역법 제33조의2제5항).[4]

(2) 과징금의 부과 및 납부

산업부장관 또는 시 · 도지사는 과징금을 부과하려면 그 위반행위의 종류와 과징금의 금액을 명시하여 과징금을 낼 것을 서면으로 알려야 한다(대외무역령 제59조제1항). 그리고 이러한 통보를 받은 자는 납부 통지일부터 20일 이내에 과징금을 산업부장관 또는 시 · 도지사가 정하는 수납기관에 내야 한다(대외무역령 제59조제2항). 아울러 과징금을 받은 수납기관은 과징금을 낸 자에게 영수증을 발급하여야 하고, 지체 없이 그 사실을 산업부장관 또는 시 · 도지사에게 알려야 한다(대외무역령 제59조제3항 · 제4항).

한편, 산업부장관 또는 시 · 도지사는 과징금을 부과받은 자가 내야 할 과징금의 금액이 1천만원 이상이거나 과징금을 부과받은 자가 중소기업인 경우에는 행정기본법 제29조 단서에 따라 과징금의 납부기한을 연기하거나 분할 납부하게 할 수 있다(대외무역령 제59조의2제1항). 여기에서 납부기한의 연장은 그 납부기한의 다음 날부터 1년을 초과

3) 과징금의 부과 및 납부, 과징금의 납부기한 연기 및 분할 납부, 과징금을 부과할 위반행위의 종류와 과징금의 금액 등에 대한 상세한 내용은 대외무역령 제59조와 제60조를 참조.

4) 원산지 표시의무 위반자의 공표에 대한 상세한 내용은 대외무역령 제60조의2를 참조.

할 수 없다(대외무역령 제59조의2제3항). 그리고 분할납부를 하게 하는 경우 각 분할된 납부기한 간의 간격은 4개월을 초과할 수 없으며, 분할 횟수는 3회를 초과할 수 없다(대외무역령 제59조의2제4항).

(3) 과징금을 부과할 위반행위의 종류와 과징금의 금액

과징금을 부과하는 위반행위의 종류와 위반 정도에 따른 과징금의 금액은 아래의 〈표 3-1〉과 같다(대외무역령 제60조제1항). 여기에서 산업부장관 또는 시·도지사는 해당 무역거래자 등의 수출입 규모, 중소기업 여부, 위반 정도 및 위반 횟수 등을 고려하여 과징금 금액의 2분의 1의 범위에서 가중하거나 경감할 수 있는데, 가중하는 경우에도 과징금의 총액은 3억원을 넘을 수 없다(대외무역령 제60조제2항).

2) 원산지 표시의무 위반에 대한 형사제재

앞에서 설명한 원산지 표시의 금지의무를 위반하여 원산지표시대상물품에 대하여 원산지 표시를 하지 아니한 무역거래자(앞의 제① 내지 제④에 해당하는 자) 또는 물품등의 판매업자(앞의 제⑤)와 원산지의 표시 위반에 대한 시정명령 조치를 위반한 자는 5년 이하의 징역 또는 1억원 이하의 벌금에 처하는데, 이 경우 징역과 벌금은 병과(倂科)할 수 있다(대외무역법 제53조의2). 그리고 앞의 제① 내지 제⑤의 위반행위자는 미수범도 처벌되고(대외무역법 제55조), 중대한 과실로 앞의 제① 내지 제④에 해당하는 위반행위자는 2천만원 이하의 벌금에 처한다(대외무역법 제56조).

아울러 법인의 대표자나 법인 또는 개인의 대리인, 사용인, 그 밖의 종업원이 그 법인 또는 개인의 업무에 관하여 앞의 제① 내지 제⑤에 해당하는 위반행위를 하면 그 행위자를 벌하는 외에 그 법인 또는 개인에게도 해당 조문의 벌금형을 과(科)하되, 법인 또는 개인이 그 위반행위를 방지하기 위하여 해당 업무에 관하여 상당한 주의와 감독을 게을리하지 아니한 경우에는 예외가 적용된다(제57조).

〈표 3-1〉 위반행위의 종류와 과징금의 금액

위반행위	근거 법조문	과징금 금액
1. 법 제33조제2항을 위반하여 단순한 가공활동을 거침으로써 해당 물품등의 원산지 표시를 손상하거나 변형한 자(무역거래자 또는 물품등의 판매업자에 대하여 법 제33조제4항이 적용되는 경우는 제외한다)가 그 단순 가공한 물품등에 당초의 원산지를 표시하지 아니하거나 다르게 표시한 행위	법 제33조의2 제2항	해당 위반물품등의 수출입 신고금액(판매업자의 경우에는 판매한 물품등과 판매하지 아니한 물품등을 구분하여 판매한 물품등의 매출가액과 판매하지 아니한 물품등의 매입가액을 합한 금액을 말한다)의 100분의 10에 해당하는 금액이나 1억원 중 적은 금액
2. 법 제33조제3항에 따른 원산지의 표시방법을 위반한 행위	법 제33조의2 제2항	해당 위반물품등의 수출입 신고금액의 100분의 10에 해당하는 금액이나 2억원 중 적은 금액
3. 무역거래자 또는 물품등의 판매업자가 법 제33조제4항제1호를 위반하여 물품등의 원산지를 거짓으로 표시하거나 원산지를 오인(誤認)하게 하는 표시를 하는 행위	법 제33조의2 제2항	해당 위반물품등의 수출입 신고금액(판매업자의 경우에는 판매한 물품등과 판매하지 아니한 물품등을 구분하여 판매한 물품등의 매출가액과 판매하지 아니한 물품등의 매입가액을 합한 금액을 말한다)의 100분의 10에 해당하는 금액이나 3억원 중 적은 금액
4. 무역거래자 또는 물품등의 판매업자가 법 제33조제4항제2호를 위반하여 물품등의 원산지 표시를 손상하거나 변경하는 행위	법 제33조의2 제2항	해당 위반물품등의 수출입 신고금액(판매업자의 경우에는 판매한 물품등과 판매하지 아니한 물품등을 구분하여 판매한 물품등의 매출가액과 판매하지 아니한 물품등의 매입가액을 합한 금액을 말한다)의 100분의 10에 해당하는 금액이나 3억원 중 적은 금액
5. 무역거래자가 법 제33조제4항제3호를 위반하여 원산지표시대상물품에 대하여 원산지 표시를 하지 아니하는 행위	법 제33조의2 제2항	해당 위반물품등의 수출입 신고금액의 100분의 10에 해당하는 금액이나 2억원 중 적은 금액

Ⅱ. 원산지의 판정 기준과 확인 등

1. 원산지의 판정 기준

1) 개설

원산지 표시와 관련하여 수입물품에 대한 원산지 판정은 다음과 같은 기준에 따라야 한다(대외무역법 제34조제2항; 대외무역령 제61조제1항):[5] ① 수입물품의 전부가 하나의 국가에서 채취되거나 생산된 물품(이하 "완전생산물품")인 경우에는 그 국가를 그 물품의 원산지로 할 것; ② 수입물품의 생산 · 제조 · 가공 과정에 둘 이상의 국가가 관련된 경우에는 최종적으로 실질적 변형을 가하여 그 물품에 본질적 특성을 부여하는 활동(이하 "실질적 변형")을 한 국가를 그 물품의 원산지로 할 것; ③ 수입 물품의 생산 · 제조 · 가공 과정에 둘 이상의 국가가 관련된 경우 단순한 가공활동을 하는 국가를 원산지로 하지 아니할 것. 여기에서 수출물품에 대한 원산지 판정은 위와 같은 기준을 준용하여 판정하되, 그 물품에 대한 원산지 판정 기준이 수입국의 원산지 판정 기준과 다른 경우에는 수입국의 원산지 판정 기준에 따라 원산지를 판정할 수 있다(대외무역령 제61조제3항). 그리고 산업부장관은 공정한 거래질서의 확립과 생산자 및 소비자 보호를 위하여 필요하다고 인정하면 수입원료를 사용하여 국내에서 생산되어 국내에서 유통되거나 판매되는 물품등(이하 "국내생산물품등")에 대한 원산지판정에 관한 기준을 관계 중앙행정기관의 장과 협의하여 정할 수 있는데, 다른 법령에서 국내생산물품등에 대하여 다른 기준을 규정하고 있는 경우에는 예외로 한다(대외무역법 제35조제1항).[6]

1) 수입 물품의 원산지 판정 기준

다음에 해당되는 물품은 완전생산물품으로 본다(대외무역관리규정 제85조제1항):

① 해당국 영역에서 생산한 광산물, 농산물 및 식물성 생산물;
② 해당국 영역에서 번식, 사육한 산동물과 이들로부터 채취한 물품;
③ 해당국 영역에서 수렵, 어로로 채포한 물품;

---

5) 완전생산물품, 실질적 변형, 단순한 가공활동의 기준 등 원산지 판정 기준에 관한 구체적인 사항은 관계 중앙행정기관의 장과 협의하여 산업부장관이 정하여 고시한다(대외무역령 제61조제2항).

6) 산업원부장관은 국내생산물품등에 대한 원산지 판정에 관한 기준을 정하면 이를 공고하여야 하고, 국내생산물품등의 판매자에 대해서는 대외무역법 제33조 제4항 제1호 및 제4호를 준용하는데, 이 경우 "제1호부터 제3호"는 "제1호"로, "원산지표시대상물품"은 "국내생산물품등"으로 간주한다(대외무역법 제35조제2항·제3항).

④ 해당국 선박에 의하여 해당국 이외 국가의 영해나 배타적 경제수역이 아닌 곳에서 채포(採捕)한 어획물, 그 밖의 물품;
⑤ 해당국에서 제조, 가공공정 중에 발생한 잔여물;
⑥ 해당국 또는 해당국의 선박에서 앞의 제①부터 제⑤까지의 물품을 원재료로 하여 제조·가공한 물품.

2) 실질적 변형에 따른 원산지 판정 기준

원산지 판정에서 "실질적 변형"이란 해당국에서의 제조·가공과정을 통하여 원재료의 세번과 상이한 세번(HS 6단위 기준)의 제품을 생산하는 것을 말한다(대외무역관리규정 제85조제2항). 이러한 제품의 원산지 판정 기준과 관련하여 산업부장관은 관세율표상에 해당 물품과 그 원재료의 세번이 구분되어 있지 아니함으로 인하여 제조·가공 과정을 통하여 그 물품의 본질적 특성을 부여하는 활동을 가하더라도 세번(HS 6단위 기준)이 변경되지 아니하는 경우에는 관계기관의 의견을 들은 후 해당 물품 생산에서 발생한 부가가치와 주요 공정 등 종합적인 특성을 감안하여 실질적 변형에 대한 기준을 제시할 수 있는데(대외무역관리규정 제85조제3항), 그럼에도 불구하고 산업부장관이 아래의 〈표 3-2〉에서 별도로 정하는 물품에 대하여는 부가가치, 주요 부품 또는 주요 공정 등이 해당 물품의 원산지 판정 기준이 된다(대외무역관리규정 제85조제4항).

〈표 3-2〉 특정수입물품의 원산지

품 목 명	원산지판정 기준
HS 9006.53 기타 (폭이 35밀리미터의 롤필름용인 것에 한하며 특수용도 사진기 또는 일회용 사진기는 제외)	다음 각 호의 기준을 순차적으로 적용한다. 1. 해당 물품에 사용된 원료 및 부품의 부가가치가 완제품 부가가치의 35% 이상인 경우 해당 원료 및 부품을 생산 또는 최초로 공급한 국가 2. 제1호의 국가가 없거나 2개국 이상인 경우는 주요부품(셔터, 렌즈, 줌경통, 파인더)이 차지하는 부가가치의 비율이 높은 국가
HS 0102 소	출생국을 원산지로 한다. 다만, 출생국과 사육국이 다른 경우에는 다음 기준에 따른다. 해당 국가에서 6개월 이상 사육된 경우에는 당해 사육국을 원산지로 하고, 6개월 미만 사육된 경우에는 출생국을 원산지로 한다.
HS 0103 돼지	출생국을 원산지로 한다. 다만, 출생국과 사육국이 다른 경우에는 다음 기준에 따른다. 해당 국가에서 2개월 이상 사육된 경우에는 해당 사육국을 원산지로 하고, 2개월 미만 사육된 경우에는 출생국을 원산지로 한다.
소와 돼지 이외의 그 밖의 가축으로서 HS 01류의 것	출생국을 원산지로 한다. 다만, 출생국과 사육국이 다른 경우에는 다음 기준에 따른다. 해당 국가에서 1개월 이상 사육된 경우에는 해당 사육국을 원산지로 하고, 1개월 미만 사육된 경우에는 출생국을 원산지로 한다.

품 목 명		원산지판정 기준
HS 6101 -6117 (편직된 의류 및 그 부속품)	1) 제품형태로 편물(knit to shape)되는 물품(부품과 부속품을 포함한다) ; 6101-6117의 것	편직공정 수행국(knit shape)
	2) 부품형태로 편물된 부품을 봉제하여 생산되는 물품 ; 6101-6115의 것	봉제공정 수행국
	3) 재단(cuape)된 부품을 봉제하여 생산되는 물품 ; 6101-6115의 것	봉제공정 수행국
	4) 자수된 편평제품 (손수건, 쇼울, 스카프, 머풀러, 만틸라, 베일 및 이와 유사한 물품) ; 6117.10.6117.80의 것	편직공정 수행국. 단, 기포원단의 공장도 가격의 50%를 초과하는 자수공정을 수행할 경우 자수공정 수행국
	5) 그 밖의 편평제품 (손수건, 쇼울, 스카, 머플러, 만틸라, 베일 및 이와 유사한 물품) ; 6117.10.6117.80의 것	편직공정 수행국
	6) 부품형태로 편물된 부품을 봉제하여 생산되는 부속품(넥타이류, 장갑류 및 이와 유사한 물품) ; 6116, 6117.20, 6117.80의 것	부품의 편직공정 수행국 (형태를 갖게 knit된 곳)
	7) 재단된 부품을 봉제하여 장갑류 및 이와 유사한 물품) ; 6116, 6117.20, 6117.80의 것	봉제공정 수행국
	8) 부품형태로 편물된 부품을 봉제하여 생산된 부품 ; 6117.90의 것	부품 편직공정 수행국
	9) 재단된 부품을 봉제하여 생산되는 부품 ; 6117.90의 것	재단공정 수행국
	10) 자수되었으나 봉제되지 아니한 부품 ; 6101-6117의 것	편직공정 수행국. 단, 기포원단의 공장도 가격의 50%를 초과하는 자수공정을 수행할 경우 자수공정 수행국
	11) 그 밖에 봉제되지 아니한 부품 ; 6101-6107의 것	편직공정 수행국

품 목 명		원산지판정 기준
HS 6201 -6217 (편직을 제외한 의류 및 그 부속품)	1) 부품을 봉제하여 생산되는 물품 (6209의 기저귀를 제외한다) ; 6201-6212	봉제공정 수행국
	2) 기저귀 ; 6209의 것	제직공정 수행국
	3) 자수된 편평제품(손수건, 쇼울, 스카프, 머플러, 만틸라, 베일 및 이와 유사한 물품) ; 6213, 6214, 6217.10의 것	제직공정 수행국. 단, 기포원단의 공장도 가격의 50%를 초과하는 자수공정을 수행할 경우 자수공정 수행국
	4) 그 밖의 편평제품(손수건, 쇼울, 스카프, 머플러, 만틸라, 베일 및 이와 유사한 물품) ; 6213, 6214, 6217.10의 것	제직공정 수행국
	5) 부품을 된 부속품(넥타이류, 장갑류 및 이와 유사한 물품) ; 6215, 6216, 6217.10의 것	봉제공정 수행국
	6) 봉제된 부품 ; 6217.90의 것	재단공정 수행국
	7) 자수된 부품 ; 6201-6217의 것	제직공정 수행국. 단 기포원단의 공장도 가격의 50%를 초과하는 자수공정을 수행할 경우 자수공정 수행국
	8) 그 밖의 부품 ; 6201-6217의 것	제직공정 수행국
HS 6301 -6308 (제품으로 된 방직용 섬유제품)	1) 부품을 봉제하여 생산되는 물품 ; 6303, 6304, 6306, 6307.20	제단공정 수행국
	2) 자수된 물품 ; 6301-6308의 것(6301.10 제외)	제직(또는 편직)공정 수행국. 단 기포원단의 공장도 가격의 50%를 초과하는 자수공정을 수행할 경우 자수공정 수행국
	3) 부분품으로 구성된 물품 ; 6308의 것	Set의 본질적 특성을 구성하는 물품 제조국
	4) 그 밖의 제품 ; 6301, 6302, 6305, 6307.10, 6307.90 (6301.10 제외)	제직(또는 편직)공정 수행국
HS 7411.22 구리-니켈 합금으로 만든 것(백동)이나 구리-니켈-아연 합금으로 만든 것(양백)		냉간인발공정(인발,열처리,확관) 수행국

위의 〈표 3-2〉에서 부가가치의 비율은 해당 물품의 제조 · 생산에 사용된 원료 및 구성품의 원산지별 가격누계가 해당 물품의 수입가격(FOB가격 기준)에서 점하는 비율로 한다(대외무역관리규정 第85조제5항). 그리고 위의 〈표 3-2〉에서 주요 부품에 대하여는 다음의 국가를 원산지로 본다(대외무역관리규정 第85조제6항):

① 해당 주요 부품의 원료 및 구성품의 부가가치생산에 최대로 기여한 국가가 해당 완제품의 부가가치비율 기준 상위 2개국 중 어느 하나에 해당하는 경우는 해당 국가;
② 해당 주요 부품의 원료 및 구성품의 부가가치생산에 최대로 기여한 국가가 해당 완제품의 부가가치비율 기준 상위 2개국 중 어느 하나에 해당하지 아니하는 경우는 해당 완제품을 최종적으로 제조한 국가.

전술한 원산지 판정 기준에 따라 부가가치의 비율을 산정하는 경우 해당 물품의 제조 · 생산에 사용된 원료 및 구성품의 가격은 다음에서 정하는 가격으로 한다(대외무역관리규정 第85조제7항):

㉮ 해당 제조 · 생산국에서 외국으로부터 수입조달한 원료 및 구성품의 가격은 각기 수입단위별 FOB가격;
㉯ 해당 제조 · 생산국에서 국내적으로 공급된 원료 및 구성품의 가격은 각기 구매단위별 공장도가격.

3) 단순한 가공활동에 따른 원산지 판정 기준

다음과 같은 활동은 원산지 판정 기준에서 "단순한 가공활동"으로 보며, 단순한 가공활동을 수행하는 국가에는 원산지를 부여하지 아니한다(대외무역관리규정 第85조제8항):

① 운송 또는 보관 목적으로 물품을 양호한 상태로 보존하기 위해 행하는 가공활동;
② 선적 또는 운송을 용이하게 하기 위한 가공활동;
③ 판매목적으로 물품의 포장 등과 관련된 활동;
④ 제조 · 가공결과 HS 6단위가 변경되는 경우라도 다음에 해당되는 가공과 이들이 결합되는 가공은 단순한 가공활동의 범위에 포함된다:
㉮ 통풍;
㉯ 건조 또는 단순가열(볶거나 굽는 것을 포함한다);
㉰ 냉동, 냉장;

㉣ 손상부위의 제거, 이물질 제거, 세척;
㉤ 기름칠, 녹방지 또는 보호를 위한 도색, 도장;
㉥ 거르기 또는 선별(sifting or screening);
㉦ 정리(sorting), 분류 또는 등급선정(classifying, or grading);
㉧ 시험 또는 측정;
㉨ 표시나 라벨의 수정 또는 선명화;
㉩ 가수, 희석, 흡습, 가염, 가당, 전리(ionizing);
㉪ 각피(husking), 탈각(shelling or unshelling), 씨제거 및 신선 또는 냉장육류의 냉동, 단순 절단 및 단순 혼합;
㉫ 위의 〈표 3-2〉에서 정한 HS 01류의 가축을 수입하여 해당국에서 도축하는 경우 같은 별표에서 정한 품목별 사육기간 미만의 기간 동안 해당국에서 사육한 가축의 도축(slaughtering);
㉬ 펴기(spreading out), 압착(crushing);
㉭ 위 ㉮부터 ㉬까지의 규정에 준하는 가공으로서 산업부장관이 별도로 판정하는 단순한 가공활동.

4) 수입원료를 사용한 국내생산물품등의 원산지 판정 기준

수입원료를 사용한 국내생산물품 등에서, 원산지 판정 기준 적용 대상물품은 대외무역관리규정상 원산지표시대상물품중 다음에도 해당되지 않는 물품이다(대외무역관리규정 제86조제1항):

① 국내수입후 단순한 가공활동을 거친 물품;
② 1류~24류(농수산물 · 식품), 30류(의료용품), 33류(향료 · 화장품), 48류(지와 판지), 49류(서적 · 신문 · 인쇄물), 50류~58류(섬유), 70류(유리), 72류(철강), 87류(8701~8708의 일반차량), 89류(선박).

수입원료를 사용한 국내생산물품등의 원산지 판정 기준 적용 대상물품중에서, 다음에 해당하는 경우, 우리나라를 원산지로 하는 물품으로 본다(대외무역관리규정 제86조제2항):

㉮ 우리나라에서 제조 · 가공과정을 통해 수입원료의 세번과 상이한 세번(HS 6단위 기준)의 물품(세번 HS 4단위에 해당하는 물품의 세번이 HS 6단위에서 전혀 분류되지 아니한 물품을 포함한다)을 생산하고, 해당 물품의 제조원가(해당 물품의 공장도 공급가액에서 판매 · 관리비와 이윤을 제외한 금액을 말한다. 이하 같다)에서 수입원료의 수입가격(CIF가격 기준)을 공제한 금액이, 제조원가의 51퍼센트

이상인 경우;
㈏ 우리나라에서 제조·가공과정을 통해 제1호의 세번 변경이 되지 않은 물품을 최종적으로 생산하고, 해당 물품의 제조원가에서 수입원료의 수입가격(CIF가격 기준)을 공제한 금액이, 제조원가의 85퍼센트 이상인 경우.

앞의 원산지 판정 기준에도 불구하고 천일염은 외국산 원재료가 사용되지 않고 제조되어야 우리나라를 원산지로 본다(대외무역관리규정 第86조제3항). 그리고 국내생산물품 등의 원산지를 우리나라로 볼 수 있는 경우에는 수입 물품 원산지 표시의 일반원칙의 규정을 준용하여 표시할 수 있다(대외무역관리규정 第86조제4항). 아울러 수입원료를 사용한 국내생산 물품중 우리나라를 원산지로 하는 물품으로 간주하는 원산지 규정을 충족하지 아니한 물품의 원산지 표시는 다음과 같은 방법에 따라 표시할 수 있다(대외무역관리규정 第86조제5항):

㉠ 우리나라를 "가공국" 또는 "조립국" 등으로 표시하되 원료 또는 부품의 원산지를 동일한 크기와 방법으로 병행하여 표시;
㉡ 앞의 ㉠의 원료나 부품이 1개국의 생산품인 경우에는 "원료(또는 부품)의 원산지 : 국명"을 표시;
㉢ 앞의 ㉠의 원료나 부품이 2개국 이상(우리나라를 포함한다)에서 생산된 경우에는 완성품의 제조원가의 재료비에서 차지하는 구성비율이 높은 순으로 2개 이상의 원산지를 각각의 구성비율과 함께 표시(예: "원료 (또는 부품)의 원산지 : 국명(○%), 국명(○%)").

5) 원산지 판정 기준의 특례

기계·기구·장치 또는 차량에 사용되는 부속품·예비부분품 및 공구로서 기계 등과 함께 수입되어 동시에 판매되고 그 종류 및 수량으로 보아 정상적인 부속품, 예비부분품 및 공구라고 인정되는 물품의 원산지는 해당 기계·기구·장치 또는 차량의 원산지와 동일한 것으로 본다(대외무역관리규정 第87조제1항). 그리고 포장용품의 원산지는 해당 포장된 내용품의 원산지와 동일한 것으로 보는데, 법령에 따라 포장용품과 내용품을 각각 별개로 구분하여 수입신고하도록 규정된 경우에는 포장용품의 원산지는 내용품의 원산지와 구분하여 결정한다(대외무역관리규정 第87조제2항). 아울러 촬영된 영화용 필름은 그 영화제작자가 속하는 나라를 원산지로 한다(대외무역관리규정 第87조제3항).

2. 원산지의 확인제도 등

1) 원산지의 판정절차

무역거래자 또는 물품등의 판매업자 등은 수출 또는 수입 물품등의 원산지 판정을 산업장관에게 요청할 수 있는데, 요청을 받은 산업부장관은 해당 물품등의 원산지 판정을 하여서 요청한 사람에게 알려야 하고, 이러한 통보를 받은 자가 원산지 판정에 불복하는 경우에는 통보를 받은 날부터 30일 이내에 산업부장관에게 이의를 제기할 수 있으며, 이의를 제기받은 산업부장관은 이의 제기를 받은 날부터 150일 이내에 이의 제기에 대한 결정을 알려야 한다(대외무역법 제34조제3항 내지 제6항).

여기에서 원산지 판정의 요청 방법은 수출 또는 수입 물품의 원산지 판정을 받으려는 자가 대상 물품의 관세 · 통계통합품목분류표상의 품목번호 · 품목명(모델명을 포함한다), 요청 사유, 요청자가 주장하는 원산지 등을 명시한 요청서에 견본[7] 1개와 그 밖에 원산지 판정에 필요한 자료를 첨부하여 산업부장관에게 제출하여야 한다(대외무역령 제62조제1항).[8] 그리고 원산지 판정의 요청을 받은 산업부장관은 60일 이내에 원산지 판정을 하여 그 결과를 요청한 사람에게 문서로 알려야 하는데, 그 판정과 관련된 자료수집 등을 위하여 필요한 기간은 이에 산입하지 아니하며, 원산지 판정의 결과가 요청인의 주장과 다른 경우에는 판정의 근거 등을 적어야 한다(대외무역령 제62조제3항·제4항).[9]

2) 원산지 확인에 있어서의 직접운송원칙

수입 물품의 원산지는 그 물품이 원산지 국가 이외의 국가(이하 "비원산국"이라 한다)를 경유하지 아니하고 원산지 국가로부터 직접 우리나라로 운송반입된 물품에만 해당 물품의 원산지를 인정하는데, 다음에 해당하는 경우에는 해당 물품이 비원산국의 보세구역 등에서 세관 감시하에 환적 또는 일시장치 등이 이루어지고, 이들 이외의 다른 행위가 없었음이 인정되는 경우에만 이를 우리나라로 직접 운송된 물품으로 본다(대외무역관리규정 제93조제1항):

---

7) 다만, 물품의 성질상 견본을 제출하기 곤란하거나 견본이 없어도 그 물품의 원산지 판정에 지장이 없다고 인정되는 경우에는 견본의 제출을 생략할 수 있다.

8) 제출된 요청서 등이 미비하여 수출 또는 수입 물품의 원산지를 판정하기 곤란한 경우에는 기간을 정하여 자료의 보정(補正)을 요구할 수 있으며, 그 기간 내에 보정하지 아니하면 요청서 등을 되돌려 보낼 수 있다(대외무역령 제62조제2항).

9) 원산지 판정에 대한 이의제기 절차 등에 관하여 필요한 세부적인 사항은 대외무역령 제63조를 참조.

① 지리적 또는 운송상의 이유로 비원산국에서 환적 또는 일시장치가 이루어진 물품의 경우;
② 박람회, 전시회 그 밖에 이에 준하는 행사에 전시하기 위하여 비원산국으로 수출하였던 물품으로서 해당 물품의 전시목적에 사용 후 우리나라로 수출한 물품의 경우.

여기에서 위에 해당하는 물품의 경우에는 관세청장이 정하는 서류를 원산지증명서와 함께 세관장에게 제출하여야 한다(대외무역관리규정 제93조제2항).

3) 원산지 판정에 대한 이의제기

원산지 판정에 이의를 제기하려는 자는 대상 물품의 관세·통계통합품목분류표상의 품목번호·품목명(모델명을 포함한다), 이의제기 사유, 신청자가 주장하는 원산지 등을 명시한 이의신청서에 원산지 판정에 필요한 자료를 첨부하여 산업부장관에게 제출하여야 한다(대외무역령 제63조제1항).[10] 여기에서 산업부장관은 이의 제기로 제출된 신청서 등이 미비하여 이의제기에 대한 결정을 하기 곤란한 경우에는 기간을 정하여 자료의 보정을 요구할 수 있으며, 그 기간 내에 보정하지 아니하면 신청서 등을 되돌려 보낼 수 있다(대외무역령 제63조제2항). 그리고 산업부장관은 이의제기에 대한 결정을 하기 위하여 관계 전문가에게 자문하거나 이해관계자 등의 의견을 들을 수 있다(대외무역령 제63조제3항).

4) 수입 물품등의 원산지증명서의 제출과 원산지증명서의 발급

(1) 수입 물품등의 원산지증명서의 제출

대외무역법 제36조 제1항에 따라 산업부장관은 원산지를 확인하기 위하여 필요하다고 인정하면 물품등을 수입하려는 자에게 그 물품등의 원산지 국가 또는 물품등을 선적(船積)한 국가의 정부 등이 발행하는 원산지증명서를 제출하도록 할 수 있다.

(2) 원산지증명서의 발급

수출물품 또는 국내생산물품등의 원산지증명서를 발급받으려는 자는 산업부장관에게 원산지증명서의 발급을 신청하여야 하는데, 이 경우 수수료를 내야 한다(대외무역법 제37조제1항). 여기에서 수출물품 또는 국내생산물품등의 원산지증명서의 발급기준은 다음과

10) 원산지 판정에 대한 이의제기 절차 등에 관하여 필요한 세부적인 사항은 산업통상자원부장관이 정한다(대외무역령 제63조제4항).

같다(대외무역령 제66조제1항): ① 헌법에 따라 체결·공포된 조약이나 협정에서 정한 기준; ② 상대 수입국에서 정한 기준; ③ 산업부장관이 정하여 공고하는 기준. 그리고 수출물품 또는 국내생산물품등의 원산지증명서를 발급받으려는 자는 수출물품 또는 국내생산물품등의 원산지증명서발급신청서에 다음과 같은 서류를 첨부하여 산업부장관에게 제출하여야 한다(대외무역령 제66조제2항): ㉮ 구매자·공급자에 관한 서류; ㉯ 가격·수량 등에 관한 서류; ㉰ 그밖에 수출 물품 또는 국내생산물품등의 원산지를 증명하는 데에 필요한 서류로서 산업부장관이 정하여 공고하는 서류.

Ⅲ. 원산지 표시방법

1. 기본준칙

원산지표시대상물품을 수입하려면 다음과 같은 방법에 따라 해당 물품에 원산지를 표시하여야 한다(대외무역령 제56조제1항):[11] ① 한글·한문 또는 영문으로 표시할 것; ② 최종 구매자가 쉽게 판독할 수 있는 활자체로 표시할 것; ③ 식별하기 쉬운 위치에 표시할 것; ④ 표시된 원산지가 쉽게 지워지거나 떨어지지 아니하는 방법으로 표시할 것. 하지만 해당 물품에 원산지를 표시하는 것이 곤란하거나 원산지를 표시할 필요가 없다고 인정하여 산업부장관이 정하여 고시하는 기준에 해당하는 경우에는 산업부장관이 정하여 고시하는 바에 따라 원산지를 표시하거나 원산지 표시를 생략할 수 있다(대외무역령 제56조제1항).

그리고 수출물품에 대하여 원산지를 표시하는 경우에는 앞의 제①부터 제④까지에서 정한 방법에 따라 원산지를 표시하되, 그 물품에 대한 수입국의 원산지 표시규정이 이와 다르게 표시하도록 되어 있으면 그 규정에 따라 원산지를 표시할 수 있다(대외무역령 제56조제5항). 다만, 수입한 물품에 대하여 국내에서 단순한 가공활동을 거쳐 수출하는 경우에는 우리나라를 원산지로 표시하여서는 아니 된다.

2. 원산지 표시의 방식

1) 수입 물품 원산지 표시의 일반원칙

수입 물품의 원산지는 다음과 같은 방식으로 한글, 한자 또는 영문으로 표시할 수

---

11) 원산지 표시방법에 따라 원산지를 표시하여야 하는 자는 해당 물품이 수입되기 전에 문서로 그 물품의 적절한 원산지 표시방법에 관한 확인을 산업부장관에게 요청할 수 있으며, 산업부장관의 원산지 표시방법의 확인에 관하여 이의가 있는 자는 확인 결과를 통보받은 날부터 30일 이내에 서면으로 산업부장관에게 이의를 제기할 수 있다(대외무역령 제57조제1항·제2항).

있다(대외무역관리규정 제76조제1항):

> ① “원산지: 국명” 또는 “국명 산(産)”
> ② “Made in 국명” 또는 “Product of 국명”
> ③ “Made by 물품 제조자의 회사명, 주소, 국명”
> ④ “Country of Origin: 국명”
> ⑤ 앞에서 설명한 원산지판정 기준과 동일한 경우에 해당하면서 국제상거래관행상 타당한 것으로 관세청장이 인정하는 방식.

최종구매자가 수입 물품의 원산지를 오인할 우려가 없는 경우에는 다음과 같이 통상적으로 널리 사용되고 있는 국가명이나 지역명 등을 사용하여 원산지를 표시할 수 있다(대외무역관리규정 제76조제6항):

> ㉮ United States of America를 USA로;
> ㉯ Switzerland를 Swiss로;
> ㉰ Netherlands를 Holland로;
> ㉱ United Kingdom of Great Britain and Northern Ireland를 UK 또는 GB로; ⑤ UK의 England, Scotland, Wales, Northern Ireland;
> ㉲ 특정국가의 식민지, 속령 또는 보호령 지역에서 생산된 경우 관세청 무역통계 부호에 규정된 국가별 분류기준에 따른 국가명;
> ㉳ 기타 관세청장이 산업부장관과 협의하여 타당하다고 인정하는 국가나 지역명.

그리고 전기생활용품안전법, 식품위생법 등 다른 법령에서 물품에 대한 표시방식 등을 정하고 있는 경우에는 이를 적용하여 원산지를 표시할 수 있다(대외무역관리규정 제76조제7항).

수입 물품의 원산지는 최종구매자가 해당 물품의 원산지를 용이하게 판독할 수 있는 크기의 활자체로 표시하여야 하고, 최종구매자가 정상적인 물품구매과정에서 원산지 표시를 발견할 수 있도록 식별하기 용이한 곳에 표시하여야 하며, 표시된 원산지는 쉽게 지워지지 않으며 물품(또는 포장・용기)에서 쉽게 떨어지지 않아야 한다(대외무역관리규정 제76조제2항부터제4항). 그리고 수입 물품의 원산지는 제조단계에서 인쇄(printing), 등사(stenciling), 낙인(branding), 주조(molding), 식각(etching), 박음질(stitching) 또는 이와 유사한 방식으로 원산지를 표시하는 것을 원칙으로 하는데, 물품의 특성상 위와 같은 방식으로 표시하는 것이 부적합 또는 곤란하거나 물품을 훼손할 우려가 있는 경우에는 날인(stamping), 라벨(label), 스티커(sticker), 꼬리표(tag)를 사용하여 표시할 수 있다(대외무역관리규정 제76조제2항부터제5항).

하지만 수입 물품의 크기가 작아 앞서 설명한 제①부터 제④까지의 방식으로 해당 물품의 원산지를 표시할 수 없을 경우에는 국명만을 표시할 수 있다(대외무역관리규정 제76조의2제1항). 그리고 최종구매자가 수입물품의 원산지를 오인할 우려가 없도록 표시하는 전제하에 앞서 설명한 제①부터 제④까지의 원산지표시와 병기하여 물품별 제조공정상의 다양한 특성을 반영할 수 있도록, "Designed in 국명", "Fashioned in 국명", "Moded in 국명", "stlyed in 국명" , "Licensed by 국명", "Finished in 국명" 등과 이와 준하여 관세청장이 타당하다고 인정한 보조표시 방식에 따라 보조표시를 할 수 있다(대외무역관리규정 제76조의2제2항). 아울러 수출국에서의 주요 부분품의 단순 결합물품, 원재료의 단순 혼합물품, 중고물품으로 원산지를 특정하기 어려운 물품은 다음과 같이 원산지를 표시할 수 있다(대외무역관리규정 제76조의2제3항): ㉠ 단순 조립물품: "Organized in 국명(부분품별 원산지 나열)"; ㉡ 단순 혼합물품: "Mixed in 국명(원재료별 원산지 나열)"; ㉢ 중고물품: "Imported from 국명"

한편, 수입 세트물품의 경우 해당 세트물품을 구성하는 개별 물품들의 원산지가 동일하고 최종 구매자에게 세트물품으로 판매되는 경우에는 개별 물품에 원산지를 표시하지 아니하고 그 물품의 포장 · 용기에 원산지를 표시할 수 있다(대외무역관리규정 제79조제1항).[12] 그리고 수입세트물품을 구성하는 개별 물품들의 원산지가 2개국 이상인 경우에는 개별 물품에 각각의 원산지를 표시하고, 해당 세트물품의 포장 · 용기에는 개별 물품들의 원산지를 모두 나열 · 표시(예: Made in China, Taiwan, · · · ·)하여야 한다(대외무역관리규정 제79조제2항).

아울러 관세율표에 따라 용기로 별도 분류되어 수입되는 물품의 경우에는 용기에 "(용기명)의 원산지: (국명)"에 상응하는 표시를 하여야 하는데(예: "Bottle made in 국명"), 1회 사용으로 폐기되는 용기의 경우에는 최소 판매단위의 포장에 용기의 원산지를 표시할 수 있으며, 실수요자가 이들 물품을 수입하는 경우에는 용기의 원산지를 표시하지 않아도 무방하다(대외무역관리규정 제80조제1항·제2항).

2) 수입물품 원산지 표시의 면제

물품 또는 포장 · 용기에 원산지를 표시하여야 하는 수입 물품이 다음과 같은 경우에는 원산지를 표시하지 아니할 수 있다(대외무역관리규정 제82조제1항):

① 외화획득용 원료 및 시설기재로 수입되는 물품(대외무역령 제2조제6호·제7호);
② 개인에게 무상 송부된 탁송품, 별송품 또는 여행자 휴대품;

12) 수입세트물품에 해당되는 원산지 표시대상은 관세청장이 정한다(대외무역관리규정 제79조제3항).

③ 수입 후 실질적 변형을 일으키는 제조공정에 투입되는 부품 및 원재료로서 실수요자가 직접 수입하는 경우;[13)]
④ 판매 또는 임대목적에 제공되지 않는 물품으로서 실수요자가 직접 수입하는 경우;[14)]
⑤ 연구개발용품으로서 실수요자가 수입하는 경우;[15)]
⑥ 견본품(진열 · 판매용이 아닌 것에 한함) 및 수입된 물품의 하자보수용 물품;[16)]
⑦ 보세운송, 환적 등에 의하여 우리나라를 단순히 경유하는 통과 화물;
⑧ 재수출조건부 면세 대상 물품 등 일시 수입 물품;
⑨ 우리나라에서 수출된 후 재수입되는 물품;
⑩ 외교관 면세 대상 물품;
⑪ 개인이 자가소비용으로 수입하는 물품으로서 세관장이 타당하다고 인정하는 물품;
⑫ 그 밖에 관세청장이 산업부장관과 협의하여 타당하다고 인정하는 물품.

3) 수입물품의 원산지표시대상물품

원산지표시대상물품은 아래의 〈표 3-3〉의 품목(HS) 코드에 해당하는 물품으로 해당 물품에 원산지를 표시하여야 한다(대외무역관리규정 제75조). 하지만 원산지표시대상물품이 다음과 같은 경우에는 해당 물품에 원산지를 표시하지 않고 해당 물품의 최소포장, 용기 등에 수입 물품의 원산지를 표시할 수 있다: ① 해당 물품에 원산지를 표시하는 것이 불가능한 경우; ② 원산지 표시로 인하여 해당 물품이 크게 훼손되는 경우(예: 당구공, 콘택즈렌즈, 포장하지 않은 집적회로 등); ③ 원산지 표시로 인하여 해당 물품의 가치가 실질적으로 저하되는 경우; ④ 원산지 표시의 비용이 해당 물품의 수입을 막을 정도로 과도한 경우(예: 물품값보다 표시비용이 더 많이 드는 경우 등); ⑤ 상거래 관행상 최종구매자에게 포장, 용기에 봉인되어 판매되는 물품 또는 봉인되지는 않았으나 포장, 용기를 뜯지 않고 판매되는 물품(예: 비누, 칫솔, VIDEO TAPE 등); ⑥ 실질적 변형을 일으키는 제조공정에 투입되는 부품 및 원재료를 수입 후 실수요자에게 직접 공급하는 경우; ⑦ 물품의 외관상 원산지의 오인 가능성이 적은 경우(예: 두리안, 오렌지, 바나나와 같은 과일 · 채소 등); ⑧ 관세청장이 산업부장관과 협의하여 타당하다고 인정하는

13) 실수요자를 위하여 수입을 대행하는 경우를 포함한다.
14) 다만, 해당 물품 중 제조용 시설 및 기자재(부분품 및 예비용 부품을 포함한다)는 실수요자를 위하여 수입을 대행하는 경우까지도 인정할 수 있다.
15) 실수요자를 위하여 수입을 대행하는 경우를 포함한다.
16) 수입된 물품의 자체 결함에 따른 하자를 보수하기 위해 직접 수입하는 경우에 한한다.

물품.

〈표 3-3〉 원산지표시대상물품

HS류별	품목 (HS) 코드
01류	01, 0106(자라에 한함)
02류	0201, 0202, 0203, 0204, 0205, 0206, 0207, 0208, 0209, 0210
03류	0301, 0302, 0303, 0304, 0305, 0306, 0307, 0308, 0309
04류	0401, 0402, 0403, 0404, 0405, 0406, 0407, 0408, 0409, 0410
05류	0504, 0506, 0507, 0510
06류	0601, 0602, 0603, 0604
07류	0701, 0702, 0703, 0704, 0705, 0706, 0707, 0708, 0709, 0710, 0711, 0712, 0713, 0714
08류	0801, 0802, 0803, 0804, 0805, 0806, 0807, 0808, 0809, 0810, 0811, 0812, 0813, 0814
09류	0901, 0902, 0903, 0904, 0906, 0907, 0908, 0910
10류	1001, 1002, 1003, 1004, 1005, 1006, 1007, 1008
11류	1101, 1102, 1103, 1104, 1105, 1106, 1107, 1108, 1109
12류	1201, 1202, 1203, 1204, 1205, 1206, 1207, 1208, 1209, 1211, 1212
13류	1302
15류	1501, 1502, 1503, 1504, 1507, 1508, 1509, 1510, 1511, 1512, 1513, 1514, 1515, 1516, 1517, 1520, 1521, 1522
16류	1601, 1602, 1603, 1604, 1605
17류	1701, 1702, 1703, 1704
18류	1801, 1802, 1803, 1804, 1805, 1806
19류	1901, 1902, 1903, 1904, 1905
20류	2001, 2002, 2003, 2004, 2005, 2006, 2007, 2008, 2009
21류	2101, 2102, 2103, 2104, 2105, 2106
22류	2201, 2202, 2203, 2204, 2205, 2206, 2207, 2208, 2209
23류	2301, 2303, 2308, 2309
24류	2401, 2402, 2403, 2404
25류	2501

HS류별	품목 (HS) 코드
28류	2815.11, 2853
30류	3003, 3004. 3005, 3006
31류	3101
32류	3201, 3202, 3203, 3204, 3205, 3206, 3207, 3208, 3209, 3210, 3211, 3212, 3213, 3214, 3215
33류	3301, 3302, 3303, 3304, 3305, 3306, 3307
34류	3401, 3402, 3403, 3404, 3405, 3406, 3407
35류	3504, 3505, 3506
36류	3604, 3605, 3606
37류	3702, 3703, 3704, 3707
38류	3808, 3814, 3820, 3824, 3826, 3827
39류	3916, 3917, 3918, 3919, 3920, 3921, 3922, 3923, 3924, 3925, 3926
40류	4006, 4007, 4008, 4009, 4010, 4011, 4012, 4013, 4014, 4015, 4016, 4017
41류	4114, 4115
42류	4202, 4203, 4205, 4206
43류	4303, 4304
44류	4402, 4409, 4410, 4411, 4412, 4413, 4414, 4415, 4416, 4417, 4418, 4419, 420, 4421
46류	4601, 4602
48류	4802, 4803, 4804, 4805, 4806, 4807, 4808, 4809, 4810, 4811, 4813, 4814, 4816, 4817, 4818, 4819, 4820, 4821, 4823
49류	4905, 4909
50류	5006, 5007
51류	5109, 5110, 5111, 5112, 5113
52류	5204, 5207, 5208, 5209, 5210, 5211, 5212
53류	5309, 5310, 5311
54류	5401, 5406, 5407, 5408
55류	5502, 5508, 5511, 5512, 5513, 5514, 5515, 5516
56류	5601, 5602, 5603, 5604
57류	5701, 5702, 5703, 5704, 5705
58류	5801, 5802, 5803, 5804, 5805, 5806, 5807, 5808, 5809, 5810, 5811

HS류별	품목 (HS) 코드
59류	5909(소방호스에 한함)
60류	6001, 6002, 6003, 6004, 6005, 6006
61류	6101, 6102, 6103, 6104, 6105, 6106, 6107, 6108, 6109, 6110, 6111, 6112, 6113, 6114, 6115, 6116, 6117
62류	6201, 6202, 6203, 6204, 6205, 6206, 6207, 6208, 6209, 6210, 6211, 6212, 6213, 6214, 6215, 6216, 6217
63류	6301, 6302, 6303, 6304, 6305, 6306, 6307, 6308, 6309, 6310
64류	6401, 6402, 6403, 6404, 6405, 6406
65류	6501, 6502, 6504, 6505, 6506, 6507
66류	6601, 6602, 6603
67류	6704
68류	6801, 6802, 6804, 6806, 6809, 6810, 6815
69류	6902, 6903, 6906, 6907, 6908, 6910, 6911, 6912, 6913, 6914
70류	7003, 7004, 7005, 7006, 7007, 7008, 7009, 7010, 7013, 7014, 7015, 7018, 7019, 7020
71류	7113, 7114, 7116, 7117
72류	7208, 7210(전기, 용융, 착색 아연 도금강판에 한함), 7214, 7216, 7219, 7225, 7226, 7228
73류	7304, 7307(플랜지에 한함), 7311, 7315, 7317, 7318, 7319, 7320, 7321, 7322, 7323, 7324, 7325, 7326
74류	7415, 7418, 7419
75류	7508
76류	7607, 7612, 7613, 7615, 7616
78류	7806
79류	7907
80류	8007
82류	8201, 8202, 8203, 8204, 8205, 8206, 8207, 8208, 8209, 8210, 8211, 8212, 8213, 8214, 8215
83류	8301, 8302, 8303, 8304, 8305, 8306

HS류별	품목 (HS) 코드
84류	8407, 8408, 8409, 8413, 8414, 8415, 8416, 8417, 8418, 8419, 8421, 8422, 8423, 8424, 8425, 8431, 8432, 8433, 8434, 8435, 8436, 8437, 8438, 8440, 8441, 8442, 8443, 8448, 8450, 8451, 8452, 8453, 8456, 8465, 8466, 8467, 8468, 8469, 8470, 8471, 8472, 8473, 8476, 8479, 8481, 8482, 8483, 8484, 8485, 8487
85류	8501, 8502, 8503, 8504, 8505, 8506, 8507, 8508, 8509, 8510, 8511, 8512, 8513, 8514, 8515, 8516, 8517, 8518, 8519, 8521, 8522, 8523, 8524, 8525, 8526, 8527, 8528, 8529, 8531, 8532, 8533, 8534, 8535, 8536, 8537, 8538, 8539, 8540, 8541, 8542, 8543, 8544, 8545, 8546, 8547, 8548, 8549
87류	8701, 8702, 8703, 8704, 8705, 8706, 8707, 8708, 8711, 8712, 8713 ,8715, 8716
88류	8806
89류	8903
90류	9001, 9002, 9003, 9004, 9005, 9006, 9010, 9011, 9012, 9013, 9015, 9016, 9017, 9018, 9019, 9021, 9024, 9025, 9026, 9027, 9028, 9029, 9031, 9032, 9033
91류	9101, 9102, 9103, 9104, 9105, 9106, 9107, 9108, 9109, 9110, 9111, 9112, 9113, 9114
92류	9201, 9202, 9205, 9206, 9207, 9208, 9209
94류	9401, 9402, 9403, 9404, 9405
95류	9503, 9504, 9505, 9506, 9507, 9508
96류	9603, 9604, 9605, 9607, 9608, 9609, 9610, 9611, 9612, 9613, 9614, 9615, 9616, 9617, 9618, 9619, 9620

Ⅳ. 원산지 표시 위반사건 판례 연구

1.【대법원 2002.3.15. 선고 2001도5033 판결】

1) 판결 요지

(1) 구 부정경쟁방지및영업비밀보호에관한법률 제2조 제1호 (다)목에서 '허위의 원산지의 표시'라고 함은 반드시 완성된 상품의 원산지만에 관한 것은 아니고, 거래통념에 비추어 상품 원료의 원산지가 중요한 의미를 가지는 경우에는 그 원료의 원산지를 허위로 표시하는 것도 이에 포함된다.

(2) 중국산 대마 원사를 수입하여 안동에서 만든 삼베 수의제품에 "신토불이(身土不二)" 등의 표기를 한 것은 일반 수요자나 거래자로 하여금 이 수의가 안동에서 생산된 대마로 만든 삼베 수의인 것처럼 삼베 원사의 원산지를 허위로 표시하여 원산지의 오인을 일으키게 하는 행위에 해당한다.

2) 판결 이유

피고인 1은 중국에서 중국산의 대마를 원료로 한 대마 원사를 수입하여 안동시 소재 자신의 공장에서 기계로 짠 삼베로 만든 수의를 대량 생산하여 농협 등에 납품·판매하였는데, 삼베 수의 제품의 포장상자에 '신토불이(身土不二), 안동삼베 특품(또는 종류에 따라 1품, 2품)', '국내 최초 100% 대마(삼베)사 개발' 등의 표시를 하고, 또한 포장상자 안에는 '안동포 인간문화재 1호'라는 제목하에 경북 무형문화재 1호인 ○○포 짜기의 기능보유자 공소외인 여사가 삼베를 베틀에서 손으로 짜고 있는 사진을 담은 품질보증서를 넣었고, 한편 안동포는 경북 안동지역에서 재배·수확된 삼(대마)으로 원사를 추출한 후 이를 베틀로 제직하여 수작업으로 만든 삼베로서 품질이 좋은 것으로 일반에 널리 알려져 있다는 것인바, 삼베는 전래적으로 대마를 재배·수확하여 실을 만들고 이를 수직 베틀로 짜는 일련의 생산과정이 특정 지역 내에서 이루어져 왔고, 그러한 지역의 고유한 특성이 반영된 지역명을 삼베의 명칭으로 호칭하는 경우가 많고, 수의 제품은 전통적인 장례용품으로서 외국산보다는 우리 것을 선호하는 경향이 있으며, '신토불이'는 '우리 땅에서 재배·수확된 농산물이 우리 체질에 맞는다.'는 의미를 가진 점을 감안하면, 이 사건 수의 제품의 포장상자에 '신토불이, 안동삼베', '국내 최초 100% 대마(삼베)사 개발' 등의 표시를 하고, 또한 포장상자 안에는 '○○포 인간문화재 1호'에 관한 선전문과 사진이 실린 품질보증서를 넣은 것은 일반 수요자나 거래자로 하여금 이 사건 수의가 안동에서 생산(재배)된 대마(삼)로 만든 삼베 수의인 것처럼 삼베 원사의 원산지를 허위로 표시하여 원산지의 오인을 일으키게 하는 행위로 봄이 상당하다.

2. 【대법원 2007. 12. 27. 선고 2007도1650 판결】

1) 판결 요지

(1) 구 대외무역법 제55조 제7호, 제23조 제3항 제2호는 '무역거래자 또는 물품 등의 판매업자가 원산지의 표시를 손상하거나 변경하는 행위'를 처벌하도록 규정하고 있는바, 같은 법 제23조 제1항 내지 제3항, 구 대외무역법 시행령 제53조 제2항, 제4항 및

대외무역관리규정 등의 내용을 종합하여 보면, 외국에서 생산된 부품 또는 원재료가 국내에 수입된 후 실질적 변형을 일으키는 제조공정에 투입되어 완성된 물품에, 그 부품 또는 원재료에 행해진 원산지표시가 남아 있더라도 그 표시는 같은 법 제23조 제3항 제2호의 '원산지의 표시'에 해당하지 않고, 이를 손상하여도 같은 법 제55조 제7호, 제23조 제3항 제2호 위반죄가 성립하지 않는다.

(2) 중국에서 제작한 바이올린 반제품을 수입하여 국내에서 연마, 도색, 주요부속의 부착 등 제조공정을 추가하여 세번이 다른 바이올린 완제품을 만든 경우, 수입 당시부터 반제품에 부착되어 있던 원산지표시(MADE IN CHINA)가 완제품에 남아 있더라도 이는 구 대외무역법 제23조 제3항 제2호의 '원산지의 표시'에 해당하지 않으므로, 그 위에 새로운 라벨을 붙여 이를 외부에서 식별할 수 없도록 가린 행위는 같은 법 제55조 제7호 위반죄를 구성하지 않는다.

2) 사실 관계

공소외 주식회사는 2003. 3. 18.부터 2004. 3. 23.경까지 사이에 중국으로부터 바이올린의 몸통에 목과 머리가 부착된 상태인 이 사건 바이올린 반제품을, 그 몸통 속에 'MADE IN CHINA'라고 인쇄한 원산지표시를 하여 수입한 후 국내에서 연마, 도색, 현 · 줄감개 · 턱받침의 부착 등 70% 상당의 제조공정을 추가로 더 행하여 이 사건 바이올린을 제조한 다음 바이올린 등의 판매업자인 피고인 회사에게 이를 공급한 사실, 그 무렵 피고인 회사의 대표이사인 피고인 1은 공소외 주식회사로부터 이 사건 바이올린에 원심 판시 라벨(이하 '이 사건 라벨')을 부착하는 작업을 위임받아 이 사건 바이올린 반제품의 몸통 속에 행해진 위 원산지표시 위에 이 사건 라벨을 부착하여 위 원산지표시가 외부에서 식별되지 않도록 가린 후 일반인에게 판매하거나 사은품으로 제공하였고, 공소외 주식회사가 수입한 이 사건 바이올린 반제품의 세번(HS 9209.92-0000)과 공소외 주식회사가 제조한 이 사건 바이올린 완제품의 세번(HS 9202.10-1000)이 다르다.

3. 【대법원 2011. 2. 24. 선고 2010도15724 판결】

1) 판결 요지

(1) 구 대외무역법 제33조 제1항, 제2항 및 같은 법 시행령 제56조 제3항 단서의 위임에 따라 적용되는 '원산지제도 운영에 관한 고시'(관세청고시 제2007-20호)의 규정들을 종합하여 보면, 위 고시 제5-3조의 '부적정표시물품'이란 위 고시 규정에 따른 적정 원산지표시방법대로 원산지표시를 하기는 하였으나 이행의 방법이 부적절한 경우를

의미하는 반면, 위 고시 규정에 따른 적정 원산지표시방법대로 원산지표시를 하지 않은 경우는 위 고시 규정에서 달리 정하고 있는 경우를 제외하고는 제5-4조의 '미표시물품'에 해당한다.

(2) 피고인들이 무역거래자로서 원산지미표시의 중국산 자동차 브레이크디스크를 수입하여 구 대외무역법을 위반하였다는 내용으로 기소된 사안에서, '원산지제도 운영에 관한 고시' 규정에 따라 위 제품에 적용되는 적정 원산지표시방법은 현품에 원산지표시를 하는 것이고, 위 제품의 크기나 특성 등에 비추어 볼 때, 위 고시 규정에서 예외적으로 현품 자체가 아닌 운송·보관용 포장상자, 포장용기 등에 원산지표시를 할 수 있는 '당해 물품의 특성상 현품에 원산지표시를 하는 것이 현실적으로 부적합하거나 상품가치를 현저히 손상시키거나 비용이 과다하게 드는 경우'에 해당한다고 볼 수 없으며, 위 제품이 제품별로 박스포장된 상태로 수입되었더라도 이를 밀봉되어 수입되는 경우로 볼 수도 없으므로, 위 제품의 현품에는 원산지표시를 하지 아니하고 개별포장박스에만 원산지표시를 한 피고인들의 행위는 같은 법 제33조 제3항 제3호의 '원산지표시 대상물품에 대하여 원산지표시를 하지 아니하는 행위'에 해당한다고 보아야 함에도, 이와 달리 판단하여 무죄를 선고한 원심판결에 위 규정의 해석·적용에 관한 법리오해의 위법이 있다.

2) 판결 이유

구 대외무역법 제33조 제1항, 제2항 및 위 법 시행령 제56조 제3항 단서의 위임에 따라 이 사건에 적용되는 원산지제도 운영에 관한 고시(관세청고시 제2007-20호) 제3-1조에 의하면, 원산지표시는 원칙적으로 현물 자체에 주조, 식각, 낙인, 박음질, 인쇄, 등사 및 이와 유사한 방법으로 이루어질 것을 요구하고 있고, 위 고시 [별표 6]에 의하면 이 사건 제품과 같은 자동차 부분품, 부속품의 경우 현품에 원산지표시를 할 것을 규정하고 있으며, 현품에 원산지표시를 하여야 하는 물품을 포장단위로 판매하는 경우에는 그 포장에도 원산지표시를 하여야 하고, 당해물품의 특성상 현품에 원산지표시를 하는 것이 현실적으로 적합하지 않거나 상품가치를 현저히 손상시키거나 비용이 과다하게 드는 경우에는 운송·보관용 포장상자, 포장용기 등에 원산지표시를 할 수 있으며, 당해물품이 밀봉되어 수입된 경우에는 '소매용 최소포장'에 원산지표시를 할 수 있다고 규정하고 있다.

나아가 위 원산지제도 운영에 관한 고시 제5-4조는 원산지표시 대상물품으로서 현품 및 용기에 원산지표시가 전혀 없거나 현품에 원산지표시가 가능함에도 현품에 표시되지 않은 경우 등을 미표시물품으로 판정하도록 정하면서, 이와 별도로 제5-3조에서 원산지의 표시위치, 표시의 견고성, 활자의 크기 · 색상 · 선명도 · 글씨체, 국가명의 약어표시 부적정 등으로 인하여 최종구매자가 원산지를 식별하기가 곤란하거나 쉽게 제거될 수 있는 경우 등을 부적정표시물품으로 판정하는 경우를 규정하고 있는바, 위 규정들을 종합하여 보면, 위 고시 제5-3조의 '부적정표시물품'이란 위 고시 규정에 따른 적정 원산지표시방법대로 원산지표시를 하기는 하였으나 그 이행의 방법이 부적절한 경우를 의미하는 반면, 위 고시 규정에 따른 적정 원산지표시방법대로 원산지표시를 하지 않은 경우에는 위 고시 규정에서 달리 정하고 있는 경우를 제외하고는 제5-4조의 '미표시물품'에 해당한다고 볼 것이다.

돌이켜 이 사건에 관하여 보건대, 위 고시 규정에 따라 이 사건 제품에 대하여 적용되는 적정 원산지표시방법은 그 현품에 원산지표시를 하는 것인바, 이 사건 제품의 크기나 특성 등에 비추어 볼 때, 위 고시 규정에서 예외적으로 현품 자체가 아닌 운송 · 보관용 포장상자, 포장용기 등에 원산지표시를 할 수 있다고 정하고 있는 경우로서 '당해물품의 특성상 현품에 원산지표시를 하는 것이 현실적으로 적합하지 않거나 상품가치를 현저히 손상시키거나 비용이 과다하게 드는 경우'에 해당한다고 볼 수 없고, 이 사건 제품이 제품별로 박스포장된 상태로 수입되었다 하더라도 이를 당해물품이 밀봉되어 수입되는 경우라고 볼 수도 없다.

그렇다면 이 사건 제품의 현품에는 원산지표시를 하지 아니하고 제품의 개별포장박스에만 원산지표시를 한 피고인들의 행위는 구 대외무역법 제33조 제3항 제3호의 '원산지표시 대상물품에 대하여 원산지표시를 하지 아니하는 행위'에 해당한다고 보아야 한다.

4. 【대법원 2012. 10. 25. 선고 2012도3575 판결】

1) 판결 요지

(1) 구 농산물품질관리법 제2조 제1호, 제6호, 제15조 제1항, 제3항, 제17조 제1항 제1호, 제3호, 제34조의2, 제37조, 구 농산물품질관리법 시행령 제24조 제1항 제1호, 제25조 제1항 제1호의 내용과 체제에다가 농산물의 적정한 품질관리를 통하여 농산물의 상품성을 높이고 공정한 거래를 유도함으로써 농업인의 소득증대와 소비자보호에 이바지한다는 법의 입법 목적을 종합적으로 고려하면, 국내산 쇠고기에 특정 시 · 도명이나 시 · 군 · 구명을 원산지로 표시하여 판매할 때 해당 소가 출생 · 사육 · 도축된 지역과 전혀 무관한 지역을 원산지로 표시하거나 출생 · 사육은 타 지역에서 이루어진 후 오로지 도축만을 위하여 도축지로 이동된 후 곧바로 도축되었을 뿐인데도 도축지를 원산지로 표시하였다면, 이는 법 제34조의2, 제17조 제1항 제1호 및 제3호에 규정된

'원산지 표시를 허위로 하거나 이를 혼동하게 할 우려가 있는 표시를 하는 행위 및 원산지를 위장하여 판매하는 행위'에 해당된다고 해석하여야 한다. 한편 형벌법규는 문언에 따라 엄격하게 해석·적용하여야 하고 피고인에게 불리한 방향으로 지나치게 확장해석하거나 유추해석하여서는 안 되는 것이 원칙이므로, 국내에서 출생한 소가 출생지 외의 지역에서 사육되다가 도축된 경우 해당 소가 어느 정도의 기간 동안 사육되면 비로소 사육지 등을 원산지로 표시할 수 있는지에 관하여 관계 법령에 아무런 규정이 없다면 특정 지역에서 단기간이라도 일정 기간 사육된 소의 경우 쇠고기에 해당 시·도명이나 시·군·구명을 원산지로 표시하여 판매하였다고 하더라도 이를 곧바로 위와 같은 원산지 표시 규정 위반행위에 해당한다고 단정할 수는 없다.

(3) 피고인들이 강원도 횡성군 지역이 아닌 다른 지역에서 생산된 소를 구매하여 도축한 후 '횡성한우'로 표시하여 판매함으로써 구 농산물품질관리법상 원산지 표시 규정을 위반하였다는 내용으로 기소된 사안에서, 횡성군 아닌 다른 지역에서 출생·사육된 소를 횡성군 인근의 도축업체로 이동시켜 이동 당일 그곳에서 도축하였을 뿐인데도 '횡성한우'로 표시하여 판매한 행위는 명백히 원산지 표시 규정 위반행위에 해당하나, 이와 달리 일단 도축을 위해 횡성군 지역으로 이동시켰으나 이동 당일 도축하지 않은 채 횡성군 지역 내 축산농가에서 1, 2개월 이상 사료를 먹이며 머물게 하다가 도축한 경우에는 이동 후 도축 시까지의 기간, 이동 후 해당 소에게 사료를 먹이며 머물게 한 장소의 형태와 제공된 사료의 종류와 제공방법, 체중의 변동 여부 등 구체적 사정에 대한 충분한 심리를 거쳐 그것이 단순히 도축을 위한 준비행위에 불과한지 아니면 특정 지역 사육에 해당하는지를 판단하여야 하는데도, 이에 이르지 아니한 채 횡성군 지역에서 출생·사육되지 아니한 소를 횡성군 지역으로 이동시킨 후 도축 시까지의 기간이 2개월 미만인 경우는 모두 일률적으로 도축의 준비행위 또는 단순한 보관행위에 불과하다고 보아 유죄를 인정한 원심판결에 법 제34조의2, 제17조 제1항, 제15조 제1항 및 제3항, 제2조 제6호에 대한 해석과 법률적용을 그르쳐 필요한 심리를 다하지 아니한 잘못이 있다.

(2) 범행 당시 원산지 표시 관계 법령에서 별도의 규정을 두고 있지 않았던 이상 국내산 소 도축을 위하여 출생지나 사육지로부터 특정 지역으로 이동시켰으나 이동 과정에서 감소된 체중 회복이나 도축시기 조정 등의 이유로 이동 당일 도축하지 않고 일정 기간 동안 그 특정 지역에서 사료 등을 먹이다가 도축한 경우, 이를 단순한 도축의 준비행위에 불과하다고 볼 것인지 아니면 사육으로 볼 것인지에 관하여는 해당 소의 종류와 연령, 건강상태, 이동 후 도축 시까지 기간, 이동 후 해당 소에게 사료를 먹이며 머물게 한 장소의 형태와 제공된 사료의 종류와 제공방법, 체중의 변동 여부 등을

종합적으로 고려하여 개별 사안에 따라 합리적으로 판단할 수밖에 없고, 이와 달리 이동 후 도축 시까지의 기간을 임의로 설정하여 일률적으로 원산지 표시 규정 위반 여부를 판단할 수는 없다.

2) 판결 이유

일반적으로 토지나 그에 부속된 식물 등에 고착되어 있는 형태의 농산물과 임산물의 경우 수확이나 채취 이전에 원래 장소로부터 다른 지역으로 이식되는 경우가 아닌 한 그 수확 또는 채취장소를 당해 농산물과 임산물의 원산지로 보는 데 별다른 어려움이 없으나, 이동이 가능한 가축의 고기 등과 같은 축산물과 시행령 제2조에 의하여 농산물로 인정되는 사육하는 야생동물의 고기 등과 같은 농산물의 경우에는 출생 후 다른 곳으로 이동하여 사육되거나 도축될 가능성이 있기 때문에 그 원산지를 판정함에 있어 출생, 사육 또는 도축 중 어느 요소를 어느 정도로 고려할 것인지에 따라 그 결론이 달라질 수 있다.

농산물의 적정한 품질관리를 통하여 농산물의 상품성을 높이고 공정한 거래를 유도함으로써 농업인의 소득증대와 소비자보호에 이바지한다는 법의 입법 목적을 종합적으로 고려하면, 국내산 쇠고기에 특정 시 · 도명이나 시 · 군 · 구명을 그 원산지로 표시하여 판매함에 있어 해당 소가 출생 · 사육 · 도축된 지역과 전혀 무관한 지역을 원산지로 표시하거나 출생 · 사육은 타 지역에서 이루어진 후 오로지 도축만을 위하여 도축지로 이동된 후 곧바로 도축되었을 뿐임에도 그 도축지를 원산지로 표시하였다면, 이는 법 제34조의2, 제17조 제1항 제1호 및 제3호에 규정된 '원산지 표시를 허위로 하거나 이를 혼동하게 할 우려가 있는 표시를 하는 행위 및 원산지를 위장하여 판매하는 행위'에 해당된다고 해석하여야 할 것이다 .

한편 형벌법규는 그 문언에 따라 엄격하게 해석 · 적용하여야 하고 피고인에게 불리한 방향으로 지나치게 확장해석하거나 유추해석하여서는 안 되는 것이 원칙이므로(대법원 2009.12.10. 선고 2009도3053 판결, 대법원 2010.4.29. 선고 2009도13435 판결 등 참조), 국내에서 출생한 소가 그 출생지 외의 지역에서 사육되다가 도축된 경우 당해 소가 어느 정도의 기간 동안 사육되면 비로소 그 사육지 등을 원산지로 표시할 수 있는지에 관하여 관계 법령에 아무런 규정이 없다면 특정 지역에서 단기간이라도 일정 기간 사육된 소의 경우 그 쇠고기에 해당 시 · 도명이나 시 · 군 · 구명을 그 원산지로 표시하여 판매하였다고 하더라도 이를 곧바로 위와 같은 원산지 표시 규정 위반행위에 해당한다고 단정할 수는 없다.

그런데 이 사건 범행 당시에는 법 및 시행령에서 위와 같이 출생지 등에서 이동된 농산물의 원산지 판정 기준에 대하여 아무런 규정을 두고 있지 않다가 2009. 11. 2. 대통령령 제21805호로 개정된 구 농산물품질관리법 시행령 제25조 제4항에서 "제1항 제1호에 따른 농산물이 이식 · 이동 등으로 원산지 판정이 어려운 경우 세부 판정 기준은 농림수산식품부장관이 정하여 고시한다."는 규정을 신설하였으나, 농림수산식품부장관은 이에 관한 원산지 판정 기준을 별도로 고시하지 아니하였다. 그 후 2010. 2. 4. 법률 제10022호로 '농수산물의 원산지 표시에 관한 법률'이 제정되어 그 제5조 제4항 및 같은 법 시행령 제5조 제2항의 위임에 따라 2011. 5. 26.부터 시행된 '농수산물의 원산지 표시요령' 제5조 [별표 3] '이식 · 이동 등으로 인한 세부 원산지 표시기준'의 '1. 농산물' 중 '(라) 소의 국내 이동에 따른 원산지' 부분에서 비로소 "국내에서 출생 · 사육 · 도축한 쇠고기의 원산지를 '시 · 도명 또는 시 · 군 · 구명'으로 표시하고자 하는 경우 해당 시 · 도 또는 시 · 군 · 구에서 도축일을 기준으로 12개월 이상 사육되어야 한다."는 원산지 판정 기준이 마련되었다.

위와 같이 이 사건 범행 당시에는 원산지 표시 관계 법령에서 별도의 규정을 두고 있지 않았던 이상 국내산 소를 도축을 위하여 그 출생지나 사육지로부터 특정 지역으로 이동시켰으나 이동과정에서 감소된 체중 회복이나 도축시기 조정 등의 이유로 이동 당일 도축하지 않고 일정 기간 동안 그 특정 지역에서 사료 등을 먹이다가 도축한 경우, 이를 단순한 도축의 준비행위에 불과하다고 볼 것인지 아니면 사육으로 볼 것인지에 관하여는 당해 소의 종류와 연령, 건강상태, 이동 후 도축 시까지의 기간, 이동 후 해당 소에게 사료를 먹이며 머물게 한 장소의 형태와 제공된 사료의 종류와 제공방법, 체중의 변동 여부 등을 종합적으로 고려하여 개별 사안에 따라 합리적으로 판단할 수밖에 없고, 이와 달리 이동 후 도축 시까지의 기간을 임의로 설정하여 일률적으로 원산지 표시 규정 위반 여부를 판단할 수는 없다고 할 것이다.

원심은, 국내산 소의 유통과정과 법의 취지와 조리 등에 비추어 특정 지역에서 최소한 2개월 이상 머문 경우에 한하여 당해 지역을 소의 사육지로 보아 원산지로 표시할 수 있다는 기준을 설정하여 피고인 11 농업협동조합의 임직원인 피고인 1,2,9가 강원도 횡성군 지역이 아닌 다른 지역에서 출생 · 사육 · 출하된 소를 한우중개상을 통하여 구입하여 횡성군 지역으로 이동시킨 뒤 그때부터 당해 소를 도축할 때까지의 기간이 2개월 미만인 경우에는 단순한 보관행위를 한 것으로 보고 그러한 소를 도축한 쇠고기에 대해서는 강원도 횡성군을 원산지로 표시해서는 안 된다고 전제한 다음, 위 피고인들이 횡성군 지역으로 이동 후 도축 시까지의 기간이 2개월 미만의 소를 도축한 쇠고기를 '횡성한우'로 표시하여 판매한 행위는 법이 정한 원산지 표시 규정에 위배된다고 판단하였다.

앞서 본 법리에 의하면, 원심이 유죄로 인정한 범죄사실 중 위 피고인들이 횡성군이 아닌 다른 지역에서 출생 · 사육된 소를 원주시 (이하 생략) 소재 도축업체인 '○○기업'으로 이동시켜 그 이동 당일 그곳에서 도축하였을 뿐임에도 그 쇠고기를 '횡성한우'로 표시하여 판매한 행위는 명백히 이 사건 원산지 표시 규정 위반행위에 해당한다고 할 것이다.

그런데 원심판결 이유에 의하면, 원심이 유죄로 인정한 범죄사실 중에는 이와 같이 횡성군 지역에서 출생 또는 사육된 바 없는 소를 '횡성한우'로 표시하여 판매한 부분 이외에도, 일단 도축을 위해 횡성군 지역으로 이동시켰으나 그 이동 당일 도축하지 않은 채 횡성군 지역 내 축산농가에서 1, 2개월 이상 사료를 먹이며 머물다가 도축된 경우도 상당수 포함되어 있음이 분명하다. 이러한 경우 원심으로서는 앞서 본 법리에 따라 이동 후 도축 시까지의 기간, 이동 후 해당 소에게 사료를 먹이며 머물게 한 장소의 형태와 제공된 사료의 종류와 제공방법, 체중의 변동 여부 등 구체적 사정에 대한 충분한 심리를 거쳐 그것이 단순히 도축을 위한 준비행위에 불과한지 아니면 그 특정 지역에서의 사육에 해당하는지를 판단하였어야 함에도 불구하고, 이에 이르지 아니한 채 횡성군 지역에서 출생 · 사육되지 아니한 소를 횡성군 지역으로 이동시킨 후 도축 시까지의 기간이 2개월 미만인 경우는 모두 일률적으로 도축의 준비행위 또는 단순한 보관행위에 불과하다고 판단하여 이 부분 범죄사실까지도 유죄로 판단하고 말았으니, 이러한 원심의 판단에는 법 제34조의2, 제17조 제1항, 제15조 제1항 및 제3항, 제2조 제6호에 대한 해석과 법률적용을 그르쳐 필요한 심리를 다하지 아니한 잘못이 있다고 할 것이다(원심은 또한, 당해 소의 사육지로 볼 수 있는 최소한의 체류기간이 2개월이라는 기준을 설정한 다음, 다른 지역에서 횡성군 지역으로 이동된 후 2개월 내에 도축된 소의 수를 산정하면서, 예컨대 횡성군 지역으로 소를 이동시킨 후 3개월 내지 4개월 내에 도축한 소의 수량이 430마리 정도 된다는 한우중개업자의 진술이 있는 경우 그 체류기간에 따라 도축 수량을 비례적으로 안분하는 방법을 적용함으로써 위 430마리 중 절반인 215마리가량이 2개월 내에 도축되었다고 인정하였으나, 이러한 사실인정 방식은 당해 소를 전 기간에 걸쳐 균등하게 도축하였다는 사실을 전제로 한 경우에만 타당한 것이어서 피고인들의 실제 도축 수량에 비해 현저한 오차나 괴리가 발생할 가능성이 매우 크다고 할 것이므로, 비록 원심이 그 오차를 고려하고 10마리 미만을 버리는 방식으로 2개월 내 도축 수량을 산정하였다고 하더라도, 이러한 원심의 조치는 논리와 경험칙에 위배되고 자유심증주의의 한계를 벗어난 것이어서 허용될 수 없다는 점을 덧붙여 지적하여 둔다).

5. 【대법원 2014. 1. 29. 선고 2013도14586 판결】

1) 판결 요지

구 농수산물의 원산지 표시에 관한 법률 제14조, 제6조 제1항 제1호, 제3항, 구 농수산물의 원산지 표시에 관한 법률 시행규칙 제4조 [별표 5]의 내용을 종합하면, 법 제6조 제1항 제1호에서 규정한 '원산지 표시를 거짓으로 하는 행위'와 '원산지를 혼동하게 할 우려가 있는 표시를 하는 행위'는 구별되고, 원산지 표시란에는 국내산으로 바르게 표시한 후 국내 유명 특산물의 생산지역명을 표시한 포장재를 사용한 행위는 원산지를 혼동하게 할 우려가 있는 표시를 하는 행위에 해당한다.

2) 사실 관계

피고인은 2011. 10.경부터 2012. 10. 22.경까지 경북 안동시에 있는 대원상회 등으로부터 구입한 '경북 예천산'이 아닌 팥, 찹쌀 등 80,000kg 상당(이하 '이 사건 농산물')을 위조된 예천농업협동조합(이하 '예천농협')의 상표가 표시된 포장지에 넣어 포장한 후 마치 원산지가 '경북 예천군'인 것처럼 표시하여 학교급식업체 등에 판매하여 709곳의 학교, 38곳의 병원 등에 유통되게 하는 등 원산지 표시를 거짓으로 하였다.

6. 【대법원 2014. 2. 13. 선고 2011도10727 판결】

1) 판결 요지

(1) 관세법 제50조 제1항 [별표] 관세율표 중 '관세율표의 해석에 관한 통칙' 제2호 가목, 제241조 제1항, 구 관세법 제85조 제1항, 제276조 제1항 제4호, 관세법 시행령 제99조 제1항, 제246조 제1항 제3호, 제2항 제1호, 제2호, '품목분류 적용기준에 관한 고시'(관세청 고시) 중 HS 관세율표 해설 통칙 2의 (가) (I), 구 대외무역법 제33조 제1항, 구 대외무역법 시행령 제55조, 구 대외무역관리규정(지식경제부 고시) 제75조 제1항 및 [별표 8], 제82조 제1항 본문 및 제3호, 제85조 제2항 본문의 문언 내용과 체계 및 입법 취지 등을 고려하여 보면, 수입 단계에서 제시된 미완성 물품이 완성된 물품 자체는 아니라 하더라도 이미 완성된 물품의 '본질적 특성'을 지닌 물품으로 평가되는 경우에는 완성된 물품과 동일한 호에 분류하여야 하지만, 제시된 미완성 물품이 아직 완성된 물품의 본질적 특성을 갖추지 못한 상태에서 수입 후 국내에서의 가공과정을 통하여 그 물품의 세번과 상이한 세번인 완성된 물품이 생산되는 경우, 즉 '실질적 변형'을 일으키는 제조공정에 투입되는 부품으로서 실수요자가 직접 수입하는

경우에는, 미완성 물품은 완성된 물품이 아닌 부분품의 호에 분류되어야 하며 관련 규정에 따라 (원산지 표시 대상물품인 경우라 하더라도 그) 원산지 표시를 하지 아니할 수 있다고 보아야 한다.

(2) 피고인들이 원산지 표시 대상물품인 미완성 램프를 수입하면서 품명 및 원산지 표시 유무를 허위로 신고하였다고 하여 구 관세법 위반으로 기소된 사안에서, 미완성 램프가 완제품 램프와 동일한 품목번호에 분류될 수 없고 국내에서 가공공정을 통하여 실질적 변형이 일어난 것으로서 원산지 표시가 면제된다고 보아 무죄를 선고한 원심판단의 결론을 정당하다.

(3) 피고인들이 미완성 램프를 수입한 후 국내 가공공정을 통하여 생산한 완제품 램프의 원산지를 국내산으로 기재하는 방법으로 원산지를 거짓으로 표시하거나 오인하게 하는 표시를 하였다고 하여 구 대외무역법 위반으로 기소된 사안에서, 완제품 램프의 총 제조원가 및 '수입원료'인 미완성 램프의 CIF(Cost, Insurance and Freight) 가격기준에 의한 수입원가를 산정하기에 적합한 객관적 · 합리적 증거에 기초하여 완제품 램프의 총 제조원가 중 '수입원료의 수입가격' 내지 이를 공제한 국내 제조원가의 비율을 산정하여야 함에도, 피고인들이 제출한 '제조원가표'의 기재에 근거하여 우리나라를 완제품 램프의 원산지로 볼 수 있다는 이유로 무죄를 선고한 원심판결에 구 대외무역관리규정 제86조 제2항 제1호 규정에 의한 '수입원료의 수입가격'의 적용범위에 관한 법리오해 등의 위법이 있다.

2) 사실 관계

피고인은 2006. 8. 19. 중국에서 램프의 주요한 특성을 갖춘 Half-Finished Energy Lamp(In Ballast Type) 56,000개를 수입한 다음, 위 물품에 케이스 및 베이스를 단순 부착한 다음, 피고인 2 회사에서 자체 제작한 제품의 케이스에 중국산으로 표시하지 않은 채 한글표시사항을 기재하거나 'Made In Korea'라고 기재하였다. 이를 비롯하여 피고인은 그때부터 2009. 2. 26.까지 위와 같은 방법으로 원심 판시 별지 피고인 2 회사 안정기내장형램프 원산지허위표시 판매내역과 같이 총 221회에 걸쳐 안정기내장형 램프 9,586,291개의 원산지를 거짓으로 표시하거나 원산지를 오인하게 하는 표시를 하였다.

7. 【대법원 2015. 4. 9. 선고 2014도14191 판결】

1) 판결 요지

(1) 농수산물의 원산지 표시에 관한 법률 제6조 제1항 제1호, 제3항, 제14조, 농수

산물의 원산지 표시에 관한 법률 시행령 제5조 제1항 [별표 1], 농수산물의 원산지 표시에 관한 법률 시행규칙 제4조 [별표 5], 인삼산업법 제15조 제1항, 인삼산업법 시행령 제3조의2, 농수산물 품질관리법 제2조 제1항 제8호, 제32조 제1항, 농수산물 품질관리법 시행령 제12조 본문, 단서의 내용을 종합하여 보면, 홍삼과 같은 농산물 가공품의 경우 원재료인 수삼의 원산지가 모두 국내산이라면 원산지를 '국산'이라고 표시할 수 있고, 그러한 홍삼을 원재료로 하는 홍삼절편의 경우도 마찬가지이다.

(2) 홍삼절편과 같은 농산물 가공품의 경우 특별한 사정이 없는 한 제조 · 가공한 지역의 명칭을 제품명에 사용하는 것도 법령상 허용되고 있다. 여기에다 인삼류는 농산물 품질관리법에서 명성 · 품질 등이 본질적으로 국내 특정 지역의 지리적 특성에 기인하는 농산물로는 취급되지 않고 있다는 점과 형벌법규는 문언에 따라 엄격하게 해석 · 적용하여야 하고 피고인에게 불리한 방향으로 확장해석하거나 유추해석하여서는 아니 된다는 점까지 더하여 보면, 국내 특정 지역의 수삼과 다른 지역의 수삼으로 만든 홍삼을 주원료로 하여 특정 지역에서 제조한 홍삼절편의 제품명이나 제조 · 판매자명에 특정 지역의 명칭을 사용하였다고 하더라도 이를 곧바로 '원산지를 혼동하게 할 우려가 있는 표시를 하는 행위'라고 보기는 어렵다.

2) 사실 관계

피고인들이 2010년 1월경부터 2013년 11월경 사이에 ㅇㅇ산 수삼과 국내 기타 지역산 수삼으로 만든 홍삼을 주원료로 '봉밀ㅇㅇ홍삼절편' 제품(이하 '이 사건 제품'이라 한다)을 제조하고 포장박스 앞면에 제품명은 '봉밀ㅇㅇ홍삼절편', 판매자는 'ㅇㅇ인삼농협', 박스 오른쪽 상단에는 '대한민국 특산품'이라고 기재하고, 인터넷 광고 등을 통하여 'ㅇㅇ는 사면이 바다로 둘러싸여 있어 해양성 기후로 ~중략~ 홍삼제조 시 최상급인 천지삼 비율이 높게 나타나므로 홍삼원료를 생산하는 6년근 인삼의 본고장으로 명성이 나게 된 것임' 등으로 광고를 하여 위 제품이 마치 △△ ㅇㅇ군에서 수확한 ㅇㅇ 인삼을 사용하여 만든 지역 특산품인 것처럼 표시, 광고를 하면서 이를 인터넷 등을 통하여 판매함으로써 원산지를 혼동하게 할 우려가 있는 표시를 하는 행위를 하였다.

8. 【대법원 2002. 7. 26. 선고 2001도4245 판결】

1) 판결 요지

수입물품의 생산, 제조, 가공과정에 2 이상의 국가가 관련된 경우에는 최종적으로 실질적 변형을 행하여 그 물품의 본질적 특성을 부여하는 활동을 수행한 국가를 당해 물품의 원산지로 할 것인데 '실질적 변형'이라 함은 당해 국에서 제조, 가공과정을 통하여 원재료의 세번과 상이한 세번(HS 6단위 기준)의 제품을 생산하는 것을 말한다고 전제하고, 신국제통일상품분류제도(HS, Harmonized Commodity Description and Coding System)에 있어서의 HS관세율표 해설서 등에 의할 때, 당초 중국에서 제조되어 북한으로 보내진 미완성 면타올은 위 분류에 의하면 테리타올지 직물로서 세번 HS5802에 해당하고 북한에서 이 미완성 면타올에 테두리 봉제작업을 함으로써 세번 HS6302에 해당하는 완제품이 된 결과, 세번의 변경을 가져오는 실질적 변형이 북한에서 이루어졌다고 볼 것이며, 한편 이러한 북한에서의 테두리 봉제작업은 산업자원부고시 대외무역관리규정 제6-3-1조 제7항 소정의 최소가공에도 해당하지 아니한다고 보아, 위 면타올의 원산지를 북한으로 정확히 표시하여 수입한 피고인들이 원산지를 허위로 표시하였다거나 관세율 등에 관한 허위신고를 한 것이라고 할 수 없다.

2) 사실 관계

피고인 1이 북한에 보낸 타올의 상태는 테두리 봉제작업만을 하지 아니한 사각형의 미완성 타올이었는데, 피고인들이 중국에서 생산된 이 사건 미완성 면타올과 봉제에 필요한 실(사각 테두리 사용), 원산지표시 라벨(MADE IN D.P.R. KOREA), 포장용기 등 원·부자재 일체를 북한으로 반출하여 테두리 봉제작업을 하여 면타올을 완성한 후 그 완성품을 중국의 단동세관의 보세구역을 통하여 대련항을 출발하여 부산항으로 반입하였다.

9. 【대법원 2010. 10. 14. 선고 2009도8874 판결】

1) 판결 요지

구 대외무역법 제38조의 규정 취지는 외국산 물품을 국산 물품으로 가장하여 수출하거나 외국에서 판매하는 행위를 금지함으로써 공정한 거래질서를 확립하고 외국산 물품이 외국에서 국산 물품으로 둔갑하여 유통됨에 따른 국산 물품의 신용도 하락 등을 방지하기 위한 것에 있는 점, 위 규정에서 정한 '원산지증명서를 위조 또는 변조하는 것', '거짓된 내용으로 원산지증명서를 발급받는 것', '물품 등에 원산지를 거짓으로 표시하는 것'은 모두 '외국에서 생산된 물품 등의 원산지가 우리나라인 것처럼 가장하여 그 물품을 수출하거나 외국에서 판매하기 위한 방법'을 예시한 데 불과한 점, 수출업자가 스스로 거짓된 내용의 원산지증명서를 발급하여 물품을 수출하는 행위와 원산지증명서 발급기관으로부터 거짓된 내용의 원산지증명서를 발급받아 물품을 수출하는 행위, 거짓된 원산지증명서를 물품과 함께 수출하는 행위와 물품 등에 원산지를 거짓으로 표시하여 수출하는 행위는 모두 외국산 물품을 국산 물품으로 가장하여 수출하는 방법이라는 면에서는 본질적인 차이가 없는 점 등에 비추어, 갑 회사의 대표이사인 을이 중국에서 수입한 마른 고추를 단순 가공한 중국산 고춧가루를 수출하면서 원산지를 대한민국으로 표시한 거짓된 내용의 원산지증명서를 발급한 후 이를 선적서류에 첨부하여 거래은행에 제출함으로써 그 원산지증명서가 해당 수출품과 함께 수입업자에게 교부되도록 한 경우에도 위 규정에서 금지하는 '외국에서 생산된 물품 등의 원산지가 우리나라인 것처럼 가장하여 물품을 수출한 행위'에 해당한다.

2) 사실 관계

피고인은 2007. 5. 22.경 위 피고인 2 주식회사 사무실에서 중국으로부터 수입된 건고추를 단순 가공한 후 대만 나이스인터내셔널(NICECO INTERNATIONAL CORP)로 수출하는 중국산 고춧가루 15,000kg, 시가 66,263,673원 상당에 대한 원산지증명서를 작성하면서 그 원산지를 "THE REPUBLIC OF KOREA"라고 허위로 기재한 후 신용장 개설은행인 한국외환은행 음성지점에 송부해주어 위 수출품의 원산지가 우리나라인 것처럼 가장하여 위 물품을 수출하였다.

제 2 절 국내산업의 보호조치와 수출입질서의 확립

Ⅰ. 국내산업의 보호조치

1. 수입수량 제한조치

대외무역법 제39조 제1항에 따라 산업부장관은 특정 물품의 수입 증가로 인하여 같은 종류의 물품 또는 직접적인 경쟁 관계에 있는 물품을 생산하는 국내산업이 심각한 피해를 입고 있거나 입을 우려가 있음이 무역위원회의 조사를 통하여 확인되고 심각한 피해등을 구제하기 위한 조치가 건의된 경우로서 그 국내산업을 보호할 필요가 있다고 인정되면 그 물품의 국내산업에 대한 심각한 피해등을 방지하거나 치유하고 조정을 촉진하기 위하여 필요한 범위에서 물품의 수입수량을 제한하는 조치를 시행할 수 있다.[17] 여기에서 산업부장관이 수입수량을 제한하는 경우 그 제한수량은 최근의 대표적인 3년 간의 수입량을 연평균수입량으로 환산한 수량(이하 "기준 수량") 이상으로 하여야 하는데, 이 경우 최근의 대표적인 연도를 정할 때에는 통상적인 수입량과 비교하여 수입량이 급증하거나 급감한 연도는 제외한다(대외무역령 제68조제1항).[18] 하지만 기준수량 이상으로 수입수량 제한조치를 하는 경우 해당 산업의 심각한 피해를 방지하거나 구제하기 어렵다고 명백하게 인정되는 경우에는 기준수량 미만으로 수입수량을 제한할 수 있다(대외무역령 제68조제2항).

실제로 수입수량제한조치를 시행하려면 정부는 이해 당사국과 수입수량제한조치의 부정적 효과에 대한 적절한 무역보상에 관하여 협의할 수 있고, 수입수량제한조치는 조치 시행일 이후 수입되는 물품에만 적용하며, 수입수량제한조치의 적용 기간은 4년을 넘어서는 아니 되고, 산업부장관은 수입수량제한조치의 대상 물품, 수량, 적용기간 등을 공고하여야 한다(대외무역법 제39조제2항 내지 제6항)

한편, 산업부장관은 수입수량제한조치의 대상이었거나 관세법 제65조에 따른 긴급관세(이하 "긴급관세") 또는 같은 법 제66조에 따른 잠정 긴급관세(이하 "잠정긴급관세")

---

17) 산업부장관은 무역위원회의 건의, 해당 국내산업 보호의 필요성, 국제통상 관계, 수입수량제한조치의 시행에 따른 보상수준 및 국민경제에 미치는 영향 등을 검토하여 수입수량제한조치의 시행 여부와 내용을 결정하는데, 수입수량제한조치의 시행 여부를 결정하기 위하여 필요하다고 인정하면 관계 행정기관의 장 및 이해관계인 등에게 관련 자료의 제출 등 필요한 협조를 요청할 수 있다(대외무역법 제39조제2항·제7항).

18) 산업부장관은 제한되는 수입수량을 각 국가별로 할당할 수 있다(대외무역령 제68조제3항).

의 대상이었던 물품에 대하여는 그 수입수량제한조치의 적용기간, 긴급관세의 부과기간 또는 잠정긴급관세의 부과기간이 끝난 날부터 그 적용 기간 또는 부과기간에 해당하는 기간(적용기간 또는 부과기간이 2년 미만인 경우에는 2년)이 지나기 전까지는 다시 수입수량제한조치를 시행할 수 없지만, 다음과 같은 요건을 모두 충족하는 경우에는 180일 이내의 수입수량제한조치를 시행할 수 있다(대외무역법 제39조제8항):

① 해당 물품에 대한 수입수량제한조치가 시행되거나 긴급관세 또는 잠정긴급관세가 부과된 후 1년이 지날 것;
② 수입수량제한조치를 다시 시행하는 날부터 소급하여 5년 안에 그 물품에 대한 수입수량제한조치의 시행 또는 긴급관세의 부과가 2회 이내일 것.

2. 수입수량제한조치에 대한 연장 등

대외무역법 제40조 제1항에 따라 산업원부장관은 무역위원회의 건의가 있고 필요하다고 인정하면 수입수량제한조치의 내용을 변경하거나 적용기간을 연장할 수 있는데,[19] 이 경우 변경되는 조치 내용 및 연장되는 적용기간 이내에 변경되는 조치 내용은 최초의 조치 내용보다 완화되어야 한다. 그리고 수입수량제한조치의 적용기간을 연장하는 때에는 수입수량제한조치의 적용기간과 긴급관세 또는 잠정긴급관세의 부과기간 및 그 연장기간을 전부 합산한 기간이 8년을 넘어서는 아니 된다(대외무역법 제40조제2항).

Ⅱ. 수출입의 질서 확립

1. 수출입 물품등의 가격 조작 금지

무역거래자는 외화도피의 목적으로 물품등의 수출 또는 수입 가격을 조작(造作)하여서는 아니 된다(대외무역법 제43조). 이에 따라 물품등의 수출과 수입의 가격을 조작한 자는 5년 이하의 징역 또는 수출·수입하는 물품등의 가격의 3배에 해당하는 금액 이하의 벌금에 처한다(대외무역법 제53조제2항).

19) 산업부장관은 시행 중인 수입수량 제한조치에 대하여 무역위원회가 그 조치 내용의 변경이나 적용기간의 연장을 건의하면 그 건의가 접수된 날부터 1개월 이내(연장의 경우 대외무역법 제39조 제1항에 따른 수입수량 제한조치의 적용기간이 끝나는 날 이전)에 그 조치의 변경이나 조치 기간의 연장 여부를 결정하고 그 내용을 무역위원회에 통보하여야 한다(대외무역령 제69조).

2. 무역거래자간 무역분쟁의 신속한 해결

1) 무역분쟁해결의 원칙

무역거래자는 그 상호 간이나 교역상대국의 무역거래자와 물품등의 수출·수입과 관련하여 분쟁이 발생한 경우에는 정당한 사유 없이 그 분쟁의 해결을 지연시켜서는 아니 되고, 분쟁이 발생한 경우[20] 산업부장관은 무역거래자에게 분쟁의 해결에 관한 의견을 진술하게 하거나 그 분쟁과 관련되는 서류의 제출을 요구할 수 있으며, 산업부장관은 서류를 제출받거나 의견을 들은 후에 필요하다고 인정하면 그 분쟁에 관하여 사실 조사를 할 수 있고, 산업부장관은 분쟁을 신속하고 공정하게 처리하는 것이 필요하다고 인정하거나 무역분쟁 당사자의 신청을 받으면 분쟁을 조정하거나 분쟁의 해결을 위한 중재(仲裁) 계약의 체결을 권고할 수 있다(대외무역법 제44조).

2) 선적 전 검사와 관련한 분쟁 조정 등

수입국 정부와의 계약 체결 또는 수입국 정부의 위임을 받아 기업이 수출하는 물품등에 대하여 국내에서 선적 전에 검사를 실시하는 기관(이하 "선적전검사기관")은「세계무역기구 선적 전 검사에 관한 협정」을 지켜야 하는데, 이 경우 선적전검사기관은 선적 전 검사가 기업의 수출에 대한 무역장벽으로 작용하도록 하여서는 아니 된다(대외무역법 제45조제1항). 그리고 산업부장관은 선적 전 검사와 관련하여 수출자와 선적전검사기관 간에 분쟁이 발생하였을 경우에는 그 해결을 위하여 필요한 조정(調整)을 할 수 있다(대외무역법 제45조제1항). 여기에서 분쟁에 관한 중재(仲裁)를 담당할 수 있도록 독립적인 중재기관을 설치할 수 있는데(대외무역법 제45조제3항), 선적전검사중재기관은 대한상사중재원으로 하고, 중재에 대하여는 중재법을 적용한다(대외무역령 제85조). 그리고 선적전검사기관이 선적 전 검사를 하면서「세계무역기구 선적 전 검사에 관한 협정」제2조를 위반하여 수출 이행에 장애를 초래하였을 때에 그 선적 전 검사는 무역장벽으로 작용한 것으로 간주한다(대외무역령 제76조). 하지만 선적 전 검사와 관련한 분쟁의 해결절차는 세계무역기구협정상의 분쟁 해결절차를 방해하지 아니한다(대외무역령 제86조).

3) 조정명령

대외무역법 제46조 제1항에 따라 산업부장관은 다음에 같은 경우에는 무역거래자에게 수출하는 물품등의 가격, 수량, 품질, 그 밖에 거래조건 또는 그 대상지역 등에

---

20) 무역거래 또는 선적 전 검사와 관련한 분쟁이 발생한 경우 당사자의 일방 또는 쌍방은 산업부장관에게 분쟁의 조정을 신청할 수 있다(대외무역령 제80조제1항). 그리고 산업부장관은 조정을 위하여 관계 전문가에게 자문하거나 이해관계자 등의 의견을 들을 수 있다(대외무역령 제80조제3항).

관하여 필요한 조정(調整)을 명할 수 있는데,[21] 조정을 명하는 경우 산업부장관은 기업의 영업비밀 보호를 침해할 우려 등의 특별한 사유가 없으면 조정을 명하는 이유, 대상, 내용 등을 공고하여야 한다(대외무역령 제88조제2항):

① 헌법에 따라 체결·공포된 조약과 일반적으로 승인된 국제법규에 따른 의무 이행을 위하여 필요한 경우;
② 우리나라 또는 교역상대국의 관련 법령에 위반되는 경우;
③ 그 밖에 물품등의 수출의 공정한 경쟁을 교란할 우려가 있거나 대외 신용을 손상하는 행위를 방지하기 위한 것으로서 다음 각 목의 어느 하나에 해당하는 경우:
㉮ 물품등의 수출과 관련하여 부당하게 다른 무역거래자를 제외하는 경우;
㉯ 물품등의 수출과 관련하여 부당하게 다른 무역거래자의 상대방에 대하여 다른 무역거래자와 거래하지 아니하도록 유인하거나 강제하는 경우;
㉰ 물품등의 수출과 관련하여 부당하게 다른 무역거래자의 해외에서의 사업활동을 방해하는 경우.

여기에서 산업부장관 조정명령을 하려면 청문을 하여야 한다(대외무역법 제47조).

3. 위반행위에 대한 과태료 부과

다음에 해당하는 자에게는 2천만원 이하의 과태료를 부과한다(대외무역법 제59조제1항):

① 산업부장관이 무역거래자에게 분쟁과 관련되는 서류의 제출을 요구 명령을 위반하여 관련되는 서류를 제출하지 아니한 자
② 산업부장관이 서류를 제출받거나 의견을 들은 후에 필요하다고 인정하여 그 분쟁에 관하여 수행하는 사실 조사를 거부, 방해 또는 기피한 자.

21) 산업원부장관은 조정을 명하는 경우에는 다음과 같은 사항을 고려하여야 한다(대외무역법 제46조제2항). ① 수출기반의 안정, 새로운 상품의 개발 또는 새로운 해외시장의 개척에 기여할 것; ② 다른 무역거래자의 권익을 부당하게 침해하거나 차별하지 아니할 것; ③ 물품등의 수출·수입의 질서 유지를 위한 목적에 필요한 정도를 넘지 아니할 것. ▶산업부장관은 조정을 명하는 경우에 필요하다고

부록 관세사 시험 기출문제

◆ **2024년도 41회**

(10점)

[문제 1] 대외무역법령상 수입수량제한조치(세이프가드조치)와 관련하여 (1) 수입수량제한조치의 시행대상물품 등의 공고에서 적용 시기, 적용 기간, 공고 대상에 대해 쓰고, (2) 수입수량제한조치 시행의 제한에 대하여 쓰시오.

◆ **2023년도 40회**

(20점)

[문제 4] 다음 물음에 답하시오.

물음 1) 대외무역법령상 원산지의 표시 등과 관련하여 (1) 수출입 물품의 원산지 표시방법(시행령 제56조제1항) 4가지를 쓰고, (2) 수입된 원산지표시대상물품에 대하여 "대통령령으로 정하는 단순한 가공활동(시행령 제55조제2항)"이란 무엇인지 쓰시오. (10점)

◆ **2022년도 39회**

(20점)

[문제 4] 다음 물음에 답하시오.

물음 1) 대외무역법령상 전략물자의 수출입과 관련하여 (1) 대통령령으로 정하는 국제수출통제체제(시행령 제32조) 7가지와 (2) 자율준수무역거ㅅ래자로 지정받기 위해 갖춰야 할 대통령령으로 정하는 능력(시행령 제43조 제2항) 3가지를 각각 쓰시오. (10점)

◆ **2021년도 38회**

(10점)

[문제 5] 대외무역법령상 수출입승인의 유효기간을 달리 정할 수 있는 사유 4가지를 쓰시오.

◆ 2020년도 37회

(10점)

[문제 4] 대외무역법령상 권한의 위임과 위탁에 관한 다음 물음에 답하시오.

물음 1) 관세청장에 위탁된 권한 4개를 쓰시오. (4점)

물음 2) 세관장에게 위탁된 권한 6개를 쓰시오. (6점)

◆ 2019년도 36회

(10점)

[문제 5] 대외무역법령 및 관리규정상의 수출입승인의 요건과 전략물자 수출허가의 기준을 각각 설명하시오.

◆ 2018년도 35회

(10점)

[문제 5] 대외무역법령상 '수출'과 관세법상 '수출'의 개념과 차이점에 대하여 설명하시오.

◆ 2017년도 34회

(10점)

[문제 6] 대외무역법 제5조에 따른 물품등의 수출입의 제한 또는 금지사유를 설명하시오.

◆ 2016년도 33회

(10점)

[문제 5] 대외무역법령상 구매확인서의 정의와 발급절차, 구매확인서와 내국신용장의 차이점, 구매확인서의 전자발급 의무화에 대하여 설명하시오.

◆ 2015년도 32회

(10점)

[문제 5] 대외무역법령상 특정거래 형태의 수출입의 종류와 내용을 설명하시오.

◆ 2014년도 31회

(10점)

[문제 2] 대외무역법에 의하면, 수출자와 선적 전 검사기관 간에 분쟁이 발생할 경우에는 그 해결을 위하여 필요한 조정(調整)을 할 수 있도록 규정하고 있다. 이 경우 ① 선적 전 검사가 무역장벽으로 간주되는 경우, ② 조정안의 작성(제시 시기와 기재내용 포함), ③ 조정안의 통지, ④ 조정이 종료되는 경우를 대외무역법령에 의하여 설명하시오.

◆ 2013년도 30회

(10점)

[문제 5] 대외무역법령상에 나타난 원산지 판정 절차 및 이의제기에 대하여 설명하시오.

제4장 외환행정의 기본적 이해

제 1 절 외환법규의 기초이론

Ⅰ. 외환행정의 임무 및 영역과 외환정책

1. 외환행정의 임무

외국환거래법(이하 '외환법'이라 한다)은 제1조에서 "이 법은 외국환거래 기타 대외거래의 자유를 보장하고 시장기능을 활성화하여 대외거래의 원활화 및 국제수지의 균형과 통화가치의 안정을 도모함으로써 국민경제의 건전한 발전에 이바지함에 있다."라고 그 입법목적을 밝히고 있다.

"외국환거래 기타 대외거래의 자유를 보장하고 시장기능을 활성화하여"라는 법문의 의미는 외국환거래 및 기타 대외거래에 대한 국가의 간섭, 즉 외국환행정의 수단적 원칙을 천명하는 것으로 해석할 수 있다. 이것은 1999. 3. 31. 이전까지 시행되었던 외국환관리법이 그 입법목적으로 "이 법은 외국환과 그 거래 기타 대외거래를 합리적으로 조정 또는 관리함으로써……"라고 규정하였던 조문의 연혁을 고려해 볼 때 보다 명확해진다.

"대외거래의 원활화 및 국제수지[1]의 균형[2]과 통화가치[3]의 안정을 도모"한다는 의미는 외국환거래 및 기타 대외거래에서 시장기능의 자율성을 보장하되 시장기능이 실패할 경우 국가가 국제수지의 균형과 통화가치의 안정을 유지할 목적으로

1) 국제수지는 성장, 물가, 환율 등의 기초거시변수에 영향을 주고 동시에 이들 기초거시변수로부터 영향을 받는다. 또한 국제수지는 기업 활동에 영향을 주는 경제 및 금융환경 조성에 중요한 변수로 작용한다. 따라서 국제수지는 정부의 경제 정책뿐만 아니라 개별기업이나 일반투자자들의 생산 및 투자결정에도 고려해야 하는 중요한 자료이다. 국제수지의 주요 항목별 구성 내용 역시 관심의 대상이 된다. 예를 들어 한 나라의 수출구조가 특정한 상품에 편중되어 있거나 일부 지역에 편중되어 있는 경우에는 지속적인 수출 가능성이 취약해진다. 일반적으로 국제수지 가운데 경상수지 구조가 취약하면 그 나라의 대외채무변제능력에 의문이 제기된다. 한 나라의 대외채무변제능력은 그 나라가 국제금융시장에서 필요한 외환조달의 여부를 결정하는 중요한 요인이다. 따라서 일국의 국제수지는 경제성장에 필요한 외국자본의 도입에서부터 외환위기에 노출된 취약성에 이르기까지 지대한 영향을 준다.

2) 경제학에서의 국제수지의 균형(equilibrium)은 회계학에서 말하는 균형(balance)과는 다른 개념이다. 국제수지를 크게 두 항목으로 구분하고, 첫 번째 항목의 합계가 (+)가 되면 흑자, (-)가 되면 적자, 0이면 균형이라고 한다.

3) 화폐가 지니는 구매력 또는 한 단위의 화폐가 재화 및 용역을 살 수 있는 능력을 의미하고 물가지수의 역수(逆數)로 표시된다.

외국환거래 및 기타 대외거래를 간섭한다는 규제행정의 목적으로 기능하는 준거가 된다. 이와 같은 입법목적은 "천재지변 · 전시 · 사변, 국내외 경제사정의 중대하고도 급격한 변동 기타 이에 준하는 사태의 발생으로 인하여 부득이하다고 인정되는 경우"에 기획재정부장관(이하 '기재부장관'이라 한다)에게 외국환거래의 정지등 조치권한을 부여하고 있는 외환법 제6조의 맥락에서 해석하면 그 의미가 보다 더 분명해진다.

2. 외환법규의 적용범위

외국환거래에서 시장기능의 자율성을 보장하고 국제수지의 균형과 통화가치의 안정을 도모하기 위한 규제행정의 준거로서 외환법은 그 입법목적을 달성하기 위하여 다음과 같은 거래 · 행위를 규율대상으로 하고 있다(외환법 제2조; 외환령 제2조):

❶ 대한민국에서의 외국환과 대한민국에서 하는 외국환거래, 그리고 이에 따른 거래 · 지급 또는 수령과 이와 직접 관련하여 행하여지는 지급수단 · 귀금속 · 증권 등의 취득 · 보유 · 송금 · 추심 · 수출 · 수입 등;
❷ 대한민국과 외국 간의 거래 또는 지급 · 수령, 그리고 이에 따른 거래 · 지급 또는 수령과 이와 직접 관련하여 행하여지는 지급수단 · 귀금속 · 증권 등의 취득 · 보유 · 송금 · 추심 · 수출 · 수입 등(외국에서 하는 행위로서 대한민국에서 그 효과가 발생하는 것을 포함한다);
❸ 외국에 주소 또는 거소를 둔 개인과 외국에 주된 사무소를 둔 법인이 행하는 거래로서 대한민국 통화(通貨)로 표시되거나 지급받을 수 있는 거래와 이에 따른 거래 · 지급 또는 수령과 이와 직접 관련하여 행하여지는 지급수단 · 귀금속 · 증권 등의 취득 · 보유 · 송금 · 추심 · 수출 · 수입 등;
❹ 대한민국에 주소 또는 거소를 둔 개인 또는 그 대리인, 사용인, 그 밖의 종업원이 외국에서 그 개인의 재산 또는 업무에 관하여 한 행위;
❺ 대한민국에 주된 사무소를 둔 법인의 대표자, 대리인, 사용인, 그 밖의 종업원이 외국에서 그 법인의 재산 또는 업무에 관하여 한 행위.

외환법의 규율대상과 관련하여 '추심'의 개념은 무역매매 당사자 간의 계약에 의거하여 수출업자가 상품을 선적한 후 거래은행을 통하여 관련서류를 첨부한 화환어음을 수입업자에게 제시하면 수입업자가 그 어음에 대한 지급 또는 인수를 하여 무역대금을 결제하는 방법을 말한다. 그리고 '수입'과 '수출'의 개념은 관세법상의 개념이 아니라 대외무역법상의 개념을 차용하고 있다(외환규정 제1-2조). 이에 따라 외환법상 수입의 규율범위[4]는 관세법상 수입의 규율범위보다 넓게 적용되고, 외환법상 수출의 규율범위[5]

도 마찬가지로 관세법상 수출의 규율범위보다 넓게 적용된다.

외환법과 다른 법률과의 적용관계와 관련하여 지급수단 · 귀금속 또는 증권의 수출입 절차에 대한 규율이 관세법의 그것과 상충되는 경우에는 '특별법우선의 원리'에 의하여 관세법의 적용이 배제된다. 그리고 외환법 제20조(보고 · 검사), 제23조(위임 · 위탁 등), 제24조(전자문서에 의한 허가 등) 및 제25조(사무처리 등) 제2항의 규정은 「금융거래실명및비밀보장에관한법률」(이하 '금융실명법') 제4조(금융거래의 비밀보장)의 규정에 우선하여 적용된다(외환법 제26조).

한편, 외환법의 내용적 법규체계는 외국환의 지급 · 수령의 원인행위법규와 그 지급 · 수령의 방법 및 절차법규로 구성되어 있는데, 경상거래(재화와 용역의 수출입거래)와 관련된 외국환의 지급 · 수령의 원인행위에 대한 규율은 대외무역법이 실체법적 지위를 갖게 된다. 따라서 외환법은 경상거래에 있어서 단지 그 외국환의 지급 · 수령의 방법 및 절차에 한해서만 실정법의 위치에 서게 된다. 또한, 외국인의 국내 직접투자와 관련된 외국환거래, 즉 국내 증권의 취득과 국내 기업에 대한 장기차관의 공여 등에 관한 사항은 외국인투자촉진법(이하 '외투법'이라 한다)의 특정한 규정이 우선 적용되므로 외투법이 외환법에 대한 특별법적 지위를 갖게 된다.

3. 통화가치의 안정에 관한 외환정책

1) 외환거래의 원활화에 대한 촉진과 제한

(1) 외환거래환율의 지정

외환법 제5조 제1항에 따라 기재부장관에게는 외국환거래에 관한 기준환율, 외국환의 매도율 · 매입률 및 재정환율을 지정할 수 있는 권한이 부여되는데, 이러한 환율지정 권한의 행사는 외국환거래의 원활화와 외국환거래질서의 확립을 위하여 필요한 경우

---

4) ① 매매, 교환, 임대차, 사용대차, 증여 등을 원인으로 외국으로부터 국내로 물품이 이동하는 것; ② 유상으로 외국에서 외국으로 물품을 인수하는 것으로서 산업부장관이 정하여 고시하는 기준에 해당하는 것; ③ 비거주자의 거주자에 대한 대외무역법상 용역을 산업부장관이 정하여 고시하는 방법으로 제공하는 것; ④ 비거주자의 거주자에 대한 대외무역법상 전자적 형태의 무체물을 정보통신망을 통한 전송 그 밖에 산업부장관이 정하여 고시하는 방법으로 인도하는 것.

5) ① 매매, 교환, 임대차, 사용대차, 증여 등을 원인으로 국내에서 외국으로 물품이 이동하는 것(우리나라의 선박으로 외국에서 채취한 광물 또는 포획한 수산물을 외국에 매도하는 것을 포함한다); ② 유상으로 외국에서 외국으로 물품을 인도하는 것으로서 산업부장관이 정하여 고시하는 기준에 해당하는 것; ③ 거주자의 비거주자에 대한 대외무역법상 용역의 제공으로서 산업부장관이 정하여 고시하는 방법으로 제공하는 것; ④ 거주자의 비거주자에 대한 대외무역법상 전자적 형태의 무체물을 정보통신망을 통한 전송 그 밖에 산업부장관이 정하여 고시하는 방법으로 인도하는 것.

로 제한된다. 외국환행정상 환율지정제도는 경제행정법상 직접적으로 경제생활에 국가가 규제적인 영향력을 행사하기 위하여 개입하는 경제지도의 수단이 된다. 그리하여 기재부장관이 외국환거래의 원활화와 외국환거래질서의 확립에 대한 필요성을 이유로 기준환율 등을 지정하였다면 외국환행정의 객체인 거주자와 비거주자는 그 지정환율에 따라 외국환거래를 하지 않으면 안 된다(외환법 제5조제2항).

(2) 외환거래 및 자본거래에 대한 비상조치

외국환행정상 외국환거래와 자본거래에 대한 비상조치는 경제행정법상 경제지도의 수단으로서 그 허용이 가능하지만 외국환행정의 목적과 그 목적을 실현하기 위한 수단(조치)은 합리적인 비례관계를 유지하여야 하기 때문에 동 비상조치권을 행사하는 경우에는 비례의 원칙 또는 과잉금지의 원칙이 준수되어야 할 것이다. 외환법 제6조 제1항에 따라 기재부장관에게 외국환거래에 대한 비상조치권한이 부여되는데, 그 발동요건은 천재지변, 전시·사변, 국내외 경제사정의 중대하고도 급격한 변동, 그 밖에 이에 준하는 사태가 발생하여 부득이 하다고 인정되는 경우로 제한된다. 그리고 비상조치권한의 내용은 ⓐ 외환법을 적용받는 지급 또는 수령, 거래의 전부 또는 일부에 대한 일시 정지, ⓑ 지급수단 또는 귀금속을 한국은행·정부기관·외국환평형기금·금융기관에 보관·예치 또는 매각하도록 하는 의무의 부과 등이다.

그런데 이러한 비상조치권한의 행사나 변경은 다음과 같은 방법에 따라 취하여야 한다. 앞서 설명한 ⓐ의 조치를 하는 경우에는 그 대상이 되는 지급 또는 수령, 거래의 범위 및 정지기간을 고시하여야 하고, 앞서 설명한 ⓑ의 조치를 하는 경우에는 그 대상·범위 및 기간을 고시하여야 한다(외환령 제11조제1항제1호·제2호). 만일 고시를 할 여유가 없는 긴급한 사유가 있는 경우에는 기재부장관은 비상조치를 즉시 시행할 수는 있으나 조치내용을 지체 없이 고시할 의무를 가지며, 비상조치를 해제하려는 경우에도 고시할 의무를 가진다. 비상조치권한의 행사는 특별한 사유가 없으면 6개월의 범위로 그 발동기간이 제한되며, 그 조치 사유가 소멸된 경우에는 그 조치를 즉시 해제하여야 하고, 외투법에 따른 외국인투자에 대하여는 그 적용이 배제된다(외환법 제6조제3항·제4항).

외환법 제6조 제2항에 따라 기재부장관에게 역시 자본거래에 대한 비상조치권한이 부여되는데, 그 발동요건은 국제수지 및 국제금융상 심각한 어려움에 처하거나 처할 우려가 있는 경우 또는 대한민국과 외국간의 자본 이동으로 통화정책, 환율정책, 그 밖의 거시경제정책을 수행하는 데에 심각한 지장을 주거나 줄 우려가 있는 경우로 제한된다. 그리고 비상조치권한의 내용은 자본거래를 하려는 자에게 ㉮ 허가를 받도록 하는 의무를 부과하거나, ㉯ 그 거래와 관련하여 취득하는 지급수단의 일부를 한국은행 · 외국환평형기금 또는 금융기관에 예치하도록 하는 의무를 부과하는 것이다. 이러한 비상조치권한의 행사나 변경은 다음과 같은 방법에 따라 취하여야 한다. 앞서 설명한 ㉮의 조치를 하는 경우에는 허가를 받아야 하는 자본거래의 종류 · 범위 · 기간 및 허가절차를 고시하여야 하고, 앞서 설명한 ㉯의 조치를 하는 경우에는 예치대상 · 예치비율[6] · 예치금리[7] · 예치기간 및 예치기관을 고시하여야 한다(외환령 제11조제1항제3호 · 제4호).

만일 고시를 할 여유가 없는 긴급한 사유가 있는 경우에는 기재부장관은 비상조치를 즉시 시행할 수는 있으나 조치내용을 지체 없이 고시할 의무를 가지며, 비상조치를 해제하려는 경우에도 고시할 의무를 가진다(외환령 제11조제3항 · 제4항). 비상조치권한의 행사는 특별한 사유가 없으면 6개월의 범위로 그 발동기간이 제한되며, 그 조치사유가 소멸된 경우에는 그 조치를 즉시 해제해야 하고, 외투법에 따른 외국인투자에 대하여는 그 적용이 배제된다(외환법 제6조제3항 · 제4항).

2) 외국환평형기금의 조성과 운용

외환법 제13조 제1항에 따라 설치하는 외국환평형기금의 목적은 외국환거래의 원활화에 있으며, 그 설치의 법적 근거는 국가재정법 제5조이다. 그리고 외국환평형기금의 조성과 운용은 내국지급수단 또는 대외지급수단으로 할 수 있다(외환법 제13조제5항).

(1) 외국환평형기금의 조성

외국환평형기금은 다음과 같은 조성재원으로 마련된다(외환법 제13조제2항): ① 정부로부터의 출연금 및 예수금, ② 외국환평형기금 채권의 발행에 의하여 조성된 자금, ③ 외국정부, 외국중앙은행, 그 밖의 거주자 또는 비거주자로부터의 예수금 또는 일시차입금, ④ 외환법에 따른 예수금, ⑤ 외환법에 따른 외환건전성부담금 및 가산금, ⑥ 외국환평형기금의 운용으로 발생하는 이자 등의 수입.

외국환평형기금 채권은 국채에 속하고 그 종류는 통화관리용 국채로 분류된다. 국채의 법적개념은 넓은 의미로는 국가가 시장경제주체에 대하여 부담하는 금전적 채무를 지칭하는 것으로 국고의 자금조달을 위하여 행하여지는 채무부담은 모두 포함된다. 좁은 의미의 개념은 국채법에서 규정한 국채를 말하는 것으로 기재부장관이 국가의 회계 · 기금 또는 특별계정의 부담으로 발행하는 것으로서 유가증권의 형태를 가진 채무를 말하고, 증권의 형태를 가지지 아니하는 차입금은 이에 포함되지 아니한다. 외국환평형기금 채권의 발행권한은 기재부장관에게 부여되며(외환법 제13조제7항), 그 발행방법

---

6) 국제수지 · 통화 · 환율동향 등을 종합적으로 고려하여 정한다(외환령 제11조제2항제1호).

7) 무이자로 하지만, 기재부장관이 원활하고 질서있는 외국환관리를 위하여 특히 필요하다고 인정하는 경우에는 예외로 한다(외환령 제11조제2항제2호).

은 모집 · 매출 또는 입찰에 의한다(외환령 제26조제1항). 그리고 외국환평형기금 채권의 원활한 발행을 위하여 필요하다고 인정되는 경우에 한하여 기재부장관은 한국은행, 외국환업무취급기관, 자본시장법에 따른 투자매매(중개)업자 · 집합투자업자 · 신탁업자 및 증권금융회사, 보험업법에 따른 보험회사 등으로 하여금 그 채권을 인수하게 할 수 있는 권한을 갖는다(외환령 제26조제2항).

외국환평형기금 채권의 발행으로 인한 원리금은 국가재정법에 정하는 절차에 의하여 일반회계 세계잉여금으로 이를 상환할 수 있으며, 그것으로 상환할 수 있는 금액은 외국환평형기금 채권의 이자에 그 이자 외의 외국환평형기금 운용손익을 더하거나 뺀 금액으로 한다(외환법 제14조).

(2) 외국환평형기금의 운용과 관리

외국환평형기금에 대한 운용과 관리의 주체는 기재부장관이 되며, 그 운용은 다음과 같은 방법으로 행한다(외환법 제13조제3항; 외환령 제25조제2항): ① 외국환의 매매, ① 한국은행 · 외국은행 · 외국중앙은행 또는 국내외 금융회사 등에의 예치 · 예탁 또는 대여, ③ 외국환업무취급기관의 외화채무로서 국가가 보증한 채무의 상환을 위하여 국가가 예비비 또는 추가경정예산에 의하여 지급하기 전까지 국가를 대신하여 일시적으로 하는 지급, ④ 한국은행 · 외국환업무취급기관 또는 외국금융기관의 외국환거래에 따른 채무의 보증이나 파생상품에 대한 거래 또는 외국환업무취급기관 등에 대한 위탁을 통한 방법.

한편, 기재부장관은 외국환평형기금의 수입과 지출을 명확하게 하기 위하여 한국은행에 외국환평형기금계정을 설치하여야 하고, 외국환평형기금을 원화자금과 외화자금으로 운용할 수 있다(외환령 제27조제1항·제2항). 그리고 외국환평형기금이 보유하는 외화자금의 가액은 환율에 의하여 평가하되, 이로 인한 손익은 해당 손익이 발생한 이후 최초로 도래하는 결산기에 이를 평가익 또는 평가손으로 처리해야 한다(외환령 제27조제4항).

3) 의무위반에 대한 형사제재

(1) 불법외환거래죄

외환법이 정하는 기준환율 등에 따르지 아니하고 거래하는 경우에는 불법외국환거래죄가 성립하는데, 불법외국환거래죄에 대한 형벌제재는 5년 이하의 징역 또는 5억원 이하의 벌금에 처하되, 위반행위의 목적물의 가액의 3배가 5억원을 초과한다면 그 벌금을 목적물 가액의 3배 이하로 한다(외환법 제27조제1항). 본죄는 징역과 벌금을 병과할 수 있으며(외환법 제27조제2항), 몰수 및 추징과 양벌규정도 적용된다(외환법 제30조·제31조). 그러나 미수행위에 대한 가벌성은 없다.

(2) 외환거래 하명의무위반죄

기재부장관이 조치를 취한 지급 또는 수령, 거래의 전부 또는 일부에 대한 일시 정지 명령을 위반하여 지급 또는 수령이나 거래를 하는 경우와 기재부장관이 부과한 지급수단 또는 귀금속의 한국은행 · 정부기관 · 외국환평형기금 · 금융기관에 보관 · 예치 또는 매각 의무를 위반하는 경우, 그리고 기재부장관이 허가를 받도록 하는 의무를 부과한 자본거래를 허가를 받지 아니하거나 거짓이나 그 밖의 부정한 방법으로 허가를 받고 자본거래를 하는 경우에는 외국환거래 하명의무위반죄가 성립하는데, 외국환거래의 하명의무위반죄에 대한 형벌제재는 5년 이하의 징역 또는 5억원 이하의 벌금에 처하되, 위반행위의 목적물의 가액의 3배가 5억원을 초과한다면 그 벌금을 목적물 가액의 3배 이하로 한다(외환법 제27조 제1항). 본죄는 징역과 벌금을 병과할 수 있으며(외환법 제27조제2항), 몰수 및 추징과 양벌규정도 적용된다(외환법 제30조 · 제31조). 그러나 미수행위에 대한 가벌성은 없다.

4. 외환거래의 비밀보장의무와 의무위반행위에 대한 형사제재

1) 외환거래의 비밀보장의무

외환법 제22조에 따라 외환법에 따른 허가 · 인가 · 등록 · 신고 · 보고 · 통보 · 중개(仲介) · 중계(中繼) · 집중(集中) · 교환 등의 업무에 종사하는 사람은 그 업무와 관련하여 알게 된 정보를 금융실명법 제4조에서 정하는 경우를 제외하고는 외환법에서 정하는 용도가 아닌 용도로 사용하거나 다른 사람에게 누설하는 것을 금지하는 비밀보장의무를 진다.

2) 의무위반에 대한 형사제재

외국환거래의 비밀보장의무위반죄에 대한 형벌제재는 2년 이하의 징역 또는 2억원 이하의 벌금에 처한다(외환법 제28조제1항). 본죄는 징역과 벌금을 병과할 수 있으며(외환법 제28조제2항), 양벌규정도 적용된다(외환법 제31조). 그리고 본죄의 공소시효는 5년이다(형소법 제249조제1항).

Ⅱ. 외국환의 법적개념과 외환거래의 행위주체

1. 외국환의 법적개념

자금이 부족한 경제주체(자금수요자)와 자금의 여유가 있는 경제주체(자금공급자)

간의 자금거래가 국경을 넘어서 이루어지는 것을 의미하는 국제금융에서 주요한 거래 목적물은 우리나라의 입장에서 보면 '외국환'(foreign exchange)이 된다. 외국환은 외국환행정상 물적 규율대상으로서 그 적용범위는 대외지급수단, 외화증권, 외화파생상품 및 외화채권이 해당된다(외환법 제3조제1항제13호).

1) 대외지급수단

대외지급수단의 규율범위는 외국통화, 외국통화로 표시된 지급수단, 그 밖에 표시통화에 관계없이 외국에서 사용할 수 있는 지급수단이 해당한다(외환법 제3조제1항). 통화(通貨)가 어느 한 나라 안에서 실제로 통용되고 있는 모든 화폐를 뜻하고 우리나라의 통화가 아닌 통화는 응당 외국통화가 되는 것이므로 외국통화의 의미는 대한민국의 법정통화인 원화(貨)를 제외한 다른 나라의 법정통화이다. 그리고 지급수단의 법적 개념은 ⓐ 정부지폐 · 은행권 · 주화 · 수표 · 우편환 · 신용장과 ⓑ 환어음 · 약속어음 · 여행자카드[8] · 상품권 기타 지급받을 수 있는 내용이 표시된 우편 또는 전신에 의한 지급지시 등을 말한다. 그러나 금화라고 하더라도 액면가격을 초과하여 매매된다면 그 금화는 더 이상 화폐의 기능을 상실하는 것이므로 주화에서 제외되면서 지급수단의 규율범위를 벗어나게 된다.

2) 외화증권

외화증권이란 외국통화로 표시된 증권 또는 외국에서 지급받을 수 있는 증권을 말한다. 증권의 법적 개념은 내국인 또는 외국인이 발행한 금융투자상품으로서 투자자가 취득과 동시에 지급한 금전 등 외에 어떠한 명목으로든지 추가로 지급의무(투자자가 기초자산에 대한 매매를 성립시킬 수 있는 권리를 행사하게 됨으로써 부담하는 지급의무를 제외한다)를 부담하지 아니하는 것과 무기명양도성예금증서, 그 밖에 재산적 가치가 있는 권리가 표시된 증권 또는 증서로서 투자의 대상으로 유통될 수 있는 것을 의미한다(외환법 제3조제1항제7호).

3) 외화파생상품 및 외화채권

외화파생상품이란 외국통화로 표시된 파생상품 또는 외국에서 지급받을 수 있는 파

---

8) '여행자카드'란 해외여행경비 지급을 위한 수단으로 외국환은행이 대금을 미리 받고 미화 1만 달러 범위 내에서 이에 상당하는 외화금액을 기록(전자 또는 자기적 방법에 의하여 개별카드 또는 중앙전산처리장치에서의 기록을 말한다)하여 발행 또는 판매하는 증표로서 여행자카드 매입자가 그 기록된 범위 내에서 현금을 인출하거나 물품 또는 용역을 제공받을 수 있게 한 증표를 말한다.

생상품을 말하고, 외화채권이란 외국통화로 표시된 채권 또는 외국에서 지급받을 수 있는 채권을 말한다. 파생상품의 법적 개념은 ⓐ 기초자산이나 기초자산의 가격 · 이자율 · 지표 · 단위 또는 이를 기초로 하는 지수 등에 의하여 산출된 금전 등을 장래의 특정 시점에 인도할 것을 약정하는 계약, ⓑ 당사자 어느 한쪽의 의사표시에 의하여 기초자산이나 기초자산의 가격 · 이자율 · 지표 · 단위 또는 이를 기초로 하는 지수 등에 의하여 산출된 금전 등을 수수하는 거래를 성립시킬 수 있는 권리를 부여하는 것을 약정하는 계약, ⓒ 장래의 일정기간 동안 미리 정한 가격으로 기초자산이나 기초자산의 가격 · 이자율 · 지표 · 단위 또는 이를 기초로 하는 지수 등에 의하여 산출된 금전 등을 교환할 것을 약정하는 계약 등과 상품의 구성이 복잡하고 향후 수익을 예측하기 어려워 대규모 외환유출입을 야기할 우려가 있는 금융상품으로서 기재부장관이 고시하는 것을 말한다(외환법 제3조제1항제9호).

2. 외환거래의 행위주체

1) 거주자와 비거주자의 구분원칙

외국거래는 한 국가와 그 상대편 국가 사이에 이루어지는 경제적 거래의 당사자가 금융기관을 중개자로 하여 양국화폐간 통화의 교환을 통하여 행하는 국제간 결제를 의미한다. 외환거래의 당사자는 그 거래의 객체인 외국환에 대한 권리능력을 가지므로 외환거래의 주체가 된다. 외환법상 외환거래의 주체는 우리나라 당사자인 거주자와 상대국가 당사자인 비거주자로 구분하고 있는데, "거주자 및 비거주자"의 개념은 외환법 전반에 걸쳐 사용되고 있는 외환행정의 기본적인 개념이 된다. 다시 말하면 외환행정의 기본적 원리는 거주자와 비거주자간의 채권 · 채무 관계를 규제하는 것인바, 거주자와 비거주자를 구분하는 거주성(居住性) 개념은 국적과는 관계없이 일정 기간을 거주하고 있거나 거주할 의사를 가지고 있고 경제적으로 밀착되어 있는 지역을 기준으로 한다.[9] 따라서 외국 국적을 가진 사람이 대한민국에 경제이익의 중심을 두고 있는 경우에는 비록 외국인이라고 하여도 거주자로 취급되는 것이므로 거주성의 개념이 국적과 논리 필연적인 관계에 있는 것은 아니다.

거주자의 적용범위는 대한민국에 주소[10] 또는 거소[11]를 둔 개인과 대한민국에

9) 헌법재판소 2005.06.30. 선고 2003헌바114 결정.

10) 민법상 주소는 "생활의 근거가 되는 곳"을 의미하여 두 곳 이상의 주소를 인정하지만, 행정법상 주소는 주민등록법상에 의한 주민등록지를 뜻하므로 한 곳만 허용된다.

11) 생활의 본거지는 아니지만 얼마 동안 계속 거처하는 곳으로 민법은 주소를 알 수 없는 경우 거소를 주소로 간주한다.

주된 사무소를 둔 법인이다(외환법 第3조제1항제14호). 따라서 거주자가 아닌 개인 및 법인은 비거주자로 적용되는 것이 논리상 당연하지만 외환법은 예외적으로 비거주자의 대한민국에 있는 지점, 출장소, 그 밖의 사무소도 법률상 대리권의 유무에 상관없이 거주자로 간주하고 있다(외환법 第3조제1항제15호). 거주자가 아닌 개인 및 법인이 비거주자의 적용범위에 속하는 것이 논리적인 귀결이므로 대한민국이 아닌 외국에 주소 또는 거소를 둔 개인과 대한민국이 아닌 외국에 주된 사무소를 둔 법인은 비거주자가 된다.

2) 구분이 명백하지 아니한 경우에 거주성의 구별준칙

외환법상 거주자와 비거주자의 구분법칙에 비추어 "거주자와 비거주자의 구분이 명백하지 아니한 경우"가 발생한다면 거주자의 간주규정 또는 비거주자의 간주규정을 적용하여 그 거주성여부를 구별할 수 있다(외환법 第3조제2항). 그리고 거주자 또는 비거주자에 의하여 주로 생계를 유지하는 동거가족은 해당 거주자 또는 비거주자의 준별에 따라 거주자 또는 비거주자로 구분된다(외환령 第10조제3항).

그런데 "거주자와 비거주자의 구분이 명백하지 아니한 경우"의 의미는 거주성의 존재여부나 비거주성의 존재여부가 불분명한 경우뿐 아니라 거주자와 비거주자의 적용범위를 동시에 충족하는 경우도 포함되는 것으로 해석된다. "거주자와 비거주자의 구분이 명백하지 아니한 경우"의 거주성 판단과 관련하여 판례[12]는 외환법상 거주자와 비거주자의 판단기준을 외국환거래 당사자의 경제적 생활근거지에 두고 있는 입장을 취하고 있다. 거주자와 비거주자의 구분이 명백하지 아니한 경우에 아래의 〈표 11-1〉과 같은 외환거래당사자의 (비)거주자 간주기준에 따라 거주자 또는 비거주자로 적용된다(외환령 第10조제1항·제2항).

---

12) 대법원 1980.05.27. 선고 80도884 판결.

〈표 4-1〉 외환거래당사자의 (비)거주자 간주기준

<table>
<tr><th colspan="2">거래당사자</th><th>간주대상</th></tr>
<tr><td rowspan="2">내국인</td><td>거주자 간주</td><td>❶ 대한민국 재외공관에서 근무할 목적으로 외국에 파견되어 체재하고 있는 대한민국국민, ❷ 비거주자이었던 자로서 입국하여 국내에 3개월 이상 체재하고 있거나 그 밖에 영업 양태, 주요 체재지 등을 고려하여 거주자로 판단할 필요성이 인정되는 자로서 기획재정부장관이 정하는 대한민국 국민</td></tr>
<tr><td>비거주자 간주</td><td>❶ 외국에서 영업활동에 종사하고 있거나 외국에 있는 국제기구에서 근무하고 있는 대한민국 국민, ❷ 2년 이상 외국에 체재하고 있거나(이 경우 일시 귀국의 목적으로 귀국하여 3개월 이내의 기간 동안 체재한 경우 그 체재기간은 2년에 포함되는 것으로 봄) 그 밖에 영업 양태, 주요 체재지 등을 고려하여 비거주자로 판단할 필요성이 인정되는 자로서 기획재정부장관이 정하는 대한민국 국민</td></tr>
<tr><td rowspan="2">외국인</td><td>거주자 간주</td><td>국내에서 영업활동에 종사하고 있거나 6개월 이상 국내에서 체재하고 있는 외국인</td></tr>
<tr><td>비거주자 간주</td><td>❶ 외국인으로서 국내에 있는 외국정부의 공관 또는 국제기구에서 근무하는 외교관 · 영사 또는 그 수행원이나 사용인, ❷ 외국정부 또는 국제기구의 공무로 입국하는 외국인이나 거주자였던 외국인으로서 출국하여 외국에서 3개월 이상 체재 중인 외국인</td></tr>
<tr><td rowspan="2">법인 · 단체 등</td><td>거주자 간주</td><td>❶ 대한민국 재외공관, ❷ 국내에 주된 사무소가 있는 단체 · 기관, 그 밖에 이에 준하는 조직체</td></tr>
<tr><td>비거주자 간주</td><td>❶ 국내에 있는 외국정부의 공관과 국제기구, ❷ 「대한민국과아메리카합중국간의상호방위조약제4조에의한시설과구역및대한민국에서의합중국군대의지위에관한협정」(이하 '한 · 미SOFA'라 함)에 따른 미합중국군대 및 이에 준하는 연합군(이하 'SOFA군대등'이라 함), SOFA군대등의 구성원 · 군속 · 초청계약자와 SOFA군대등의 비세출자금기관 · 군사우편국 및 군용은행시설, ❸ 외국에 있는 국내법인 등의 영업소 및 그 밖의 사무소, ❹ 외국에 있는 주된 사무소가 있는 단체 · 기관, 그 밖에 이에 준하는 조직체</td></tr>
</table>

한편, 거주자와 비거주자의 구분이 명백하지 아니한 경우에 거주성을 판단하는 실무적 방법인 외환거래 당사자에 대한 국내체류신분의 확인은 그 당사자의 여권상 국적 및 비자(VISA), 외국인등록증,[13] 외국국적동포 국내거소신고증[14]이나 재외국민

13) 법무부 출입국 · 외국인사무소에서 순수외국인에게 발급하며 소지자는 외국인거주자로 분류

국내거소신고증[15] 등을 근거한 그 당사자의 국내외 체류목적과 체류기간[16]을 기준으로 판단하면 될 것이다.

Ⅲ. 외환행정기관

1. 기획재정부장관

(1) 법적 지위

기재부장관은 외국환행정에 관한 국가의사를 결정하여 이를 대외적으로 표시할 수 있는 권한을 가진 행정관청으로서 행정각부의 지위를 갖는다(정부조직법 제23조제1항). 그러므로 기재부장관은 외국환에 관한 사무를 관장하는 국가행정기관으로서 외국환에 관한 행정권을 행사하고, 법률이나 대통령의 위임 또는 직권으로 외국환에 관한 부령을 발할 수 있다(헌법 제95조).

(2) 직무권한의 범위

기재부장관이 정부조직법상 수행하는 외환행정에 관한 직무범위는 다음과 같다(「기획재정부와그소속기관직제」[대통령령] 제3조·제21조).

- 외환 및 국제금융에 관한 정책의 총괄
- 외국환거래에 관한 법령 및 제도의 입안·기획
- 원화의 국제화에 관한 정책의 입안
- 국제수지 및 외환수급에 관한 정책의 수립
- 환율 및 외환시장에 관한 정책의 수립
- 국제신용평가 및 국제금융관련 외국투자자 관리에 관한 업무
- 국제금융시장의 동향분석 및 적기 정책대응에 관한 업무
- 외환시장 및 외화자금 시장의 동향분석
- 금융·자본시장 및 파생금융상품시장이 외환시장에 미치는 영향 분석

된다.

14) 법무부 출입국·외국인사무소에서 외국에 귀화하여 시민권을 취득한 교포에게 발급하며 외국인거주자로 분류된다.

15) 법무부 출입국·외국인사무소에서 한국국적을 가지고 외국의 영주권을 취득한 교포에게 발급하며 국민인거주자로 분류된다.

16) 법무부 출입국·외국인사무소에서 발급하는 출입국사실증명서상에 기재된 입출국내역이나 여권상에 표시된 입국(Admitted)일자와 출국(Departed)일자를 근거로 산정한다.

- 외채 및 대외채권 관리정책의 총괄
- 기업 및 금융기관등의 외화자금조달정책의 수립
- 해외부동산 투자, 역외금융 및 현지금융제도에 관한 사항
- 외국환평형기금의 관리 · 운용
- 국부펀드 및 외환보유액의 관리 · 운용
- 한국투자공사의 업무에 관한 사항
- 정부의 대외지급보증 및 외화국채의 발행 · 관리에 관한 협의
- 외국금융기관의 국내진출 및 국내금융기관의 해외진출 관련 외환에 관한 사항에 대한 총괄 · 조정
- 대외부문 조기경보체제의 운영에 관한 업무
- 외화결제시스템에 관한 업무
- 금융국제화 관련 외환 및 국제금융에 관한 사항
- 양자간 및 지역간 금융협력업무에 관한 사항
- 외환 및 국제금융 관련 금융협상에 관한 사항
- 국제금융기구에 관한 정책의 기획 · 입안 및 총괄 · 조정
- 국제금융기구와의 협의 · 회의 · 출자 및 출연업무의 총괄
- 국제금융기구와의 금융 및 외환 관련 협력 업무
- 그밖에 외환 및 국제금융에 관한 사항

2. 관세청장과 세관장

1) 관세청장

(1) 법적 지위

관세청장은 외환법령에 따라 기재부장관 권한의 일부를 수임하여 외환행정권을 행사할 수 있는 수임행정관청이 된다. 또한, 관세청장은 외환법령에 의거 외국환업무취급기관 등이나 그 밖에 외환법을 적용받는 거래 당사자 또는 관계인에 대한 기재부장관의 외환검사권을 수임하여 그 권한을 행사할 수 있다.

(2) 수임직무의 범위

관세청장이 기재부장관으로부터 위임받은 외환행정권의 직무범위는 다음과 같다(외환령 제37조제1항): ① 환전업무의 등록과 등록사항 변경 및 폐지의 신고; ② 환전영업자에 대한 감독 및 감독상 필요한 명령; ③ 환전영업자에 대한 환전업무기준을 설정하는 경우에는 외국통화의 매도에 대한 제한; ④ 환전영업자의 등록취소 · 업무제한 · 업무정지 또는 경고; ⑤ 지급수단 등의 수출 또는 수입 신고; ⑥ 외환법에 따른 경고 및

거래정지 등의 행정처분; ⑦ 외환법에 따른 과태료의 부과 · 징수. 이러한 수임직무의 범위에도 불구하고 동일한 당사자가 외환법을 두 가지 이상 위반함에 따라 경고 · 거래정지 또는 과태료 처분을 관세청장과 금융위원회가 각각 하게 될 경우에는 기재부장관이 정하는 기관이 일괄하여 처분할 수 있다(외환령 제37조제6항).

한편, 관세청장이 기재부장관으로부터 위임받아 소속 공무원으로 하여금 행사하게 할 수 있는 외환검사권의 대상범위는 환전영업자와 그 거래 당사자 및 관계인, 수출입거래 · 용역거래 · 자본거래의 당사자 및 관계인이며, 용역거래 · 자본거래의 경우에는 수출입거래와 관련된 거래 또는 대체송금을 목적으로 외환법 제16조 제3호 및 제4호의 방법으로 지급 또는 수령하는 경우에만 한정된다(외환령 제35조제4항제3호).

2) 세관장

세관장은 관세청장의 소속기관으로서 외환법에 따라 관세청장이 수임한 기재부장관의 권한을 재위임받아 외국환행정권의 실제 집행기관이 된다. 그리고 세관공무원은 관세청장 및 그 소속기관인 세관장의 명령에 의거 외국환업무취급기관 등이나 그 밖에 외환법을 적용받는 거래 당사자 또는 관계인의 업무에 관하여 외환검사를 수행하며, 사법경찰직무법에 의거 사법경찰관리로 지명된 세관공무원은 소속세관 관할 구역 안에서 발생하는 외환법에 규정된 지급수단 · 증권의 수출입에 관한 범죄, 외환법에 규정된 수출입거래에 관한 범죄, 수출입거래와 관련되거나 대체송금을 목적으로 외환법 제16조 제3호 · 제4호의 방법으로 지급 또는 수령하는 경우의 용역거래 · 자본거래에 관하여 외환법에 규정된 범죄, 외환법을 위반한 범죄, 외환법 제8조 제3항 제1호의 외국환업무를 한 자와 그 거래 당사자 · 관계인에 관하여 외환법에 규정된 범죄에 대하여 검사의 지휘를 받아 수사를 행하는 형소법상 수사기관이 된다.

3. 외환행정수탁기관

1) 금융위원회위원장과 금융감독원장

(1) 법적 지위

금융위원회위원장과 금융감독원장은 외환법령에 따라 기재부장관으로부터 그 권한의 일부를 위임받거나 기재부장관의 승인에 따라 재위탁받아 그 한도 내에서 외환행정권을 행사할 수 있는 공무수탁 행정기관이 된다. 그리고 금융감독원장은 외환법에 따라 외국환업무취급기관 등이나 그 밖에 외환법을 적용받는 거래 당사자 또는 관계인에 대한 기재부장관의 외환검사권을 수탁하여 그 권한을 행사할 수 있다. 아울러 기재부장관으로부터 위탁받거나 기재부장관의 승인에 따라 재위탁받은 업무를 담당하는 금융감독원 소속 임원 및 직원(공무원 및 다른 법률에서 공무원으로 보도록 하는 사람은 제외한다)은 형법이나 그밖의 법률에 따른 벌칙을 적용할 때에는 공무원으로 간주된다(외환법 제23조제2항).

(2) 수탁직무의 범위

금융위원회위원장과 금융감독원장이 기재부장관으로부터 위임(재위탁)받은 외환행정권의 직무범위는 다음과 같다(외환령 제37조제2항): ① 외국환업무취급기관에 대한 감독 및 감독상 필요한 명령; ② 외국환업무취급기관등의 외국통화 자산·부채비율을 정하는 등 외국통화의 조달·운용에 필요한 제한; ③ 외국환업무취급기관의 업무제한·업무정지 또는 경고; ④ 외환법에 따른 과징금의 부과; ⑤ 외환법에 따른 자본거래의 신고(기재부장관이 고시한 사항으로 한정한다); ⑥ 외환법경고 및 거래정지 등 행정처분; ⑦ 외환법에 따른 보고 및 자료 또는 정보 제출의 요구; ⑧ 외환법 에 따른 과태료의 부과·징수. 이러한 수탁직무의 범위에도 불구하고 동일한 당사자가 외환법을 두 가지 이상 위반함에 따라 외환법에 따른 경고·거래정지 또는 과태료 처분을 관세청장과 금융위원회가 각각 하게 될 경우에는 수탁직무의 범위에도 불구하고 기재부장관이 정하는 기관이 일괄하여 처분할 수 있다(외환령 제37조제6항).

한편, 금융감독원장이 기재부장관으로부터 금융위원회의 재위탁을 통하여 위탁받아 소속 직원으로 하여금 행사하게 할 수 있는 외환검사권의 대상범위는 외국환업무취급기관과 그 거래당사자 및 관계인에 대한 업무로써 관세청장 또는 한국은행총재가 행사할 수 있는 외환검사권의 대상범위에 해당하지 아니하는 자가 된다(외환령 제35조제3항제2호).

2) 한국은행총재

(1) 법적 지위

한국은행총재는 외환법령에 따라 기재부장관으로부터 그 권한의 일부를 위탁받아 그 한도 내에서 외환행정권을 행사할 수 있는 공무수탁 행정기관이 된다. 그리고 한국은행총재는 외환법에 따라 외국환업무취급기관 등이나 그 밖에 외국환거래법을 적용받는 거래 당사자 또는 관계인에 대한 기재부장관의 외환검사권을 수탁하여 그 권한을 행사할 수 있다.

한편, 기재부장관으로부터 위탁받은 업무를 담당하는 한국은행총재와 그 소속 임원 및 직원(공무원 및 다른 법률에서 공무원으로 보도록 하는 사람은 제외한다)은 형법이나 그 밖의 법률에 따른 벌칙을 적용할 때에는 공무원으로 간주된다(외환법 제23조제2항).

(2) 수탁직무의 범위

한국은행총재가 기재부장관으로부터 위탁받은 주요 외환행정권의 직무범위는 다음과 같다(외환령 제37조제3항): ① 외국환중개회사에 대한 감독 및 감독상 필요한 명령; ② 외환법에 대한 제한; ③ 외환법에 따른 외국환중개회사의 업무제한 · 업무정지 또는 경고; ④ 외환법에 따른 외국환평형기금의 운용 및 관리에 관한 사무; ⑤ 외환법에 따른 지급 또는 수령의 허가; ⑥ 외환법에 따른 지급 또는 수령방법의 신고; ⑦ 외환법에 따른 자본거래의 신고(기재부장관이 고시한 사항에 한정한다); ⑧ 외환법에 따른 경고 및 거래정지 등의 행정처분; ⑨ 외환법에 따른 보고 및 자료 또는 정보 제출의 요구(위탁받은 사무를 처리하기 위한 경우와 외환통계의 작성에 필요한 경우로 한정한다); ⑩ 외환법에 따른 채권회수대상의 제외와 채권회수기한의 연장.

한편, 한국은행총재가 기재부장관으로부터 수탁받아 소속 직원으로 하여금 행사하게 할 수 있는 외환검사권의 대상범위는 다음과 같다(외환령 제35조제3항제1호): ㉮ 외국환중개회사와 그 거래 당사자 및 관계인; ㉯ 외환령에 따라 한국은행총재가 위탁받아 수행하는 업무의 대상인 외국환업무취급기관 중 한국은행법에 따른 금융기관; ㉰ 외환령에 따라 한국은행총재가 위탁받아 수행하는 업무에 관련되는 보고 대상자; ㉱ 외환령에 따라 한국은행총재가 위탁받아 수행하는 업무의 대상인 부담금납부의무자. 여기에서 ㉯에 해당하는 자에 대해서는 금융감독원장에게 검사를 요구하거나 금융감독원장이 수행하는 검사에 공동으로 참여하는 방법으로 하여야 하고, ㉱에 해당하는 자에 대해서는 금융감독원장에게 검사를 요구하거나 금융감독원장이 수행하는 검사에 공동으로 참여하는 방법으로도 할 수 있다.

3) 외국환업무취급기관의 장

외국환업무취급기관의 장은 외환법에 따라 기재부장관으로부터 그 권한의 일부를 위탁받아 그 한도 내에서 외환행정권을 행사할 수 있는 공무수탁 행정기관이 된다. 외국환업무취급기관장이 기재부장관으로부터 위탁받은 외국환행정권의 직무범위는 다음과 같다(외환령 제37조제5항): ① 외환법 제16조 제1호 또는 제3호에 따른 방법의 신고(기재부장관이 고시한 사항에 한정한다); ② 외환법에 따른 자본거래의 신고(기재부장관이 고시하는 것에 한정한다); ③ 외환법에 따른 경고나 관련 외국환거래 또는 지급 또는 수령의 정지 또는 제한(여신전문금융업법에 따른 신용카드업자가 카드회원에 대하여 행하는 경우에 한정한다); ④ 외환법에 따른 보고의 요구(위탁받은 사무를 처리하기 위한 경우에 한정한다).

제 2 절 외환행정의 실효성 확보수단

Ⅰ. 외환행정상 경제감독과 외환검사

1. 외환행정의 경제감독

1) 외국통화의 조달 및 운용에 대한 제한조치

(1) 법적 근거

기재부장관은 외환법에 따라 외환시장의 안정과 외국환업무취급기관의 건전성을 유지하기 위하여 그 필요성이 인정되는 경우에는 외국환업무취급기관에 대한 업무감독권 및 감독상 필요한 명령권 그리고 외국환업무취급기관의 외국통화 자산·부채비율을 정하는 등 외국통화의 조달·운용에 필요한 제한조치를 취할 수 있는 권한을 갖는다. 여기에서 "외국환업무취급기관"의 적용범위에는 전문외국환업무취급업자 및 외국환중개회사도 포함된다. 그리고 외국환업무취급기관 또는 영업체(자)의 외국에 있는 영업소도 그 적용범위에 포함된다.

(2) 제한조치의 법적 기준

외국환업무취급기관의 업무에 대한 필요한 제한조치의 법적 기준은 다음과 같다(외환령 제21조): ① 특정 외화부채에 대한 지급준비금의 최저한도를 설정하는 경우에는 외화부채의 범위, 지급준비금의 대상통화·적립시기 및 최저한도를 정할 것; ② 외국환 매입초과액과 매각초과액의 한도를 설정하는 경우에는 외국환의 매입초과액과 매각초과액의 구분 및 한도, 그 산정기준이 되는 자산 및 부채의 범위, 산정방법, 시기 및 기간을 정할 것; ③ 외화자금의 조달 및 운용방법을 지정하는 경우에는 조달·운용항목과 항목별 조달·운용방법을 정할 것; ④ 외화자산 및 외화부채의 비율을 설정하는 경우에는 만기별 자금의 조달 및 운용방법과 자산 및 부채의 범위 및 기준을 정할 것; ⑤ 비거주자로부터 자금을 조달하여 비거주자를 대상으로 운용하는 계정을 설정하게 하는 경우에는 설치대상 외국환업무취급기관의 범위, 자금의 조달·운용방법과 계리방법의 기준을 정할 것; ⑥ 외국환업무취급기관의 외국환계정의 회계처리기준을 정하는 경우에는 계정과목과 회계처리방법을 정할 것; ⑦ 외국환업무에 따른 위험관리기준을 설정하는 경우에는 대상 업무 및 기준을 정할 것; ⑧ 외국환중개업무에 대한 기준을 설정하는 경우에는 대상 업무 및 운용방법을 정할 것; ⑨ 환전영업자에 대한 환전업무기준을 설정하는 경우에는 외국통화의 매도에 대한 제한 대상 및 기준을 정할 것.

2) 행정제재

기재부장관은 외환법 제12조 제1항에 따라 외국환업무취급기관 등이 법규상 또는 행정처분상 부과되는 작위의무나 일정한 행위의 제한(금지)조치에 대하여 위반하는 경우에는 외환법에 따른 등록 또는 인가를 취소하거나 6개월 이내의 기간을 정하여 외국환업무취급기관 등의 업무를 제한하거나 업무의 전부 또는 일부를 정지할 수 있는데, 이러한 행정제재는 간접적으로 의무자에게 심리적 압박을 가하여 외환법의 실효성을 확보하려는 것이다. 여기에서 등록 또는 인가를 취소하려는 경우에는 반드시 청문을 실시하여야 한다(외환법 제12조제3항).

(1) 등록 · 인가취소 및 영업정지의 일반기준

위반행위의 동기 · 내용 및 위반의 정도 등을 고려하여 100의 50의 범위에서 가중하거나 감경할 수 있다(외환령 제22조[별표2]제1호). 여기에서 가중 사유는 다음과 같다: ⓐ 1년에 2회 이상 위반한 경우 각각의 위반행위에 해당하는 업무정지 기간을 합산하여 총 업무정지기간을 계산하되, 동일한 사항을 위반한 경우에는 총업무정지기간을 기준으로 가중 처분할 수 있다; ⓑ 위반행위가 고의나 중대한 과실에 의한 경우에는 100분의 30의 범위에서 가중할 수 있다. 그리고 외국환업무취급기관 등이 업무정지 2개월 이하의 처분을 받게 되는 위반 사유로서 그 위반행위가 착오 또는 과실로 인한 것임이 인정되는 경우에는 경고로 처분을 갈음할 수 있다. 한편, 감경 사유는 다음과 같다: ㉠ 위반의 내용 · 정도가 경미하여 외환시장 및 금융기관 이용자에 미치는 피해가 적다고 인정되는 경우; ㉡ 위반행위자가 처음 해당 위반행위를 한 경우로서 5년 이상 해당 외국환업무를 모범적으로 수행한 사실이 인정되는 경우; ㉢ 위반행위로 인하여 취득한 이익이 5천만원 미만인 경우; ㉣ 위반 사유를 지체 없이 시정한 경우.

(2) 등록 · 인가취소 및 영업정지의 개별기준

개별기준은 아래의 〈표 4-2〉과 같다(외환령 제22조[별표2]제2호). 여기에서 제⑤부터 제⑪까지 또는 제⑬의 경우에 착오 또는 과실로 위반하였다면 그 기관에게 경고를 할 수 있다(외환법 제12조제2항).

〈표 4-2〉 등록 · 인가취소 및 영업정지의 개별기준

<table>
<tr><th colspan="2">해당 행위</th><th>처분기준</th></tr>
<tr><td colspan="2">① 거짓이나 그 밖의 부정한 방법으로 등록을 하거나 인가를 받은 경우</td><td>등록
(인가)
취소</td></tr>
<tr><td colspan="2">② 업무의 제한 또는 정지 기간에 그 업무를 한 경우</td><td>등록
(인가)
취소</td></tr>
<tr><td colspan="2">③ 등록 또는 인가의 내용이나 조건을 위반하고 3개월 이내에 시정하지 아니한 경우</td><td>등록
(인가)
취소</td></tr>
<tr><td colspan="2">④ 등록 또는 인가의 내용이나 조건을 위반하였으나 3개월 이내에 시정하여 내용이나 조건을 충족한 경우</td><td>업무정지
4개월</td></tr>
<tr><td colspan="2">⑤ 외환법 제8조 제2항을 위반하여 외국환업무를 한 경우</td><td>업무정지
2개월</td></tr>
<tr><td colspan="2">⑥ 외환법 제8조 제4항 또는 제9조 제3항에 따른 인가를 받지 아니한 경우 또는 신고를 하지 아니하거나 거짓으로 신고를 한 경우</td><td>업무정지
2개월</td></tr>
<tr><td colspan="2">⑦ 외환법 제9조 제2항을 위반하여 거래한 경우 또는 같은 조 제4항에 따른 보증금 예탁 명령을 따르지 아니한 경우</td><td>업무정지
2개월</td></tr>
<tr><td colspan="2">⑧ 외환법 제10조에 따른 확인의무를 위반한 경우</td><td>업무정지
2개월</td></tr>
<tr><td colspan="2">⑨ 외환법 제11조 제1항에 따른 감독상의 명령 또는 같은 조 제2항에 따른 업무상 제한을 위반한 경우</td><td>업무정지
2개월</td></tr>
<tr><td rowspan="2">⑩ 외환법 제20조 제1항 또는 제2항의 보고 또는 자료제출을 하지 않은 경우</td><td>보고 또는 자료 · 정보 제출을 하지 아니한 경우</td><td>업무정지
2개월</td></tr>
<tr><td>거짓 보고 또는 거짓 자료 · 정보를 제출한 경우</td><td>업무정지
3개월</td></tr>
<tr><td colspan="2">⑪ 외환법 제20조 제3항 또는 제6항에 따른 검사에 응하지 아니하거나 검사를 거부 · 방해 또는 기피한 경우</td><td>업무정지
3개월</td></tr>
<tr><td colspan="2">⑫ 외환법 제20조 제4항 또는 제6항에 따른 자료의 제출을 거부하거나 거짓 자료를 제출한 경우</td><td>업무정지
3개월</td></tr>
<tr><td colspan="2">⑬ 외환법 제20조 제5항 또는 제6항에 따른 시정명령에 따르지 아니한 경우</td><td>업무정지
2개월</td></tr>
</table>

해당 행위	처분기준
⑭ 외환법 제21조에 따른 기재부장관의 명령을 위반하여 통보 또는 제공을 하지 아니하거나 거짓으로 통보 또는 제공한 경우	업무정지 2개월
⑮ 외환법 제24조 제2항에 따른 기재부장관의 명령을 위반하여 신고, 신청, 보고, 자료의 통보 및 제출을 전자문서의 방법으로 하지 아니한 경우	업무정지 1개월

(3) 과징금의 부과

외환법 제12조의2에 따라 기재부장관은 행정제재의 대상이 되는 소정의 위반행위를 한 자에 대하여 업무를 제한하거나 업무의 전부 또는 일부를 정지할 수 있는 경우에는 이를 갈음하여 그 위반행위로 취득한 이익의 범위에서 과징금을 부과할 수 있다. 여기에서 외환령 제23조에서 정하는 기준에 따라 위반행위의 내용 및 정도, 위반행위의 기간 및 횟수, 위반행위로 취득한 이익의 규모 등을 고려하여야 한다. 그리고 과징금 납부 의무자가 납부기한까지 과징금을 납부하지 아니한 경우에는 국세 체납처분의 예에 따라 징수할 수 있다.

과징금의 부과기준은 아래의 〈표 4-3〉와 같다(외환령 제23조). 여기에서 과징금 부과의 상한기준에도 불구하고 위반행위가 1년 이상 지속되거나 최근 1년간 3회 이상 반복적으로 이루어진 경우 또는 위반행위로 인하여 취득한 이익의 규모가 1억원 이상인 경우에는 가중기준이 적용된다. 하지만 앞서 설명한 등록·인가취소 및 영업정지의 일반기준상 감경사유 ㉠ 또는 ㉣의 요건에 해당하는 경우에는 가중기준을 적용하지 아니한다.

〈표 4-3〉 과징금의 부과기준

위반행위의 행정 제재 처분기준	과징금 부과기준	
	상한기준	가중기준
업무정지 1개월	위반행위로 취득한 이익의 100분의 20을 곱한 금액	위반행위로 취득한 이익의 100분의 50 이상
업무정지 2개월	위반행위로 취득한 이익의 100분의 40을 곱한 금액	
업무정지 3개월	위반행위로 취득한 이익의 100분의 50을 곱한 금액	
업무정지 4개월	위반행위로 취득한 이익의 100분의 70을 곱한 금액	

3) 질서위반행위에 대한 과태료제재

다음과 같은 위반행위는 1천만원 이하의 과태료 부과대상 질서위반행위에 해당한다(외환법 제32조제2항): ① 외환법에 따른 기재부장관의 경고를 받고 2년 이내에 동일한 경고 사유에 해당하는 위반행위; ② 외환법에 따른 기재부장관에게 보고 또는 자료 제출을 하지 아니하거나 거짓으로 보고 또는 자료 제출을 하는 행위.

2. 외환검사

1) 개설

(1) 외환검사의 의의

외환검사란 외국환행정기관이 외국환행정의 실효성을 확보하기 위하여 수범자인 사인(私人)로부터 행정상 필요한 자료를 수집하는 권력적·강제적 작용을 의미하고, 그 법적 성격은 행정조사이다. 외환검사권에 관한 권한은 원칙적으로 기재부장관에 귀속되지만, 외환법에 따라 그 권한이 위임되거나 위탁되어 관세청장 또는 한국은행 총재 및 금융감독원장이 그 권한을 행사할 수 있다. 외환검사의 실시시기는 외환법의 시행을 위하여 필요하다고 인정되는 경우이며, 그 대상자는 외국환업무취급기관 등이나 그 밖에 외환법의 적용을 받는 거래 당사자 또는 관계인이 된다. 여기에서 외환검사를 수행하는 사람은 그 권한을 표시하는 증표를 지니고 이를 관계인에게 보여야 한다(외환법 제20조제7항).

(2) 외환검사의 수행방법

외환검사의 수행방법은 서면검사 또는 실지검사로 구분된다. 서면검사는 검사대상자로부터 필요한 서류나 장부를 제출 받아 외환검사기관에서 필요한 사항을 검사하는 것이다. 실지검사는 검사대상자의 사업장이나 거주지를 직접 방문하여 회계장부나 서류를 검사하거나 필요한 사항에 대하여 질문하는 것이다. 한편, 기재부장관은 효율적인 외환검사를 위하여 필요하다고 인정되는 경우에는 외국환업무취급기관 등이나 그밖에 외환법을 적용받는 거래 당사자 또는 관계인의 업무와 재산에 관한 자료의 제출을 요구할 수 있다(외환법 제20조제4항). 외환검사와 관련하여 다음과 같은 위반행위는 3천만원 이하의 과태료 부과대상 외환질서위반행위에 해당한다(외환법 제32조제3항): ① 외환검사에 응하지 아니하거나 외환검사를 거부·방해 또는 기피하는 행위; ② 외환검사에 따른 자료를 제출하지 아니하거나 거짓으로 자료 제출을 하는 행위; ③ 외환검사에 따른 시정명령을 따르지 아니하는 행위.

2) 외환검사결과에 따른 제재처분

기재부장관으로부터 외환검사권을 위임받거나 위탁받아 외환검사권을 수행한 관세청장 또는 한국은행총재 및 금융감독원장은 외환법에 따라 외환검사결과, 위법한 사실을 발견하였을 때에는 그 시정을 명하거나 그 밖에 필요한 조치를 할 수 있다. 그리고 외환검사업무를 수행하는 자는 검사결과 발견된 위규사항이 외환정책, 금융정책과 관련된 중요사항이라고 판단될 경우 그 내용을 기재부장관, 한국은행총재 등 관계기관에 통보하여야 한다(외환규정 제10-8조제2항). 아울러 외환검사업무를 수행하는 자는 검사를 수행함에 따른 제재 등의 조치를 한 경우에는 그 내용을 상호간에 통보해야 한다(외환규정 제10-8조제4항). 여기에서 외환검사결과에 따른 제재처분의 기준과 절차는 다음과 같다.

(1) 경고처분

기재부장관은 외환법을 적용받는 자가 다음과 같은 거래 또는 행위를 행한 경우에는 경고 처분을 할 수 있다(외환법 제19조제1항; 외환령 제33조제1항): ① 외환법에 따라 허가를 받거나 신고를 한 경우 허가사항 또는 신고사항에 정하여진 기한이 지난 후에 거래 또는 행위를 한 경우; ② 일정한 금액(외환법 제15조부터 제17조까지 위반은 미화 1만 달러, 제18조 위반은 미화 5만 달러) 이하의 거래 또는 행위로서 외환법에 따른 절차 준수, 허가 또는 신고의 의무를 위반하여 거래 또는 행위를 한 경우.

(2) 외환거래 또는 행위의 정지 · 제한 또는 허가취소

기재부장관은 최근 2년 이내에 외환법을 적용받는 자의 거래 또는 행위가 외환법에 따른 절차 준수, 허가 또는 신고의 의무를 2회 이상 위반한 경우에는 1년 이내의 범위에서 관련 외국환거래 또는 행위를 정지 · 제한하거나 허가를 취소할 수 있다(외환법 제19조제2항).

(3) 처분절차

외국환거래 또는 행위를 정지 · 제한하거나 허가를 취소하는 처분을 하려는 경우에는 청문을 실시하여야 하고, 그 처분절차에 관하여는 행정절차법에서 정하는 바에 따른다(외환법 제19조제3항·제4항; 외환령 제33조제2항).

4) 의무위반에 대한 형사제재

외국환거래 또는 행위의 정지 · 제한 또는 허가취소의 처분을 위반하여 해당 행정처분의 대상되는 거래 또는 행위를 실행하는 경우에는 행정처분위반죄가 성립하는데(외환법 제29조제1항제8호), 행정처분위반죄에 대한 형벌제재는 1년 이하의 징역 또는 1억원 이하의 벌금에 처하되, 위반행위의 목적물 가액의 3배가 1억원을 초과한다면 그 벌금을 목적물의 가액의 3배 이하로 한다(외환법 제29조제1항). 본죄는 징역과 벌금을 병과할 수 있으며(외환법 제29조제3항), 몰수 및 추징과 양벌규정도 적용된다(외환법 제30조·제31조). 그러나 미수행위에 대한 가벌성은 없다.

Ⅱ. 외환질서위반행위에 대한 과태료제재

1. 과태료의 부과 · 징수절차

외환질서위반행위에 대한 부과 · 징수권은 외환법에 따라 기재부장관에게 있고, 기재부장관은 외환법령에 따라 관세청장(세관장에게 재위임)이나 한국은행총재 또는 금융위원회에게 권한을 위임 · 위탁하고 있다.

과태료를 부과하려면 의견진술 안내문을 미리 당사자에게 통지하고, 15일간의 의견진술 기간을 부여하여야 한다. 그런데 안내문을 통지받은 날로부터 15일 이내에 당사자의 의견진술이 없는 경우에는 의견이 없는 것으로 보아 해당 위반행위의 동기와 그 결과 등을 참작하여 과태료 금액을 정하여 부과하되, 과태료 처분대상자가 의견진술 기간 이내에 과태료를 자진 납부하고자 하는 경우에는 부과될 과태료의 100분의 20을 감경한다(질서위반법시행령 제5조).

과태료의 부과권자는 벌칙 또는 과태료 처분을 받고 2년 이내에 과태료 사유에 해당하는 위반행위를 한 경우에는 해당 과태료 금액의 100분의 40 범위에서 가중할 수 있다. 다만, 가중하는 경우에도 외환법에서 정한 최고액을 넘을 수 없다. 아울러 과태료의 부과권자는 위반행위자가 다음에 해당하는 경우 해당 과태료 금액의 100분의 50 범위에서 감경할 수 있다. 이 경우 감경 사유를 여러 개 적용하는 경우에도 총감경액은 그 과태료 금액의 100분의 75를 넘을 수 없다: ① 위반행위를 사전에 자진 신고한 경우; ② 질서위반법령상 과태료 감경사유에 해당하는 경우; ③ 중기법상 중소기업의 경우; ④ 외환법에 따른 신고 또는 허가를 받을 의무가 있는 자가 과실로 잘못된 기관에 해당 절차를 이행한 경우; ⑤ 외환법에 따른 자본거래 신고의무를 위반하였으나 해당 거래에 따른 지급 · 수령이 이루어지지 않은 경우; ⑥ 그 밖에 경미한 과실로 인한 위반행위로서 위반행위자의 위반정도와 경제적 사정 등에 비추어 감경이 필요하다고 인정되는 경우.

한편, 외환법은 질서위반행위의 각 위반행위마다 개별기준도 마련하고 있는데 그 내용은 아래의 〈표 4-4〉와 같다(외환령 제41조[별표4]과태료 부과기준). 여기에서 실무적으로 위반금액의 산정을 위하여 적용하는 환율을 특정하기 어려운 경우에 세관의 수사기관은 서울외국환중개(주)[www.smbs.biz]가 제공하는 "기간별 매매기준율"을 적용하고 있다.

〈표 4-4〉 외환법상 과태료 부과 개별기준

위반행위	근거 법조문	과태료 금액
가. 외환법 제8조 제4항에 따른 변경신고를 하지 않거나 거짓으로 변경신고를 하고 외국환업무를 한 경우 1) 중대한 사항(제13조제1항제3호 및 제15조의2 제1항제3호부터 제7호까지에 해당하는 사항을 말한다)의 경우	외환법 제32조 제1항 제1호	5천만원
2) 1) 외의 사항의 경우		1천만원
나. 외환법 제8조 제4항에 따른 폐지신고를 하지 않은 경우	외환법 제32조 제4항 제1호	700만원
다. 외환법 제9조 제1항 후단에 따른 변경신고를 하지 않거나 거짓으로 변경신고를 하고 외국환중개업무를 한 경우	외환법 제32조 제1항 제2호	5천만원
라. 외환법 제9조 제2항을 위반하여 외국환거래를 한 경우	외환법 제32조 제1항 제2호	5천만원
마. 외환법 제9조 제3항에 따른 신고를 하지 않은 경우	외환법 제32조 제4항 제2호	1천만원
바. 외환법 제11조의3 제5항에 따른 자료를 제출하지 않거나 거짓으로 제출한 경우	외환법 제32조 제2항 제1호	3천만원
사. 외환법 제15조 제1항에 따른 지급절차 등을 위반하여 지급·수령을 하거나 자금을 이동시킨 경우(아목의 경우는 제외한다)	법 제32조 제2항 제2호	100만원과 위반금액의 100분의 2 중 큰 금액
아. 외환법 제15조 제1항에 따른 지급절차 등을 위반하여 지급·수령을 하거나 자금을 이동시킨 경우(거짓으로 증명서류를 제출한 경우로 한정한다)	외환법 제32조 제2항 제2호	200만원과 위반금액의 100분의 4 중 큰 금액

자. 외환법 제16조에 따른 신고를 하지 않거나 거짓으로 신고를 하고 지급 또는 수령을 한 경우 1) 외국환업무취급기관의 장에 대한 신고사항 위반	외환법 제32조 제1항 제3호	100만원과 위반금액의 100분의 2 중 큰 금액
2) 기획재정부장관, 한국은행총재에 대한 신고사항 위반		200만원과 위반금액의 100분의 4 중 큰 금액
차. 외환법 제16조 또는 제18조를 위반하여 신고를 갈음하는 사후 보고를 하지 않거나 거짓으로 사후 보고를 한 경우	외환법 제32조 제3항제1호	100만원과 위반금액의 100분의 2 중 큰 금액
카. 외환법 제17조에 따른 신고를 하지 않거나 거짓으로 신고를 하고 지급수단 또는 증권을 수출입하거나 수출입하려 한 경우	외환법 제32조 제2항제3호	위반금액의 100분의 5에 해당하는 금액
타. 외환법 제18조 제1항에 따른 신고를 하지 않거나 거짓으로 신고를 하고 자본거래를 한 경우 1) 외국환업무취급기관의 장에 대한 신고사항 위반	외환법 제32조 제1항제4호	100만원과 위반금액의 100분의 2 중 큰 금액
2) 기획재정부장관, 금융위원회, 금융감독원장, 한국은행총재에 대한 신고사항 위반		200만원과 위반금액의 100분의 4 중 큰 금액
파. 외환법 제18조 제5항을 위반하여 신고 수리가 거부되었음에도 그 신고에 해당하는 자본거래를 한 경우 1) 외국환업무취급기관의 장에 대한 신고사항 위반	외환법 제32조 제1항제5호	100만원과 위반금액의 100분의 2 중 큰 금액
2) 기획재정부장관, 금융위원회, 금융감독원장, 한국은행총재에 대한 신고사항 위반		200만원과 위반금액의 100분의 4 중 큰 금액

하. 외환법 제18조 제6항을 위반하여 같은 조 제4항 제3호의 권고내용과 달리 자본거래를 한 경우 1) 외국환업무취급기관의 장에 대한 신고사항 위반	외환법 제32조 제1항 제6호	100만원과 위반금액의 100분의 2 중 큰 금액
2) 기획재정부장관, 금융위원회, 금융감독원장, 한국은행총재에 대한 신고사항 위반		200만원과 위반금액의 100분의 4 중 큰 금액
거. 외환법 제19조 제1항에 따른 경고를 받고 2년 이내에 경고 사유에 해당하는 위반행위를 한 경우	외환법 제32조 제4항 제3호	300만원
너. 외환법 제20조 제1항 또는 제2항에 따른 보고 또는 자료 제출을 하지 않거나 거짓으로 보고 또는 자료 제출을 한 경우	외환법 제32조 제4항 제4호	200만원
더. 외환법 제20조 제3항 또는 제6항에 따른 검사에 응하지 않거나 검사를 거부·방해 또는 기피한 경우	외환법 제32조 제3항 제2호	3천만원
러. 외환법 제20조 제4항 또는 제6항에 따른 자료를 제출하지 않거나 거짓으로 자료 제출을 한 경우	외환법 제32조 제4항 제5호	700만원
머. 외환법 제20조 제5항 또는 제6항에 따른 시정명령에 따르지 않은 경우	외환법 제32조 제3항 제3호	3천만원
버. 외환법 제21조에 따른 기획재정부장관의 명령을 위반하여 통보 또는 제공을 하지 않거나 거짓으로 통보 또는 제공한 경우	외환법 제32조 제3항 제4호	2천만원
서. 외환법 제24조 제2항에 따른 기획재정부장관의 명령을 위반하여 신고, 신청, 보고, 자료의 통보 및 제출을 전자문서의 방법으로 하지 않은 경우	외환법 제32조 제4항제6호	700만원

위 〈표 4-4〉 외환법상 과태료 부과 개별기준을 적용하는데 아래 사항을 참고하여야 한다.

- 제2호 사목부터 하목까지의 규정에 따른 위반금액이란 외환법 제15조, 제16조, 제17조 및 제18조에 따른 절차 준수, 허가 또는 신고의 의무를 위반하여 신고 등을 하지 아니한 금액을 말한다.
- 제2호 타목부터 하목까지를 적용할 때에 위반금액을 산정하기 어려운 경우에는 과태료 금액란의 과태료 금액을 각각 200만원으로 한다.
- 제2호 사목부터 하목까지를 적용할 때에 여러 개의 동일한 위반행위가 일시에

적발된 경우에는 과태료 금액을 다음의 구분에 따른 금액으로 한다.

① 과태료 금액이 100만원과 위반에 따른 과태료금액의 100분의 2 중 큰 금액에 해당하는 경우에는 위반금액의 100분의 2에 해당하는 금액으로 하되, 여러 개의 동일한 위반행위에 대한 위반금액이 5천만원 미만인 경우에는 100만원으로 한다.

② 과태료 금액이 200만원과 위반금액의 100분의 4 중 큰 금액에 해당하는 경우에는 위반금액의 100분의 4에 해당하는 금액으로 하되, 여러 개의 동일한 위반행위에 대한 위반금액이 5천만원 미만인 경우에는 200만원으로 한다.

● 제2호 사목부터 하목까지의 규정에 따른 위반금액의 세부적인 산정기준은 금융위원회 또는 관세청장이 기획재정부장관과 협의하여 고시한다.

2. 과태료 부과에 대한 불복절차

과태료 부과에 불복하는 당사자는 과태료 부과 통지를 받은 날부터 60일 이내에 세관장(또는 금융위원회 위원장)에게 서면으로 이의를 제기할 수 있는데(질서위반법 제20조), 이의제기가 있는 경우 과태료 부과처분은 그 효력을 상실하고, 이의제기를 받은 날로부터 14일 이내에 세관장(또는 금융위원회 위원장)은 과태료 처분대상자의 주소지를 관할하는 지방법원에 이를 통보하여야 한다.

한편, 위와 같은 통보를 받은 관할 법원은 비송사건절차법에 의한 과태료 재판을 하게 되는데, 비송사건절차법에 의하면 행정청이 과태료 재판에 참여할 길이 없으나 질서위반법에서는 행정청이 비록 당사자는 아니지만 필요한 경우에 법원의 허가를 얻어 심문에 참여할 수 있는 길을 열어두었다. 과태료 재판은 이유를 붙인 결정으로써 하고, 그 주문은 실무상 처벌 결정, 불처벌 결정, 이의제기 각하 결정으로 구분되며, 민사소송에서의 결정과 마찬가지로 고지함으로써 효력이 생긴다.

당사자와 검사는 재판의 고지가 있는 날부터 1주일 이내에 즉시항고를 할 수 있는데(질서위반법 제38조제1항·제40조), 항고는 집행정지의 효력이 있어서 즉시항고가 제기되면 항고법원의 재판이 확정될 때까지 원재판에 기한 집행을 할 수 없다. 항고법원의 재판도 결정으로써 하고 재항고도 가능하다(질서위반법 제40조).

3. 과태료처분재위반죄

외환법에 따른 과태료 처분을 받은 자가 해당 처분을 받은 날부터 2년 이내에 다시 같은 항에 따른 위반행위를 한 경우에는 과태료처분재위반죄가 성립하는데, 과태료처분재위반죄에 대한 형벌제재는 1년 이하의 징역 또는 1억원 이하의 벌금에 처하되, 위반행위의 목적물 가액의 3배가 1억원을 초과한다면 그 벌금을 목적물의 가액의 3배 이하로 한다(외환법 제29조제1항). 본죄는 징역과 벌금을 병과할 수 있으며(외환법 제29조제3항), 몰수 및 추징과 양벌규정도 적용된다(외환법 제30조·제31조). 그러나 미수행위에 대한 가벌성은 없다.

제 3 절 외환업무의 영위

외환법은 외국환업무 등록의 전제조건으로 '외국환업무를 하는 데에 충분한 자본 · 시설 및 전문인력을 갖출 것'을 요구하면서 외국환에 관한 영리활동의 권한을 부여하는 이른바 외국환업무취급기관의 자격부여대상을 금융회사등으로만 한정하고, 외국환업무의 취급범위도 그 금융회사등의 업무와 직접 관련되는 범위로 제한하고 있다. 따라서 외국환업무의 영위는 미리 기재부장관에게 등록하지 아니하였다면 원칙적으로 허용될 수 없다(외환법 제8조제1항). 외환법상 "금융회사등"의 적용범위는 다음과 같다(외환법 제3조제1항제17호; 외환령 제7조): ① 금융위원회법에 따른 기관;[17] ② 한국산업은행; ③ 한국수출입은행; ④ 중소기업은행; ⑤ 과학기술정보통신부(이하 "과기정통부"라 한다)장관이 지정하는 체신관서;[18] ⑥ 새마을금고 및 중앙회; ⑦ 한국해양진흥공사.

Ⅰ. 외환업무의 등록의무

1. 외환업무의 규율범위

기재부장관에게 외국환업무의 등록을 필한 금융회사등, 즉 외국환업무취급기관이 수행할 수 있는 외국환업무의 규율범위는 다음과 같다(외환법 제3조제1항제16호; 외환령 제6조):

① 외국환의 발행 또는 매매와 이러한 업무에 딸린 업무;
② 대한민국과 외국 간의 지급 · 추심(推尋) 및 수령과 이러한 업무에 딸린 업무;
③ 외국통화로 표시되거나 지급되는 거주자와의 예금, 금전의 대차 또는 보증과 이러한 업무에 딸린 업무;
④ 비거주자와의 예금, 금전의 대차 또는 보증과 이러한 업무에 딸린 업무;

17) 금융감독원의 검사를 받는 기관으로 다음과 같은 기관을 말한다: ① 은행법에 따른 인가를 받아 설립된 은행; ② 자본시장법에 따른 금융투자업자, 증권금융회사, 종합금융회사 및 명의개서대행회사(名義改書代行會社); ③ 보험업법에 따른 보험회사; ④ 상호저축은행법에 따른 상호저축은행과 그 중앙회; ⑤ 신용협동조합법에 따른 신용협동조합 및 그 중앙회; ⑥ 여신전문금융업법에 따른 여신전문금융회사 및 겸영여신업자(兼營與信業者); ⑦ 농업협동조합법에 따른 농협은행; ⑧ 수산업협동조합법에 따른 수협은행.

18) 과기정통부장관이 지정하는 체신관서는 기재부장관이 업무의 내용을 고려하여 외국환업무의 등록이 필요하지 않다고 인정하고 있기 때문에 기재부장관에게 등록을 하지 아니하고 외국환업무를 취급할 수 있다(외환법 제8조제1항단서).

> ⑤ 비거주자와의 내국통화로 표시되거나 지급되는 증권 또는 채권의 매매와 그러한 업무에 딸린 업무;
> ⑥ 외국환에 관련된 거주자 상호간의 신탁 · 보험 및 파생상품거래와 그러한 업무에 딸린 업무
> ⑦ 거주자와 비거주자 간의 신탁 · 보험 및 파생상품거래와 그러한 업무에 딸린 업무;
> ⑧ 외국통화로 표시된 시설대여와 그러한 업무에 딸린 업무.

여기에서 '내국통화'란 대한민국의 법정통화인 원화(貨)를 말하고, 외국통화란 내국통화 이외의 통화를 말한다(외환법 제3조제1항제1호·제2호). 그리고 '시설대여'란 법정 물건19) 을 새로 취득하거나 대여받아 거래상대방에게 법정 기간20) 이상 사용하게 하고, 그 사용 기간 동안 일정한 대가를 정기적으로 나누어 지급받으며, 그 사용 기간이 끝난 후의 물건의 처분에 관하여는 당사자 간의 약정(約定)으로 정하는 방식의 금융을 말한다(여신전문금융업법 제2조제10호). 외환법상 '미화'란 미합중국통화를 말하며, 따로 정하는 경우를 제외하고는 미화표시금액은 그 상당액의 다른 통화표시금액을 포함하는 것으로 한다(외환규정 제1-2조).

2. 외환업무의 등록요건

외국환업무의 등록이란 기재부장관으로부터 외환법상 외국환업무를 영위할 수 있는 요건을 갖추었다고 인정하는 등록증을 발급받음으로써 외국환업무취급기관의 자격을 부여받는 것을 의미한다. 이에 따라 등록신청이 다음의 등록요건을 갖추었다고 인정되는 경우에는 해당 신청인은 기재부장관으로부터 그 등록증을 발급받을 수 있다(외환령 제13조제2항·제7항·제8항):

> ① 해당 금융회사등에 대하여 금융위원회(새마을금고 및 중앙회는 행안부장관, 해양진흥공사는 해수부장관을 말한다)가 정하는 재무건전성 기준에 비추어 자본 규모와 재무구조가 적정할 것;
> ② 외환법에 따라 외국환거래, 지급 또는 수령에 관한 자료를 중계 · 집중 · 교환하

---

19) 다음과 같은 물건이 해당한다(여신전문금융업법시행령 제2조제1항): ① 시설, 설비, 기계 및 기구와 이러한 물건에 직접 관련되는 부동산 및 재산권; ② 건설기계, 차량, 선박 및 항공기와 이러한 물건에 직접 관련되는 부동산 및 재산권; ③ 중기법 제2조에 따른 중소기업에 시설대여하기 위한 부동산으로서 금융위원회가 정하여 고시하는 기준을 충족하는 부동산; ④ 그밖에 국민의 금융편의 등을 위하여 총리령으로 정하는 물건.

20) 법인세법 시행령 제28조 · 제29조 및 제29조의2에 따른 내용연수의 100분의 20에 해당하는 기간을 말하되, 부동산을 시설대여하는 경우에는 3년으로 한다(여신전문금융업법시행령 제2조제4항).

는 기관으로 지정된 기관과 전산망이 연결되어 있을 것;
③ 외국환업무 및 그에 따른 사후관리를 원활하게 수행할 수 있는 전산설비를 갖출 것;
④ 외국환업무에 2년 이상 종사한 경력이 있는 자 또는 기재부장관이 정하는 교육을 이수한 자를 영업소별로 2명 이상 확보할 것.

3. 금융회사별 외환업무의 취급범위

기재부장관에게 등록된 금융기관(외국환업무취급기관)의 외환업무 취급범위는 다음과 같은 구분에 따라 차별적으로 허용된다(외환령 제14조).

1) 외국환은행

모든 외국환업무를 영위할 수 있는 금융회사의 국내영업소를 외국환은행이라고 하는데, 그 적용범위는 다음과 같다(외환령 제14조제1호): ① 은행법에 따른 은행; ② 농업협동조합법에 따른 농협은행; ③ 수산업협동조합법에 따른 수협은행; ④ 한국산업은행법에 따른 한국산업은행; ⑤ 한국수출입은행법에 따른 한국수출입은행; ⑥ 중소기업은행법에 따른 중소기업은행.

2) 종합금융회사

자본시장법에 따른 종합금융회사는 종합금융회사의 업무와 직접 관련된 외국환업무를 영위할 수 있는데, 외국통화로 표시되거나 지급되는 거주자와의 예금, 금전의 대차 보증업무의 경우 다른 외국환업무취급기관과의 외국통화로 표시되거나 지급되는 예금업무에 한정하여 그 취급이 허용되고, 비거주자와의 예금, 금전의 대차 또는 보증업무 중 예금업무는 외국금융기관과의 외국통화로 표시되거나 지급되는 예금업무에 한정하여 그 취급이 허용된다(외환령 제14조제2호).

3) 체신관서

우정사업법에 따른 체신관서의 업무와 직접 관련된 외국환업무를 취급할 수 있다(외환령 제14조제3호).

4) 그밖의 외국환업무취급기관

다음과 같은 업무 중 해당 외국환업무취급기관의 업무와 직접 관련되는 업무로서 기재부장관이 정하여 고시하는 업무의 취급이 허용된다(외환령 제14조제4호):
① 외화채권의 매매; ② 외화증권의 발행 및 매매; ③ 비거주자와의 내국통화로 표

시되거나 지급되는 증권 · 채권의 매매 및 매매의 중개; ④ 대한민국과 외국 간의 지급 · 추심(推尋) 및 수령; ⑤ 거주자와의 외국통화로 표시되거나 지급받을 수 있는 예금 · 금전의 대차 또는 보증; ⑥ 비거주자와의 예금 · 금전의 대차 또는 보증; ⑦ 대외지급수단의 발행 및 매매; ⑧ 파생상품거래; ⑨ 거주자와의 외국통화로 표시된 보험거래 또는 비거주자와의 보험 거래; ⑩ 외국통화로 표시된 시설대여; ⑪ 투자판단을 일임받아 투자자별로 구분하여 운용하는 업무; ⑫ 신탁업무; ⑬ 그밖에 자본시장법, 보험업법, 상호저축은행법 · 신용협동조합법 · 새마을금고법, 여신전문금융업법 및 한국해양진흥공사법에 따른 업무.

Ⅱ. 환전영업의 특례

1. 환전업무의 등록의무

환전업무의 등록이란 관세청장(세관장)[21]으로부터 외환법상 환전업무를 영위할 수 있는 등록요건을 갖추었다고 인정하는 등록증을 발급받음으로써 외환법상 환전영업자의 자격을 부여받는 것을 말한다. 여기에서 법정 등록요건은 ① 환전업무를 하는 데에 필요한 영업장과 ② 환전업무 및 그에 따른 사후관리를 원활하게 수행하기 위하여 기재부장관이 정하여 고시하는 전산설비를 갖추어야 한다(외환령 제15조제2항).

환전업무를 영위할 수 있는 등록증을 발급받기 위해서는 서면으로 관세청장(세관장)에게 등록신청을 하여야 한다. 등록신청의 방법은 법정 등록요건을 충족하였음을 입증하는 건물등기부등본 등의 증빙서류를 첨부한 환전업무등록신청서를 제출하는 것이다(외환령 제15조제1항; 외환규정 제2-28조제1항). 하지만 등록을 신청한 자가 등록의 결격사유, 즉 ① 법정 영업장 요건 및 전산설비 요건을 갖추지 못한 경우, ② 제출받은 서류에 흠이 있다고 인정되는 경우, ③ 등록을 신청한 자(등록을 신청한 자가 법인인 경우 그 임원을 포함한다)가 외환법에 따라 등록할 수 없는 자에 해당하는 경우, ④ 그밖에 외환법 또는 다른 법령에 따른 제한에 위반되는 경우라면 해당 신청인의 등록은 허용되지 않는다(외환령 제15조제3항).

한편, 환전업무의 등록내용을 변경하거나 환전업무를 폐지하려는 경우에는 외환법상 신고의무가 발생하는데, 명칭 및 소재지를 변경하려는 환전영업자는 환전영업자 등록필증과 변경사항을 증명하는 서류를 첨부한 환전업무등록내용변경신고서를, 그리

21) 외환법 제23조 제1항 및 외환령 제37조 제1항에 따라 기재부장관의 권한이 관세청장에게 위임되고, 관세청장은 기재부장관의 승인을 받아 세관장에게 재위임함.

고 환전업무를 폐지하려는 환전영업자는 ㉮ 환전영업자 등록필증, ㉯ 보유 외국환잔액(외화예금을 포함한다)의 지정거래외국환은행에의 매각증명서, ㉰ 미사용환전증명서(외국환매각신청서와 외국환매입증명서를 말한다) 및 폐기환전증명서에 대한 지정거래외국환은행에의 반납확인서, ㉱ 환전영업 중 매 반기별로 다음 달 10일까지 환전장부(전자문서를 포함한다)의 사본을 세관장에게 제출하지 않은 경우에는 해당 환전장부 사본을 첨부한 환전업무폐지신고서를 변경 또는 폐지하려는 날의 7일 전까지 세관장에게 각각 제출하여야 한다(외환령 제16조제1항·제2항; 외환규정 제2-28조제3항).

2. 환전영업자의 업무범위

환전영업자의 업무범위에는 ① 외국통화 및 여행자수표의 매입업무와 ② 재환전업무가 허용되는데, 그 매입절차와 허용요건 및 절차는 다음과 같다(외환규정 제2-29조제2항). 환전영업자는 거주자 또는 비거주자로부터 내국지급수단을 대가로 외국통화 및 여행자수표를 매입하는 경우에는 해당 (비)거주자로부터 외국환매각신청서를 제출받아 주민등록증, 여권, 사업자등록증, 납세번호증 등 실명확인증표에 의하여 인적사항을 확인하여야 한다. 그리고 그 (비)거주자의 외국통화 및 여행자 수표의 취득이 신고등의 대상인지 여부를 확인(동일자, 동일인 기준 미화 2만 달러를 초과하는 경우에 한한다)하고, 외국환매각신청서 사본을 익월 10일 이내에 국세청장 및 관세청장(세관장)에게 통보하여야 한다. 아울러 외국인거주자 또는 비거주자로부터 외국통화 및 여행자수표를 매입하는 경우에는 1회에 한하여 외국환매입증명서를 발행 · 교부하여야 한다.

한편, 환전영업자는 다음과 같은 경우에 한하여 재환전할 수 있다(외환규정 제2-29조제3항): ① 비거주자가 최근 입국일 이후 당해 체류기간 중 외국환업무취급기관 또는 환전영업자에게 내국지급수단을 대가로 대외지급수단을 매각한 실적범위 내에서 재환전하는 경우; ② 비거주자 및 외국인거주자가 당해 환전영업자의 카지노에서 획득한 금액 또는 미사용한 금액에 대하여 재환전하는 경우.

재환전업무의 절차에서 비거주자 및 외국인거주자로부터 재환전신청을 받은 환전영업자는 재환전신청서, 외국환매입증명서 및 여권을 제출받아야 한다(외환규정 제2-29조제4항). 여기에서 SOFA신분자, 국내에 있는 외국정부의 공관 또는 국제기구에서 근무하는 외교관 · 영사 또는 그 수행원이나 사용인, 외국정부 또는 국제 기구의 공무로 입국한 자에 해당하는 비거주자 및 외국인거주자로부터 재환전 신청을 받은 경우에는 여권 이외에 신분증, 외국인등록증 등의 실명확인증표에 의하여 인적사항을 확인할 수 있다.

앞서 설명한 외국통화 및 여행자수표의 매입절차 또는 재환전업무의 허용요건 및 절차에도 불구하고 환전영업자는 동일자 · 동일인 기준 미화 2천 달러(단, 환전영업고시에 따른 환전장부 전산관리업자의 경우 미화 4천 달러) 이하의 외국통화 및 여행자수표를 외국환매각신청서 및 외국환매입증명서 없이 매입하거나 매각할 수 있다(외환규정 제2-29조제5항).

3. 등록의무위반에 대한 과태료 제재

전문외국환업무를 등록한 환전영업자가 해당 전문외국환업무를 폐지하였음에도 불구하고 폐지하는 날의 7일 전까지 그 사실을 세관장에게 신고하지 아니한 행위는 1천만 원 이하의 과태료 부과대상 외환질서위반행위에 해당된다(외환법 제32조제4항제1호). 그리고 환전영업자가 그 등록요건에 해당하는 사항에 대한 변경신고를 하지 아니하거나 거짓으로 변경신고를 하고 전문외국환영업을 행하는 허위변경신고 전문외국환영업행위는 1억원 원 이하의 과태료 부과대상 외환질서위반행위에 해당된다(외환법 제32조제1항).

Ⅲ. 전문외국환업무취급의 특례

1. 소액해외송금업무의 등록의무

소액해외송금업의 등록이란 기재부장관으로부터 외환법상 소액해외송금업무를 영위할 수 있는 요건을 갖추었다고 인정하는 등록증을 발급받음으로써 외환법상 소액해외송금업자의 자격을 부여받는 것을 말한다. 소액해외송금업을 영위할 수 있는 등록증을 발급받기 위해서는 서면으로 금융감독원장을 경유하여 기재부장관에게 등록신청을 하여야 한다. 등록신청의 방법은 ① 정관, ② 법인 등기부등본, ③ 소액해외송금업무 취급 범위 및 수행 방식에 대한 설명 자료, ④ 소액해외송금업무에 사용할 계좌의 통장 사본, ⑤ 외국 협력업자의 본국 정부가 발행한 설립인가서 사본 등 외국 협력업자가 본국에서 합법적으로 해당 업무를 영위할 수 있음을 입증하는 서류(한글 번역본 포함), ⑥ 소액해외송금업무 수행에 필요한 자기자본, 재무건전성 기준, 전산시설 및 전문인력 요건을 충족하였음을 입증하는 서류, ⑦ 임원의 이력서, ⑧ 약관 등을 첨부한 소액해외송금업무등록신청서를 제출하는 것이다(외환령 제15조의2제1항; 외환규정 제3-3조제1항). 하지만 외환법령의 규정에 따른 등록요건을 갖추지 못한 경우나 제출받은 서류에 흠이 있다고 인정되는 경우 또는 등록을 신청한 자(등록을 신청한 자의 임원을 포함한다)가 외환법령의 규정에 따라 등록할 수 없는 자에 해당하는 경우나 그밖에 외환법 또는 다른 법령에 따른 제한에 해당하는 경우라면 해당 신청인의 등록은 허용되지 않는다(외환령 제15조의2제4항).

소액해외송금업무의 등록내용을 변경하거나 소액해외송금업무를 폐지하려는 경우에는 외환법상 신고의무가 발생하는데(외환법 제8조제4항), 등록내용을 변경하려는 소액해외송금업자는 소액해외송금업무 등록필증과 변경사항을 증명하는 서류(자기자본 요건을 충족하였음을 입증하는 서류를 포함한다)를 첨부한 해외송금업무등록내용변경신고서를, 그리고 소액해외송금업무를 폐지하려는 자는 소액해외송금업무 등록필증과 소액해외송금업무와 관련하여 고객에게 부담하는 채무의 이행을 완료하였음을 입증하는 서류를 첨부한 해외송금업무폐지신고서를 변경 또는 폐지하려는 날의 7일 전까지 각각 금융감독원장에게 제출하여야 한다(외환령 제16조제2항; 외환규정 제2-30조제6항). 여기에서 변경신고의 대상은 ㉠ 명칭, ㉡ 본점 및 영업소의 소재지, ㉢ 소액해외송금업무 대상국가 및 취급통화 등을 포함한 취급 범위에 관한 사항, ㉣ 소액해외송금업무의 수행 방식에 관한 사항, ㉤ 소액해외송금업무에 사용할 계좌(소액해외송금업무의 등록을 하려는 자의 명의로 금융회사등에 개설된 계좌로 한정한다)의 정보, ㉥ 소액해외송금업무 과정에서 관여하는 외국 협력업자에 관한 사항, ㉦ 다른 업무를 겸영하지 아니하고 소액해외송금업무만을 영위하려는 자로서 분기별 지급 및 수령 금액 총액을 기재부장관이 정하는 기준 이하로 운영하려는 자에 해당하는지 여부에 관한 사항이 해당된다(외환령 제16조제1항).

한편, 환전업무, 소액해외송금업무 또는 기타전문외국환업무를 겸영하려면 업무별로 각각 등록하여야 한다(외환령 제15조의6). 그리고 전문외국환업무를 등록한 소액해외송금업자가 해당 전문외국환업무를 폐지하였음에도 불구하고 폐지하는 날의 7일 전까지 그 사실을 금융감독원장에게 신고하지 아니한 행위는 1천만 원 이하의 과태료 부과대상 외환질서위반행위에 해당된다(외환법 제32조제4항제1호). 또한, 소액해외송금업자가 그 등록요건에 해당하는 사항에 대한 변경신고를 하지 아니하거나 거짓으로 변경신고를 하고 전문외국환영업을 행하는 허위변경신고 전문외국환영업행위는 1억원 원 이하의 과태료 부과대상 외환질서위반행위에 해당된다(외환법 제32조제1항).

2. 소액해외송금업자의 업무범위

소액해외송금업자가 취급할 수 있는 건당 지급 및 수령 한도는 각각 건당 미화 5천 달러로 하며, 동일인당 연간 지급 및 수령 누계 한도는 각각 미화 5만 달러로 한다(외환령 제15조의3제1항; 외환규정 제2-31조제1항). 이에 따라 소액해외송금업자는 취급이 허용된 업무를 수행하기 위해 외국환은행을 상대로 외국통화를 매입 또는 매도할 수 있다(외환령 제2-31조제2항). 그리고 취급이 허용된 업무의 수행에서 고객에게 자금을 지급하거나 고객으로부터 자금을 수령하려면 등록신청 시 제출한 소액해외송금업무에 사용할 계좌를 통해서만 수행하여야 한다(외환령 제15조의3제2항). 여기에서 만일 계좌를 통한 거래에 준하는 수준의 투명성 확보가 담보되는 것으로 기재부장관이 인정하는 방식으로 자금을 지급 또는 수령하는 경우라면 그 예외가 허용될 수 있다. 그리고 소액해외송금업자는 등록신청 시 제출한 소액해외송금업무에 사용할 계좌는 고객에게 자금을 지급하거나 고객으로부터 자금을 수령하는 용도 이외의 목적으로는 사용이 금지되며, 동 계좌의 자산을 다른 자산과 구분하여 회계처리하여야 한다(외환령 제15조의3제3항·제4항).

3. 소액해외송금업무의 안전성 확보기준 등

소액해외송금업자는 소액해외송금업무의 안전성과 신뢰성을 확보할 수 있도록 전자적 전송이나 처리를 위한 인력, 시설, 전자적 장치, 소요경비 등의 정보기술부문 및 인증방법에 관하여 기재부장관이 정하는 기준[22]을 준수하여야 한다(외환령 제15조의4제1항). 그리고 소액해외송금업자는 기재부장관이 정하는 자격요건[23]을 갖춘 사람을 소액해외송금업무의 기반이 되는 정보기술부문 보안을 총괄하여 책임질 정보보호최고책임자[24]로 지정하여야 한다(외환령 제15조의4제2항). 또한, 소액해외송금업자는 소액해외송금업무의 수행과 관련하여 약관을 정하거나 변경하려는 경우 미리 기재부장관에게 신고하여야 한다(외환령 제15조의4제3항).

여기에서 기재부장관은 건전한 외환거래 질서를 유지하기 위하여 필요한 경우 소액해외송금업자에게 약관의 변경을 권고할 수 있다(외환령 제15조의4제4항). 그리고 소액해외송금업자는 약관을 정하거나 변경한 경우 인터넷 홈페이지 등을 통하여 공시하여야 하며, 고객과 소액해외송금업무와 관련한 계약을 체결할 때 약관을 명시하여야 한다(외환령 제15조의4제5항).

한편, 소액해외송금업자는 업무와 관련하여 고객이 제기하는 정당한 의견이나 불만

22) "기재부장관이 정하는 기준"은 전자금융감독규정 제8조부터 제18조 및 제19조의2부터 제37조에서 정하는 기준을 준용하는데, 이 경우 "금융회사 또는 전자금융업자"는 "소액해외송금업자"로, "전자금융업무"는 "전자적 장치를 통한 소액해외송금업무"로, "전자금융거래"는 "전자적 장치를 통한 소액해외송금업무를 고객이 소액해외송금업자의 종사자와 대면하지 않고 이용하는 거래"로 보며, "금융위원회"는 "금융감독원장"으로 본다(외환규정 제2-32조제1항).

23) "기재부장관이 정하는 자격요건"이란 전자금융거래법 시행령 별표1과 같다(외환규정 제2-31조제2항).

24) 정보보호최고책임자의 업무는 다음과 같다(외환규정 제2-32조제3항): ㉠ 소액해외송금업무의 안정성 확보 및 고객 보호를 위한 전략 및 계획의 수립; ㉡ 정보기술부문의 보호; ㉢ 정보기술부문의 보안에 필요한 인력관리 및 예산편성; ㉣ 전자적 장치를 통한 업무 수행과 관련한 사고 예방 및 조치; ㉤ 정보기술부문 보안을 위한 자체심의에 관한 사항; ㉥ 정보기술부문 보안에 관한 임직원 교육에 관한 사항.

을 반영하고 고객이 소액해외송금업무와 관련하여 입은 손해를 배상하기 위한 절차를 마련하여야 한다(외환령 제15조의4제6항). 또한, 소액해외송금업자는 기재부장관이 정하여 고시하는 소액해외송금업무와 관련된 주요 정보를 고객에게 제공하여야 한다(외환령 제15조의4제7항).

4. 이행보증금의 예탁과 지급절차 및 반환절차

외환법 제8조 제7항에 따라 기재부장관은 외국환업무의 성실한 이행을 위하여 외환법령상 전문외국환업무를 등록한 자에게 기재부장관이 지정한 이행보증금예탁기관인 금융감독원에 보증금을 예탁하게 하거나 보험 또는 공제에 가입하게 하는 등 필요한 조치를 할 수 있다. 이에 따라 소액해외송금업자는 이행보증금예탁기관에 이행보증금을 현금으로 예탁하고 등록기간 동안 이를 유지하여야 하는데, 기재부장관이 인정하는 보증보험에 가입하는 경우에는 보장금액에 해당하는 범위에서 이행보증금의 일부 또는 전부를 예탁하지 아니할 수 있다(외환령 제17조의2제2항). 여기에서 소액해외송금업자가 예탁하여야 하는 이행보증금은 영업개시일로부터 그 다음 월의 말일까지는 3억 원 이상으로 하고, 그 기간이 지난 후부터는 다음의 계산식에 따라 산정한 금액 이상으로 하는데, 다음의 계산식에 따라 산정한 금액이 3억 원보다 작은 경우에는 최소이행보증금의 기준금액을 3억 원으로 한다(외환령 제17조의2제1항; 외환규정 제2-35조제2항).

$$\text{최소이행보증금} = \frac{\text{직전 월 고객에게 지급을 요청받은 총액}}{\text{직전 월의 전체 일수}} \times 3$$

그리고 소액해외송금업자는 예탁하거나 보장되는 금액이 최소이행보증금의 기준금액에 미치지 못할 경우 매월 7일 이내에 그 부족한 금액을 다시 예탁하여야 한다(외환령 제17조의2제3항; 외환규정 제2-35조제4항). 아울러 소액해외송금업자는 이행보증금의 산정, 예탁 근거 및 내역을 기록하고 기재부장관(금융감독원장)에게 보고하여야 한다(외환령 제17조의2제4항).

한편, 소액해외송금업자에게 대한민국에서 외국으로 지급을 요청한 고객은 소액해외송금업자의 파산, 업무정지, 등록취소 또는 이에 준하는 사유로 고객의 지급 요청을 수행하지 못하는 경우든지 아니면 소액해외송금업자가 고객의 지급 요청을 수행하지 아니하였거나 수행하는 과정에서 고객에게 손해가 발생한 경우(손해배상합의, 화해, 법원의 확정 판결, 그 밖에 이에 준하는 효력의 결정이 있는 경우로 한정한다)에 해당하는 사유가 발생한 경우 그 소액해외송금업자의 이행보증금의 한도에서 이행보증금예탁기관에 이행보증금의 지급을 신청할 수 있다(외환령 제17조의3제1항).

그리고 이러한 신청을 받은 이행보증금예탁기관장은 기재부장관이 정하는 절차에 따라 고객에게 소액해외송금업자의 이행보증금의 전부 또는 일부를 지급할 수 있다(외환령 제17조의3제2항). 아울러 이행보증금예탁기관의 장은 다음과 같은 사유에 해당하는 경우 이행보증금의 전부 또는 일부를 소액해외송금업자에게 반환하여야 한다(외환령 제17조의4): ① 소액해외송금업자가 소액해외송금업무를 폐지한 경우; ② 소액해외송금업자인 법인이 파산 또는 해산하거나 합병으로 소멸한 경우; ③ 외환법 제12조에 따라 소액해외송금업자의 등록이 취소된 경우; ④ 3개월 연속 동안 소액해외송금업자가 이미 예탁한 이행보증금이 최소이행보증금의 기준금액(외환령 제17조의2 제1항에 따라 예탁하여야 할 이행보증금)을 초과한 경우.

5. 기타전문외국환업무의 등록의무

외환령에 따라 기타전문외국환업무를 등록할 수 있는 자는 전자금융거래법에 의거 전자화폐의 발행·관리업무를 허가받은 자, 선불전자지급수단의 발행·관리업무를 등록한 자 또는 전자지급결제대행에 관한 업무를 등록한 자로 한정한다. 기타전문외국환업무의 범위는 ① 전자금융거래법에 따른 전자지급결제대행에 관한 업무와 직접 관련된 외국환업무로서 기재부장관이 정하여 고시하는 업무로서 전자금융거래법에 따른 전자지급결제대행 업무 과정에서의 대한민국과 외국 간의 지급·추심 및 수령과 ② 앞의 ①의 업무와 관련한 외화채권의 매매가 해당된다(외환규정 제2-39조제1항).

6. 등록의무위반에 대한 과태료 제재

기타전문외국환영업자가 그 등록요건에 해당하는 사항에 대한 변경신고를 하지 아니하거나 거짓으로 변경신고를 하고 전문외국환영업을 행하는 허위변경신고 전문외국환영업행위는 1억원 원 이하의 과태료 부과대상 외환질서위반행위에 해당된다(외환법 제32조제1항). 그리고 전문외국환업무를 등록한 기타전문외국환영업자가 해당 전문외국환업무를 폐지하였음에도 불구하고 폐지하는 날의 7일 전까지 그 사실을 금융감독원장에게 신고하지 아니한 행위는 1천만 원 이하의 과태료 부과대상 외환질서위반행위에 해당된다(외환법 제32조제4항제1호).

Ⅳ. 외국환중계업무의 인가

외국환업무 가운데 외국통화의 매매·교환·대여의 중개, 외국통화를 기초자산으로 하는 파생상품거래의 중개 그리고 이러한 업무와 관련된 업무인 이른바 '외국환중개업무'는 외국환 중개업무에 필요한 자본 · 시설 및 전문인력을 갖추어 기재부장관의 인가를 받은 외국환중개회사에게만 허용된다(외환법 제9조제1항).

1. 외국환중개업무의 인가신청절차

외국환중개업무를 영위하기 위해서는 서면으로 기재부장관에게 인가신청을 하여야 한다. 인가신청의 방법은 기재부장관이 정하여 고시하는 서류를 첨부한 외국환중개업무인가신청서나 외국환중개업무예비인가신청서 또는 외국환중개회사합병(영업양도 · 양수)인가신청서 및 외국에서의 외국환중개업무인가신청서 또는 외국에서의 외국환중개업무내용변경인가신청서를 제출하는 것이다(외환령 제18조제1항·제5항). 여기에서 외국환중개업무의 예비인가신청자는 예비인가를 통지받은 날부터 6월 이내에 본인가를 신청하여야 한다.

한편, (예비)인가신청을 받은 기재부장관은 신청일부터 30일 이내에 (인가)예비인가 여부를 결정하고 이를 신청인에게 통지하여야 한다(외환령 제18조제6항; 외환규정 제2-40조제6항). 하지만 기재부장관은 신청에 흠결이 있을 경우 보완을 요구할 수 있는데, 보완에 소요되는 기간은 인가여부 결정 및 통지기간에 포함되지 않는다. 기재부장관으로부터 외국환중개업무의 인가를 받기 위해서는 일정한 전제요건을 갖추어야 한다(외환령 제18조제2항). 여기에서 일정한 전제요건은 ① 납입자본금이 40억 원 이상일 것(외국통화의 매매[선물환은 제외한다]의 중계 및 그와 관련된 업무를 수행하려면 50억 원 이상이어야 한다); ② 외국환중개업무 및 이에 관한 보고 등을 수행할 수 있는 전산시설을 갖출 것; ③ 외국환중개업무에 대한 지식 · 경험 등 업무수행에 필요한 능력을 가진 전문인력을 갖출 것 등이다.

외국환중개회사는 인가를 받은 후 자본금이 전제요건상 납입자본금 기준의 100분의 70에 미달하지 아니하도록 운용하여야 하며, 이를 충족하지 못하는 경우 기재부장관은 다음 회계연도 말일까지 자본금을 확충하도록 요구할 수 있는데, 자본금 기준은 매 회계연도 말일을 기준으로 적용한다(외환령 제18조제3항). 아울러 기재부장관은 외국환중개업무의 성실한 이행을 담보하기 위하여 외국환중개회사로 하여금 납입자본금의 100분의 20의 범위에서 기재부장관이 정하여 고시하는 비율에 해당하는 금액을 기재부장관이 지정하는 금융회사등에 예탁하게 할 수 있는데, 예탁된 보증금은 외국환중개회사가 외국환중개업무를 폐지한 경우 또는 인가가 취소되어 그 잔무를 종결한 경우에는 신청에 의하여 반환된다(외환법 제9조제4항; 외환령 제18조제8항·제9항).

2. 외국환중개업무 인가서의 교부와 인가의 내용변경 · 폐지절차

외국환중개업무인가의 신청인은 원칙적으로 인가신청일로부터 20일 이내 인가서를 교부받을 권리가 있으며 처리기간의 계산에 있어서 초일은 산입하되 공휴일과 보완에 소요되는 기간은 산입하지 아니한다(외환규정 제1-4조제1항). 그리고 등록의 사무처리에 대해 외환규정(권한을 위탁받은 자가 정하는 규정 등을 포함한다)에서 별도로 정한 사항이 없는 경우에는 민원사무처리에 관한 법령 및 행정절차 법령의 규정이 준용된다(외환규정 제1-4조제3항).

외국환중개회사가 ① 합병 또는 해산, ② 영업의 전부 또는 일부의 폐지 · 양도 · 양수에 해당하는 행위를 하려면 기재부장관의 인가를 받거나 기재부장관에게 신고할 의무가 발생한다(외환법 제9조제3항). 이러한 경우 당해 해산 · 폐지 또는 변경예정일 7일전까지 각각 외국환중개회사해산(영업폐지)신고서와 외국환중개업무인가내용변경신고서를 기재부장관에게 제출하여야 한다(외환령 제18조제7항; 외환규정 제2-40조제4항).

한편, 외국환중개업무를 인가받은 외국환중개회사가 그 영업의 전부나 일부를 폐지하였음에도 불구하고 폐지하는 날의 7일 전까지 그 사실을 기재부장관에게 신고하지 아니한 행위는 1천만 원 이하의 과태료 부과대상 외환질서위반행위에 해당된다(외환법 제32조제4항제1호). 그리고 기재부장관으로부터 외국환중개업무의 인가를 받은 외국환중개업자가 그 인가사항 중 명칭, 영업소의 소재지 및 자본 · 시설 및 전문인력에 관한 사항에 대한 변경신고를 하지 아니하거나 거짓으로 변경신고를 하고 외국환중개영업을 행하는 허위변경신고 외국환중개영업행위는 1억원 원 이하의 과태료 부과대상 외환질서위반행위에 해당된다(외환법 제32조제1항).

3. 외국환중개회사의 업무수행방법과 업무감독

외국환중개회사가 외국환중개업무를 할 수 있는 거래의 상대방은 외국환거래 관련 전문성을 갖춘 다음과 같은 기관이나 정부로 제한된다(외환법 제9조제2항; 외환령 제18조제4항): ① 한국은행; ② 정부(외국환평형기금을 운용 · 관리하는 경우에 한정한다); ③ 외국환은행과 종합금융회사; ④ 자본시장법에 따른 투자매매(중개)업자; ⑤ 보험업법에 따른 보험회사; ⑥ 외국 금융기관(내국지급수단과 대외지급수단의 매매에 대한 중개는 제외한다). 그리고 외국환중개회사가 외국에서 외국환중개업무를 영위하려면, 지점 및 사무소를 설치하는 방법이나 외국환중개업무를 하는 외국법인의 주식 또는 출자지분을 취득하여 해당 법인의 경영에 참가하는 방법 또는 해당 외국환중개회사가 사실상 경영권을 지배하고 있는 외국법인으로 하여금 외국환중개업무를 하는 다른 외국법인의 주식 또는 출자지분을 취득하게 하여 그 경영에 참가하는 방법으로 행한다(외환령 제19조제2항).

V. 무등록외국환업무영위행위(죄)에 대한 형사제재

무등록외국환업무영위행위(죄)[25]에 대한 형벌제재는 3년 이하의 징역 또는 3억원 이하의 벌금에 처하되, 위반행위의 목적물 가액의 3배가 3억원을 초과한다면 그 벌금을 목적물의 가액의 3배 이하로 한다(외환법 제27조의2제1항). 본죄는 징역과 벌금을 병과할 수 있으며(외환법 제27조의2제2항), 몰수 및 추징과 양벌규정도 적용된다(외환법 제30조·제31조). 그러나 미수행위에 대한 가벌성은 없다.

25) 형사법적으로 자세하게 설명한 내용은 김용태, 외국환거래법 with 외환형사법, 91~105쪽을 참조.

제 4 절 외국환업무의 수행준칙

외국환업무취급기관, 전문외국환업무취급업자 및 외국환중개회사는 그 고객과 외환법을 적용받는 거래를 할 때에는 고객의 거래나 지급 또는 수령이 이 법에 따른 허가를 받았거나 신고를 한 것인지를 확인하여야 하는데, 외국환수급 안정과 대외거래 원활화를 위하여 기재부장관이 정하여 고시하는 경우에는 예외로 한다. 그리고 외국환업무취급기관 등은 외국환업무와 관련하여 부당한 이익을 얻거나 제3자에게 부당한 이익을 얻게 할 목적으로 ① 외국환의 시세를 변동 또는 고정시키는 행위 또는 ② 앞의 ①의 행위와 유사한 행위로서 대통령령으로 정하는 건전한 거래질서를 해치는 행위는 금지된다. 또한, 외국환업무취급기관은 급격한 국제금융시장의 불안정 및 외환시장의 변동성 확대로 인하여 국민경제에 심각한 지장을 초래할 우려가 있어 외환의 유입 및 유출에 대한 자세한 주의가 필요한 경우로서 기재부장관이 인정하는 경우에는 외환법의 적용을 받는 업무에 관하여 외국금융기관과 계약을 체결할 때 기재부장관의 인가를 받아야 한다.

아울러 외국환업무취급기관과 전문외국환업무취급업자는 다음과 같은 기준에 따라 외국환업무를 수행하여야 한다: ① 외국환업무취급기관 및 전문외국환업무취급업자는 거래 내용을 기록하고 관련 서류를 보존할 것; ② 외국환업무취급기관 및 전문외국환업무취급업자는 외국환업무와 그 밖의 업무를 겸영하는 경우에는 해당 외국환업무와 다른 업무를 구분하여 관리(회계처리를 포함한다)할 것; ③ 외국환업무취급기관은 외국환업무취급 관련위험을 효율적으로 관리하기 위하여 종합적인 위험관리 체제를 구축 · 운용할 것; ④ 그밖에 외국환업무의 원활한 수행과 안정성 확보를 위하여 기재부장관이 정하여 고시하는 기준을 따를 것. 한편, 외국환업무취급기관은 실무적으로 다음과 같은 외국환업무의 취급방법으로 수행하여야 한다.[26]

Ⅰ. 지급과 수령

1. 취급방법

거주자 또는 비거주자로부터 지급이나 수령을 요청받은 외국환은행은 외환규정상 지급 · 수령의 절차규정에 따라 그 거래를 행하여야 하고, 그 지급 · 수령의 절차규정

26) 그밖의 외국환업무 취급방법에 관한 자세한 설명 내용은 김용태, 앞의 책, 83~91쪽을 참조.

에 의하여 제출받은 지급 · 수령의 증빙서류 및 취득경위 입증서류에 일자, 금액 및 은행명을 표시한 후 해당 거주자 또는 비거주자에게 반환하여야 한다(외환규정 제2-1조의2제1항·제4항).

2. 외국환은행장의 확인의무

외국환은행장은 건당 미화 5천 달러를 초과하는 지급 및 수령에 대해서는 당해 지급 또는 수령이 외환법 · 령 · 규정에 의한 신고 등의 대상인지 확인하여야 하며, 지급신청서 및 동일자 · 동일인 기준 미화 2만 달러를 초과하는 수령의 경우 서면에 의하여 확인절차를 이행하였음을 입증하는 서류를 5년간 보관하여야 하는데, 만일 수령하고자 하는 자의 소재불명으로 인하여 수령사유를 확인할 수 없는 경우에는 서면에 의한 확인의무가 면제된다(외환규정 제2-1조의2제2항·제3항).

Ⅱ. 외국환의 매입

1. 매입의 거래방법

외국인거주자 또는 비거주자로부터 외국환을 매입하는 외국환은행은 1회에 한하여 외국환매입증명서 · 영수증 · 계산서 등 외국환의 매입을 증명할 수 있는 서류를 발행 · 교부하여야 한다(외환규정 제2-2조제4항). 그리고 외국환은행이 외국인거주자 또는 비거주자로부터 취득경위를 입증하는 서류를 제출하지 않는 대외지급수단을 매입하는 경우에는 그 매각을 요청하는 자가 대외지급수단매매신고서에 의하여 한국은행총재에게 신고하여야 한다(외환규정 제2-2조제3항). 여기에서 취득경위를 입증하는 서류를 제출하지 않는 대외지급수단을 매입하는 경우로는 정부, 지방자치단체, 외국환업무취급기관, 환전영업자 및 소액해외송금업자로부터 대외지급수단을 매입하는 경우와 거주자로부터 당해 거주자의 거주자계정 및 거주자외화신탁계정에 예치된 외국환을 매입하는 경우가 해당된다.

앞서 설명한 외국환의 매입에 대한 거래방법은 외국환은행이 한국은행, 외국환평형기금, 외국환업무취급기관인 종합금융회사 · 투자매매(중개)업자 · 보험사업자, 외국에 있는 금융기관(내국지급수단을 대가로 한 대외지급수단의 매매는 제외한다) 및 다른 외국환은행과 외국환을 매매 할 경우에는 적용하지 않지만, 예외적으로 증권금융회사에 대해서는 현재의 계약환율에 따라 서로 다른 통화를 교환하고 일정 기간 후 최초 계약시점에서 정한 환율에 따라 재교환하는 거래를 하는 경우에는 위 거래방법을 적용한다(외환규정 제2-4조제1항). 그리고 외국환업무취급기관인 투자매매(중개)업자가 다른 투자매매(중개)업자, 증권금융회사 및 외국에 있는 금융기관(내국지급수단을 대가로 한 대외지급수단의 매매는 제외한다)과 외국환을 매매하는 경우에도 마찬가지로 앞서 설명한 외국환의 매입에 대한 거래방법을 적용하지 않는다(외환규정 제2-4조제2항).

2. 외국환은행의 확인 · 통보의무

외국환은행은 외국환을 매입하는 경우에는 매각하려는 자의 해당 외국환의 취득이 신고 등의 대상인지 여부에 대한 확인의무를 지는데, 외국환의 매입이 다음과 같은 경우에 해당한다면 이러한 확인의무는 면제된다(외환규정 제2-2조제1항): ① 미화 2만 달러 이하인 대외지급수단을 매입하는 경우(다만, 동일자에 동일인으로부터 2회 이상 매입하는 경우에는 이를 합산한 금액이 미화 2만 달러 이하인 경우에 한한다); ② 정부, 지방자치단체, 외국환업무취급기관, 환전영업자 및 외환규정 제3-31조 제2항에 따라 소액해외송금업자로부터 대외지급수단을 매입하는 경우; ③ 거주자로부터 당해 거주자의 거주자계정 및 거주자외화신탁계정에 예치된 외국환을 매입하는 경우; ④ 외교적 또는 한 · 미SOFA 지위에 해당하는 비거주자로부터 대외지급수단을 매입하는 경우. 여기에서 "외교적 지위 또는 한 · 미SOFA 지위에 해당하는 비거주자"는 외환령 제10조 제2항 제1호, 제2호 및 제6호 가목 및 나목에 해당하는 자로서 국내에 있는 외국정부의 공관과 국제기구, 한 · 미SOFA에 따른 SOFA군대 등, SOFA군대 등의 구성원 · 군속 · 초청계약자와 SOFA군대 등의 비세출자금기관 · 군사우편국 및 군용은행시설, 국내에 있는 외국정부의 공관 또는 국제기구에서 근무하는 외교관 · 영사 또는 그 수행원이나 사용인과 외국정부 또는 국제기구의 공무로 입국하는 자를 말한다.

한편, 대외지급수단을 매입하는 외국환은행은 원칙적으로 매월별로 익월 10일 이내에 매입에 관한 사항을 국세청장과 관세청장에게 통보할 의무를 지는데, 다음과 같은 매입의 경우에 해당한다면 이러한 통보의무는 면제된다(외환규정 제2-2조제2항): ㉮ 동일자 · 동일인 기준 미화 1만 달러 이하인 대외지급수단을 매입하는 경우, ㉯ 정부 · 지방자치단체 · 외국환업무취급기관 및 환전영업자로부터 대외지급수단을 매입하는 경우; ㉰ 거주자로부터 당해 거주자의 거주자계정 및 거주자외화신탁계정에 예치된 외국환을 매입하는 경우; ㉱ 외교적 또는 한 · 미SOFA 지위에 해당하는 비거주자로부터 대외지급수단을 매입하는 경우; ㉲ 외국에 있는 금융기관으로부터 매입하는 경우; ㉳ 외화표시내국신용장어음을 매입하는 경우.

Ⅲ. 외국환의 매각거래

1. 매각의 거래요건 및 방법

외국환은행이 거주자에게 내국지급수단을 대가로 외국환을 매각할 수 있는 거래요건은 다음과 같다(외환규정 제2-3조제1항제1호):

① 거주자가 인정된 거래 또는 지급에 사용하기 위하여 외국환을 매입하는 경우;
② 외국인거주자가 최근 입국일 이후 미화 1만 달러 이내 또는 외환규정상 '비거주자 또는 외국인거주자의 지급' 규정에서 허용된 금액범위 내 외국환을 매입하는 경우;
③ 내국인거주자가 외국통화, 여행자수표 및 여행자카드를 소지할 목적으로 외국환을 매입하는 경우;
④ 거주자가 외환규정에 따라 거주자계정 및 거주자외화신탁계정에 예치하기 위하여 외국환을 매입하는 경우;
⑤ 거주자가 다른 외국환은행으로 이체하기 위하여 외국환을 매각하는 경우(다만, 대외계정 및 비거주자외화신탁계정으로 이체하는 경우에는 인정된 거래에 따른 지급에 한한다);
⑥ 거주자가 외환규정에 따라 소액해외송금업자에게 외국통화를 매각하는 경우;
⑦ 거주자가 외환규정에 따라 환전영업자에게 외국통화를 매각하는 경우.

외국환은행이 비거주자에게 내각지급수단을 대가로 외국환을 매각할 수 있는 거래요건은 다음과 같다(외환규정 제2-3조제1항제2호):

① 비거주자가 최근 입국일 이후 당해 체류기간 중 외국환업무취급기관 또는 환전영업자에게 내국통화 및 원화표시여행자수표를 대가로 외국환을 매각한 실적범위 내;
② 비거주자가 외국환은행해외지점, 현지법인금융기관과 외국금융기관에 내국통화 및 원화표시여행자수표를 대가로 외국환을 매각한 실적범위 내;
③ 외국에서 발행된 신용카드 또는 직불카드를 소지한 비거주자가 국내에서 원화현금서비스를 받거나 직불카드로 원화를 인출한 경우에는 그 금액범위 내;
④ 앞서 설명한 거래요건의 매각실적 등이 없는 비거주자의 경우에는 미화 1만 달러 이내;
⑤ 인정된 거래에 따른 대외지급을 위한 경우;
⑥ 외환규정상 '비거주자 또는 외국인거주자의 지급'규정에서 허용된 금액범위 내.

그런데 외국환매각의 거래요건에도 불구하고 다음에 해당하는 지급을 위하여 매각하는 경우에는 당해 매입하는 자가 대외지급수단매매신고서에 의하여 한국은행총재에게 신고해야 한다(외환규정 제2-3조제1항제3호):

❶ 외환규정에 의한 국내원화예금 · 신탁계정관련 원리금의 지급;
❷ 외국인거주자의 국내부동산 매각대금의 지급;
❸ 교포등에 대한 여신과 관련하여 담보제공 또는 보증에 따른 대지급의 경우 및 비거주자간의 거래와 관련하여 비거주자가 담보 · 보증 제공 후 국내재산 처분대금의 지급;
❹ 외환규정에 의하여 비거주자가 취득한 원화자금의 대외지급;
❺ 외국환은행이 내국지급수단을 대가로 외국환을 매각할 수 있는 거래요건에서 허용하는 범위를 초과하여 내국지급수단을 대가로 지급하는 경우.

한편, 외국환은행은 거주자 또는 비거주자에게 취득 또는 보유가 인정된 외국환을 대가로 다른 외국통화표시 외국환을 매각할 수 있는데, 외국환은행이 외국인거주자 또는 비거주자에게 취득경위를 입증하는 서류를 제출하지 않는 외국환을 대가로 다른 외국통화표시 외국환을 매각하는 경우에는 그 매각을 하는 외국인거주자 또는 비거주자가 대외지급수단매매신고서에 의하여 한국은행총재에게 신고해야 한다(외환규정 제2-3조제3항). 또한, 외국환은행은 국내거주기간이 5년 미만인 외국인거주자 또는 비거주자에게 매각하는 경우에는 매각실적 등을 증빙하는 서류를 제출받아 당해 외국환의 매각일자 · 금액 기타 필요한 사항을 기재하여야 하지만 앞서 설명한 이른바 외교적 지위에 있는 외국인비거주자에 대하여는 본인의 확인서로 증빙서류를 갈음할 수 있다(외환규정 제2-3조제4항).

앞서 설명한 외국환의 매각에 대한 거래요건 및 방법은 외국환은행이 한국은행, 외국환평형기금, 외국환업무취급기관인 종합금융회사 · 투자매매(중개)업자 · 보험사업자, 외국에 있는 금융기관(내국지급수단을 대가로 한 대외지급수단의 매매는 제외한다) 및 다른 외국환은행과 외국환을 매매할 경우에는 적용하지 아니한다(외환규정 제2-4조제1항). 그리고 외국환업무취급기관인 투자매매(중개)업자가 다른 투자매매(중개)업자 및 외국에 있는 금융기관(내국지급수단을 대가로 한 대외지급수단의 매매는 제외한다)과 외국환을 매매하는 경우에도 마찬가지로 방금 설명한 외국환의 매각에 대한 거래요건 및 방법을 적용하지 않는다(외환규정 제2-4조제2항).

2. 외국환은행의 통보의무

외국환은행은 거주자에게 동일자, 동일인 기준 미화 1만 달러를 초과하는 외국통화, 여행자카드 및 여행자수표를 매각한 경우에는 동 사실을 매월별로 익월 10일 이내에 국세청장과 관세청장에게 통보하여야 한다(외환규정 제2-3조제5항). 여기에서 외국환은행이 정부, 지방자치단체, 외국환업무취급기관, 외국인거주자 및 환전영업자에게 매각한 경우에는 그러한 통보의무는 제외된다.

Ⅳ. 그 밖의 외국환업무 취급방법

1. 외환증거금거래와 대출채권 등의 매매

1) 업무의 취급방법

'외환증거금거래'란 통화의 실제인수도 없이 외국환은행에 일정액의 거래증거금을 예치한 후 통화를 매매하고, 환율변동 및 통화 간 이자율 격차 등에 따라 손익을 정산하는 거래를 말한다. 외환증거금거래를 취급하려는 외국환은행은 은행 간 공통거래기준(최소계약단위, 최소거래증거금 등을 포함한다)을 따라야 하며, 공통거래기준을 정하는 경우에는 기재부장관과 사전에 협의하여야 한다(외환규정 제2-4조의2제1항·제2항). 한편, 외국환은행이 거주자 또는 비거주자와 대출채권, 대출어음, 대출채권의 원리금 수취권, 외화증권 및 외화채권을 매매하는 경우에는 신고할 필요가 없다(외환규정 제2-7조).

2) 업무수행상의 보고의무

외국환은행은 월간 외환증거금거래 실적을 다음달 10일까지 한국은행총재에게 보고하여야 하며, 한국은행총재는 은행별 거래실적을 다음달 20일까지 기재부장관에게 보고하여야 한다(외환규정 제2-4조의2제3항).

2. 외화자금의 차입거래 및 증권발행

외국환은행이 비거주자로부터 미화 5천만 달러를 초과하는 외화자금을 상환기간(거치기간을 포함한다) 1년 초과의 조건으로 차입(외화 증권발행 포함)하려는 경우에는 기재부장관에게 신고하여야 하고, 그 밖의 경우라면 외환법상 신고의무는 면제된다(외환규정 제2-5조). 이와 같은 신고의무를 통해 외국환행정권이 외국환은행의 외환차입에 대하여 규제하는 목적은 차입한 외국자본이 급격히 빠져나가면서 외환의 일시적

유동성 부족으로 환율이 급변하는 위기상황을 방지하기 위한 방어벽의 하나가 될 수 있기 때문이다.[27)]

3. 외화대출거래

외국환은행이 거주자 또는 비거주자에게 외화대출을 하는 경우에는 외환법상 신고의무가 발생하지 않지만, 외국환은행이 거주자로부터 보증 또는 담보를 제공받아 비거주자에게 외화대출을 하는 경우에는 대출을 받으려는 비거주자가 한국은행총재에게 신고하여야 하며, 한국은행총재는 필요시 동 신고내용을 국세청장에게 열람하도록 하여야 한다(외환규정 제2-6조제1항). 그럼에도 불구하고 외국환은행이 거주자로부터 보증 또는 담보를 제공받아 비거주자에게 행하는 외화대출이 다음과 같은 대출에 해당한다면 외환법상 신고의무는 면제된다(외환규정 제2-6조제2항):

① 한국수출입은행장이 기재부장관의 승인을 받은 업무계획범위 내에서 「한국수출입은행법」에 의해 지원하는 외국법인에 대한 사업자금 대출 및 외국정부 등에 대한 대출;
② 한국무역보험공사사장이 산업부장관의 승인을 받은 업무계획범위 내에서 「무역보험법」에 의해 지원하는 수출보험에 부보한 외국법인에 대한 사업자금 대출 및 외국정부 등에 대한 대출.

여기에서 외국환은행이 외환규정 제7-14조의2에서 정하는 현지법인등에 외환규정 제2-10조의 규정에 의하여 역외금융대출을 하는 경우에는 외환규정 제7-14조의2의 규정을 적용한다.

한편, 외국환은행이 국내에서 비거주자에게 다음과 같은 원화자금을 대출하려는 경우에도 외환법상 신고의무는 발생하지 않는다(외환규정 제2-6조제3항):

㉮ 외교적 또는 한·미SOFA 지위에 해당하는 비거주자에 해당하는 비거주자에 대한 원화자금 대출;
㉯ 비거주자자유원계정(당좌예금에 한한다)을 개설한 비거주자에 대한 2영업일 이

27) 금융기관들이 본질적으로 유동성 위기에 취약한 이유는 자산과 부채의 만기구조가 다른데 기인한다. 즉 금융기관은 단기로 차입해 장기로 대출함으로써 장단기 금리차에 의한 이윤을 얻는다. 그런데 갑자기 차입의 만기연장이 안 될 경우가 있다. 이 때 금융기관은 보유한 장기자산을 시장에 팔아서 해결하여야 하는데 아무도 사려하지 않는다면 유동성 위기에 빠지게 된다. 우리나라가 1997년 외환위기를 겪으면서 불가피하게 IMF구제금융을 요청했던 것이 바로 이러한 연유에서 기인했던 것이다.

내의 결제자금을 위한 당좌대출;
㉰ 국민인비거주자에 대한 원화자금 대출;
㉱ 앞서 설명한 원화자금 대출에 해당하지 않는 자에 대한 동일인 기준 10억 원 이하(다른 외국환은행의 대출 포함한다)의 원화자금 대출.

여기에서 앞서 설명한 ㉮부터 ㉱까지에 해당하는 경우를 제외하고 외국환은행이 국내에서 동일인 기준 300억 원 이하(다른 외국환은행의 대출 포함한다)의 원화자금을 비거주자에게 대출하려는 경우에는 해당 비거주자가 외국환은행의 장에게 신고하여야 하는데, 거주자의 보증 또는 담보제공을 받아 대출하는 경우라면 해당 비거주자가 한국은행총재에게 신고하여야 한다(외환규정 제2-6조제4항). 아울러 외국환은행이 비거주자에 대하여 앞서 설명한 원화자금의 대출에 해당하지 않는 원화자금을 대출하려는 경우에는 대출을 받으려는 비거주자가 차입자금의 용도 등을 명기하여 한국은행총재에게 신고하여야 한다(외환규정 제2-6조제5항).

4. 예금계정 및 금전신탁계정의 개설

외국환은행이 거주자 또는 비거주자를 위하여 개설할 수 있는 예금계정 및 금전신탁계정의 종류는 다음과 같다(제2-6조의2제1항):

① 거주자(개인인 거주자와 대한민국정부의 재외공관 근무자 및 그 동거가족을 제외한다)의 외화자금 예치를 위한 거주자계정 및 거주자외화신탁계정;
② 비거주자나 개인인 외국인거주자 또는 대한민국정부의 재외공관 근무자 및 그 동거가족의 외화자금 예치를 위한 대외계정 및 비거주자외화신탁계정;
③ 비거주자가 국내에서 사용하기 위한 목적의 원화자금을 예치하는 비거주자원화계정;
④ 비거주자(외국인거주자 포함한다)가 대외지급이 자유로운 원화자금을 예치하는 비거주자자유원계정 및 비거주자원화신탁계정;
⑤ 해외이주자, 해외이주예정자 또는 재외동포가 국내재산 반출용 외화자금을 예치하는 해외이주자계정;
⑥ 거주자가 외화증권 투자용 외화자금을 예치하는 외화증권투자전용외화계정;
⑦ 비거주자 또는 외국인거주자가 국내원화증권·장내파생상품 투자용 원화자금과 외화자금을 각각 예치하는 투자전용비거주자원화계정 및 투자전용대외계정;
⑧ 비거주자 또는 외국인거주자가 장외파생상품의 청산(장외파생상품의 거래를 함에 따라 발생하는 채무를 채무인수, 경개[更改], 그 밖의 방법으로 부담하는 것을 말한다)을 위한 원화자금 및 외화자금을 각각 예치하는 투자전용비거주자원화계정 및 투자전용대외계정;

⑨ 투자매매(중개)업자 · 한국거래소 및 증권금융회사가 비거주자 또는 외국인거주자의 증권 · 장내파생상품의 투자자금 관리를 위하여 외환규정 제7장 제6절 내지 제7절의 규정에 따라 외화자금을 예치하는 투자전용외화계정;
⑩ 청산회사(자본시장법 제323조의3에 따라 금융위원회로부터 같은 법 제9조 제25항에 따른 금융투자상품거래청산업의 인가를 받은 금융투자상품거래청산회사를 말한다)가 비거주자 또는 외국인거주자의 장외파생상품의 청산을 위하여 외환규정 제7장 제6절부터 제7절의 규정에 따라 외화자금을 예치하는 투자전용외화계정;
⑪ 한국예탁결제원이 비거주자의 주식예탁증서 발행 관련 자금을 관리하기 위하여 외화자금을 예치하는 원화증권전용외화계정.

여기에서 각 계정별 예금의 종류는 한국은행총재가 정하는데, 한국은행총재가 예금의 종류를 신설하거나 변경한 경우에는 그 내용을 지체없이 기재부장관에게 보고하여야 한다(제2-6조의2제2항). 그리고 각 계정별 예치 또는 처분 사유는 외환규정 제7장에서 정하는 바에 의한다(제2-6조의2제3항).

5. 지급보증거래

외국환은행이 보증(담보관리승낙을 포함한다)을 하는 경우에는 원칙적으로 보증을 의뢰하는 당사자가 한국은행총재에게 신고하여야 하며, 한국은행총재는 필요시 동 신고내용을 국세청장에게 열람하도록 하여야 한다(외환규정 제2-8조제2항). 하지만 외국환은행이 다음과 같은 보증을 하는 경우에는 예외요건에 해당하여 그 신고의무가 면제된다(외환규정 제2-8조제1항):

① 거주자 상호간의 거래에 관하여 보증을 하는 경우;
② 거주자(채권자)와 비거주자(채무자)의 인정된 거래에 관하여 채권자인 거주자에 대하여 보증을 하는 경우로서 비거주자가 외국환은행에 보증 또는 담보를 제공하는 경우;
③ 거주자(채무자)와 비거주자(채권자)의 인정된 거래에 관하여 채권자인 비거주자에 대하여 보증을 하는 경우;
④ 교포등에 대한 여신과 관련하여 해당 여신을 받는 동일인당 미화 20만 달러 이내에서 보증(담보관리승낙을 포함한다)하는 경우;
⑤ 비거주자간의 거래에 관하여 보증을 하는 경우로서 현지금융에 해당하는 보증;
⑥ 비거주자간의 거래에 관하여 보증을 하는 경우로서 해외건설 및 용역사업에 있어 거주자가 비거주자와 합작하여 수주 · 시공 등을 하는 공사계약과 관련한 입찰보증 등을 위한 보증금의 지급에 갈음하는 보증;
⑦ 비거주자간의 거래에 관하여 보증을 하는 경우로서 국내기업의 현지법인이 체

결하는 해외건설 및 용역사업, 수출, 기타 외화획득을 위한 계약과 관련한 입찰 보증 등을 위한 보증금의 지급에 갈음하는 보증;

⑧ 비거주자간의 거래에 관하여 보증을 하는 경우로서 앞의 제⑤부터 제⑦까지의 경우를 제외하고 거주자가 외국환은행에 보증 또는 담보를 제공하지 않은 경우(다만, 비거주자로부터 국내재산을 담보로 제공받아 보증[담보관리승낙을 포함한다]하는 경우 제외한다).

6. 외국환포지션의 구분

1) 구분준칙

일정시점에서 외국환은행등이 보유하고 있는 외화표시 자산과 부채와의 차액 또는 외국환거래에 따른 일정 외국환의 매도액과 매입액의 차액으로서 환리스크(exchange risk)에 노출된 부분을 외국환포지션(position)이라 한다. 이는 현물환포지션(현물외화자산잔액과 현물외화부채잔액과의 차액에 상당하는 금액)과 선물환포지션(선물외화자산잔액과 선물외화부채잔액과의 차액에 상당하는 금액) 및 종합포지션(현물외화자산 잔액 및 선물외화자산잔액의 합계액과 현물외화부채잔액 및 선물외화부채잔액의 합계액과의 차액에 상당하는 금액)으로 구분된다(외환규정 제2-9조). 각 외국환포지션에는 외환규정에서 그 한도가 정해져 있다.[28]

---

28) ❶ 종합포지션의 한도는 다음과 같다. ㉮ 종합매입초과포지션은 각 외국통화별 매입초과액의 합계액 기준으로 전월말 자기자본의 100분의 50에 상당하는 금액(다만, 한국수출입은해의 경우 외화자금 대출잔액의 100분의 150에 해당하는 금액으로 한다) ㉯ 종합매각초과포지션은 각 외국통화별 매각초과액의 합계액 기준으로 전월말 자기자본의 100분의 50에 상당하는 금액. ❷ 선물환포지션의 한도는 다음과 같다. ㉮ 외국환은행의 매입초과포지션 또는 매각초과포지션을 기준으로 전월말 자기자본의 100분의 50에 상당하는 금액(다만, 은행법 제58조에 의한 외국금융기관의 국내지점의 경우는 전월말 자기자본의 100분의 250에 상당하는 금액으로 한다) ㉯ 앞의 ㉮에도 불구하고 기재부장관은 자본유출입의 변동성이 확대되는 등 외환시장 안정 등을 위하여 긴급히 필요한 경우에는 외환규정 제10-15조에 따라 앞의 ㉮에서 정한 한도를 100분의 50 범위 내에서 가감하여 정할 수 있다. 여기에서 '자기자본'은 국내외국환은행의 경우에는 납입자본금·적립금 및 이월이익잉여금의 합계액을 말하며 외국은행국내지점의 경우에는 갑기금·을기금·적립금 및 이월이익잉여금의 합계액을 말한다(외환규정 제2-9조의2제4항). 한편, 한국은행총재는 이월이익잉여금의 환리스크 헤지를 위한 외국환매입분에 대하여 별도 한도를 인정받으려는 외국은행국내지점과 외국환포지션 한도의 초과가 필요하다고 인정되는 외국환은행에 대하여는 전술한 외국환포지션 한도 외에 별도한도를 인정할 수 있다(외환규정 제2-9조의2제3항).

2) 업무수행상 보고(통보)의무

외국환은행장은 외국환포지션 한도와 관련하여 한국은행총재에게 매월 외국환포지션상황을 보고하여야 하며, 한국은행총재는 이를 금융감독원장에게 통보하여야 한다(외환규정 제2-9조).

7. 역외계정의 설치 · 운영

1) 설치 · 운영의 준칙

외국환은행이 비거주자(다른 역외계정을 포함한다)로부터 외화자금을 조달하여 비거주자(다른 역외계정을 포함한다)를 상대로 운용하는 역외계정을 설치한 경우에는 이를 일반계정과 구분하여 계산(계리)하여야 한다(외환규정 제2-10조제1항). 또한 외국환은행이 역외계정에의 예치목적으로 미화 5천만 달러를 초과하는 외화증권을 상환기간 1년 초과 조건으로 발행하고자 하는 경우에는 기재부장관에게 신고하여야 한다(외환규정 제2-10조제3항). 그리고 역외계정과 일반계정 간의 자금이체는 기재장관의 허가를 받아야 하는 것이 원칙이지만, 직전 회계연도 중 역외외화자산평잔(월말 잔액을 기준으로 한 평잔을 말한다)의 100분의 10 범위 내에서의 자금이체는 예외로 한다(외환규정 제2-10조제2항).

2) 업무수행상 보고(제출)의무

외국환은행장은 해당 법인의 당월 중 역외계정의 자산과 부채상황을 익월 10일까지 한국은행총재와 금융감독원장에게 보고하여야 하며, 한국은행총재는 그 내용을 종합하여 매분기별로 기재부장관에게 제출하여야 한다(외환규정 제2-10조제4항).

8. 파생상품거래

외국환은행이 거주자 및 비거주자와 외환파생상품거래를 체결하고 결제일에 계약금액의 전부 또는 일부를 실제 인수도하려고 할 경우에 동 외국환의 결제는 외환규정(제2-2조, 제2-3조, 제2-4조)을 준용한다. 여기에서 '파생상품'이란 다음의 것을 말한다(외환법 제3조제1항; 외환령 제5조; 자본시장법 제5조):

① 기초자산이나 기초자산의 가격 · 이자율 · 지표 · 단위 또는 이를 기초로 하는 지수 등에 의하여 산출된 금전 등을 장래의 특정 시점에 인도할 것을 약정하는 계약;

② 당사자 어느 한쪽의 의사표시에 의하여 기초자산이나 기초자산의 가격·이자율·지표·단위 또는 이를 기초로 하는 지수 등에 의하여 산출된 금전 등을 수수하는 거래를 성립시킬 수 있는 권리를 부여하는 것을 약정하는 계약;
③ 장래의 일정기간 동안 미리 정한 가격으로 기초자산이나 기초자산의 가격·이자율·지표·단위 또는 이를 기초로 하는 지수 등에 의하여 산출된 금전 등을 교환할 것을 약정하는 계약 등에 해당하는 계약상의 권리와 상품의 구성이 복잡하고 향후 수익을 예측하기 어려워 대규모 외환유출입을 야기할 우려가 있는 금융상품으로서 기재부장관이 고시하는 것.

9. 외국은행 국내지점(사무소)와 비예금성 외화부채 등

1) 외국은행 국내지점(사무소)

외국은행 국내지점의 본지점 간 거래에 대하여는 금융위원회가 정하는 바에 따르며, 외국은행 국내사무소의 유지·운영에 필요한 제경비 등에 관하여는 외환규정(제9-34조)을 준용하고, 외국은행 국내지사의 설치 등에 관하여는 은행법에서 정한 바에 따른다(외환규정 제2-11조).

2) 비예금성외화부채 등

외환령 제9조의2에 따라 외국환은행의 비예금성외화부채 등에서 제외하는 "기재부장관이 고시하는 계정과목"이란 외환령 제37조 제2항에 따라 금융위원회가 재위탁하여 금융감독원장이 정한 은행업감독업무시행세칙에서 정하는 외국환계정 회계처리기준(별표 4-1호)의 부채계정과목 중 다음과 같은 계정과목이 해당한다: ⓐ 매도외환; ⓑ 미지급외환; ⓒ 외화타점차; ⓓ 외화표시원화차입금; ⓔ 전대차입금; ⓕ 외화수탁금; ⓖ 외화직불카드채무; ⓗ 외화미지급금; ⓘ 외화가수금; ⓙ 외화선수수익; ⓚ 외화미지급비용; ⓛ 외화미지급미결제현물환; ⓜ 외화지급보증충당금; ⓝ 외화파생상품부채; ⓞ 역외외화예수금; ⓟ 역외파생상품부채; ⓠ 외화차입금의 기타 중 내국수입유산스와 관련된 것; ⓡ 외화차입금의 기타 중 정부 또는 지방자치단체의 정책수행을 대행하기 위해 정부, 지방자치단체 또는 외국환은행이 아닌 공공기관으로부터 차입한 자금; ⓢ 국외본지점 중 앞의 ⓒ, ⓛ 또는 ⓠ에 해당하는 것과 갑갑계정 중 을기금 한도 내의 것.

10. 외국환 매매와 관련한 사무의 위탁

외국환 매매와 관련한 사무의 위탁, 지급 · 수령과 관련한 사무의 위탁, 외국환은행의 비금융회사에 대한 지급 · 수령과 관련된 일부 사무의 위탁, 그리고 지급 · 수령과 관련한 사무의 중개에 관한 상세한 내용은 외환규정 제3-1조부터 제3-3조까지를 참조하기 바란다.

V. 무등록외국환업무영위행위(죄)에 대한 형사제재

무등록외국환업무영위행위(죄)에 대한 형벌제재는 3년 이하의 징역 또는 3억원 이하의 벌금에 처하되, 위반행위의 목적물 가액의 3배가 3억원을 초과한다면 그 벌금을 목적물의 가액의 3배 이하로 한다(외환법 제27조의2제1항). 본죄는 징역과 벌금을 병과할 수 있으며(외환법 제27조의2제2항), 몰수 및 추징과 양벌규정도 적용된다(외환법 제30조·제31조). 그러나 미수행위에 대한 가벌성은 없다. 본죄의 공소시효는 5년이다(형소법 제249조제1항).

제5장 외국환의 지급 · 수령방법과 수출입에 대한 신고

제 1 절 외국환의 지급과 수령

Ⅰ. 지급과 수령의 일반적 절차

외국환의 지급은 채무를 변제하기 위하여 외국환을 채권자에게 주거나 외국환을 정하여진 몫만큼 상대방에게 내주는 것을 말하고 외국환의 수령은 채무자나 상대방으로부터 외국환을 받아들이는 것을 말한다. 이와 같은 외국환의 지급이나 수령은 다음의 두 가지 기본조건을 전제요건으로 허용될 수 있다.

하나는 지급 · 수령의 원인행위는 우리나라가 체결한 조약 및 일반적으로 승인된 국제법규와 국내법령에 반하는 거래행위와 관련성이 없어야 한다(외환규정 제4-1조제1항). 따라서 우리나라가 체결한 조약 및 일반적으로 승인된 국제법규와 국내법령에 반하는 거래행위를 그 원인으로 하는 지급 · 수령은 금지되는 것이 외환법상 준칙이다. 다른 하나는 외국환의 지급 · 수령에 필요한 선행조건의 충족이다(외환규정 제4-2조제2항). 지급 · 수령에 필요한 선행조건이란 해당 지급이나 수령 또는 그 지급 · 수령의 원인이 되는 거래행위가 외환법령과 타 법령 등에 의하여 허가 · 신고수리 · 신고 · 확인 · 인정 또는 보고의 대상에 해당된다면 해당 허가 · 신고수리 · 신고 · 확인 · 인정 또는 보고의 실행이 그 지급이나 수령에 앞서 미리 완료되어야 한다는 것을 말한다. 그러므로 지급 · 수령의 원인행위에 대하여 외환법령상 허가 · 신고수리 · 신고 · 확인 · 인정의 절차적 이행의무가 있음에도 불구하고 그 절차적 의무이행을 아직 실행하지 아니하였다면 그 지급 · 수령은 허용될 수 없는 것이 외환법상 준칙이다.

그런데 만일 지급 · 수령에 필요한 선행조건을 이행하지 아니한 사안이 외환법령의 위반사실에 해당하여 형벌제재 또는 과태료 제재 등 행정제재의 적용대상이라면 그 위반사실을 제재기관의 장에게 보고되어야 하고, 이에 따라 제재조치가 취해진 연후 필요한 신고절차가 사후적으로 완료되어야만 그 지급 · 수령은 허용될 수 있다(외환규정 제4-2조제3항). 여기에서 수령의 경우라면 외국환은행을 경유하여 그 위반사실을 제재기관의 장에게 보고된 이후에 그 수령은 허용될 수 있다.

한편, 외국환업무취급기관을 통하여 위반사실을 보고받은 제재기관의 장은 외환법령을 위반한 당사자가 외환법에 따른 경고 및 거래정지 등 행정제재를 받을 우려가 있거나 기타 행정제재의 실효성 확보를 위하여 필요하다고 인정되는 경우에는 제재처분 확정 시까지 해당 지급이나 수령을 중단시킬 수 있다(외환규정 제4-2조제4항). 그리고 외환규정에 따라 거래외국환은행을 지정한 경우의 지급 또는 수령은 반드시 해당 지정거래 외국환은행을 통하여 지급하거나 수령하지 않으면 안 된다(외환규정 제4-2조제5항). 여기에서 휴대수출입을 위한 환전도 지정거래 외국환은행을 통한 지급·수령의무의 적용범위에 포함된다.

Ⅱ. 지급절차의 특례

1. 비거주자와 외국인거주자의 지급

비거주자와 외국인거주자가 소위 '취득경위 입증서류 제출대상 자금'을 지급하려면 앞서 설명한 외환규정상 지급·수령의 일반적 절차규정에도 불구하고 원칙적으로 해당 자금의 취득경위를 입증하는 서류를 제출하여 외국환은행장의 확인을 받은 경우에 한하여 그 지급이 허용될 수 있다(외환규정 제4-4조제1항).[1] '취득경위 입증서류 제출대상 자금'은 대체로 비거주자와 외국인거주자가 우리나라에 입국하면서 반입한 외국환으로 외국환은행에서 매입한 내국지급수단이 해당되는데, 구체적으로 다음과 같은 자금이 해당된다.

첫째, 비거주자 또는 외국인거주자가 외국으로부터 외환규정에서 정한 바에 따라 수령하였거나 휴대수입한 대외지급수단 범위 이내의 자금이다. 여기에서 비거주자의 경우에는 해당 비거주자의 최근 입국일 이후 수령하였거나 휴대수입한 대외지급수단에 한정하고, 외국인거주자의 경우에는 해당 외국인거주자의 배우자와 직계존비속을 포함한다.

둘째, 외환규정에 따라 내국지급수단으로 외국환은행에서 외국환을 매입하면서 한국은행총재에게 신고한 범위 이내의 자금이다.

셋째, 국내에서의 고용이나 근무에 따라 취득한 국내보수 또는 자유업 영위에 따른 소득과 국내로부터 지급받는 사회보험 및 보장급부 또는 연금 기타 이와 유사한 소득 범위 이내에서 지정거래외국환은행을 통해 지급하려는 자금이다.

넷째, 주한 외교기관이 징수한 영사수입과 기타 수수료이다.

다섯째, 외환규정에 따라 주한외교기관(소속) 비거주자와 한·미SOFA 관련 특수신분 비거주자가 외국환은행에게 외국환을 매각한 실적 범위 내의 자금이다. 여기에서 주한외교기관(소속) 비거주자란 외환령에 해당하는 비거주자를 말하고, 한·미SOFA 관련 특수신분 비거주자란 외환령에 해당하는 비거주자를 말한다.

여섯째, 외환규정에 따라 국내거주기간이 5년 미만인 주한외교기관(소속) 비거주자가 외국환은행에서 매입한 외국환이다.

---

1) 예외적인 허용기준에 대하여는 김용태, 앞의 책, 116쪽을 참조.

마지막으로, 외환법상 자본거래에 따라 대외지급이 인정된 자금의 지급이다.

2. 해외여행경비의 지급

'해외여행경비'란 해외여행자가 지급할 수 있는 해외여행에 필요한 경비를 말한다. 여기에서 해외여행자는 해외체재자와 해외유학생 및 일반해외여행자로 구분되는데 각각의 적용범위는 아래의 〈표 5-1〉와 같다.

〈표 5-1〉 해외여행자의 적용범위

여행자구분	적용 범위
해외 체재자	❶ 상용, 문화, 공무, 기술훈련, 국외연수(6월 미만의 경우에 한한다)를 목적으로 체재기간이 30일을 초과하여 외국에 체재하는 자(국내거주기간이 5년 미만인 외국인거주자는 제외한다) ❷ 국내기업 및 연구기관 등에 근무하는 자로서 그 근무기관의 업무를 위하여 체재기간이 30일을 초과하여 외국에 체재하는 국내거주기간 5년 미만인 외국인거주자와 외국의 영주권이나 장기체류자격을 취득한 재외국민
해외 유학생	❶ 외국의 교육기관 · 연구기관 또는 연수기관에서 6월 이상의 기간에 걸쳐 수학하거나 학문·기술을 연구 또는 연수할 목적으로 외국에 체재하는 자로서 영주권자가 아닌 국민 또는 국내 거주기간 5년 이상인 외국인 ❷ 앞의 ①에 해당되지 않은 자로서 유학경비를 지급하는 부모가 영주권자가 아닌 국민인 거주자인 경우
일반 해외여행자	해외체재자와 해외유학생에 해당하지 아니하는 거주자인 해외여행자

해외여행경비의 지급방법으로 ① 외국환은행을 통한 지급방법, ② 외국환은행을 통하지 아니한 휴대수출 지급방법, 그리고 ③ 신용카드등에 의한 지급방법이 있다(외환규정 제4-5조제1항·제6항).[2] 여기에서 신용카드는 신용카드업자가 발행한 것을 말하고, 그 적용범위에는 여신전문금융업법에 의한 신용카드, 직불카드, 선불카드 또는 외국환은행이 발급한 현금인출기능이 포함된 카드가 해당되며, 여행자카드도 포함된다.

3. 해외이주비의 지급

'해외이주비'란 해외이주법 등 관련법령에 의하여 해외이주가 인정된 해외이주자가

2) 지급조건에 관한 자세한 설명 내용은 김용태, 앞의 책, 118~119쪽을 참조.

지급할 수 있는 경비를 말한다. 그러므로 해외이주비의 지급은 해외이주자가 그 재산을 이주대상국가로 반출하는 것을 의미한다. 해외이주자의 법적 개념은 생업에 종사하기 위하여 외국에 이주하는 사람과 그 가족(민법 제779조에 따른 관계에 있는 사람을 말한다) 또는 외국인과의 혼인(외국에서 영주권을 취득한 대한민국 국민과 혼인하는 경우를 포함한다)과 연고(緣故) 관계로 인하여 이주하는 사람을 말한다(해외이주법 제2조).

해외이주비의 지급방법은 지정거래외국환은행을 통한 지급방법과 외국환은행을 통하지 아니한 휴대수출 지급방법이 있다.[3] 해외이주예정자가 영주권등을 취득하기 위한 자금을 지급하는 방법도 해외이주비의 지급방법과 같다. 해외이주비의 지급은 무한정으로 허용되는 것은 아니고 그 지급기한이 해외이주자의 유형에 따라 〈표 5-2〉과 같이 제한된다(외환규정 제4-6조제1항). 여기에서 이주자가 이주기간이 지연되는 상황에 대해 소명한 후 대외송금 기한은 연장이 가능하다.

〈표 5-2〉 해외이주비의 지급기한

구 분	해외이주비의 지급기한
해외이주자	외교부로부터 해외이주신고확인서를 발급받은 날부터 3년 이내
해외이주 예정자	외환규정 제4-6조 제2항에 따라 거래외국환은행을 지정한 날부터 3년 이내

4. 재외동포의 국내재산 반출절차

재외동포가 본인 명의로 보유하고 있는 국내재산은 지정거래외국환은행을 통한 지급방법이나 외국환은행을 통하지 아니한 휴대수출 지급방법으로 국외 반출이 허용된다.[4] 재외동포의 국내재산 반출은 외국국적을 취득한 해외이주자 또는 외국의 영주권이나 이에 준하는 자격을 취득한 내국민이 국내에서 자신명의로 소유하고 있던 재산을 국외의 이주지나 영주지로 반출하는 것이 된다. 재산반출의 주체인 재외동포의 적용범위는 해외이주법에 의한 해외이주자로서 외국 국적을 취득한 자 또는 대한민국 국민으로서 외국의 영주권 또는 이에 준하는 자격을 취득한 자이다. 그리고 국외로 반출할 수 있는 국내재산의 적용범위에는 다음과 같은 자금이 해당되고, 여기에는 재외동포의 자격을 취득한 후 형성된 재산도 포함된다(외환규정 제4-7조제1항). 첫째, 부동산 처분대금이다. 여기에서 부동산을 매각하여 금융자산으로 보유하고 있는 경우가 포함된

3) 지급조건에 관한 자세한 설명 내용은 김용태, 앞의 책, 121쪽을 참조.

4) 지급조건에 관한 자세한 설명 내용은 김용태, 앞의 책, 121~123쪽을 참조.

다. 둘째, 국내예금 · 신탁계정관련 원리금과 증권매각대금이다. 셋째, 본인명의 예금 또는 부동산을 담보로 하여 외국환업무취급기관으로부터 취득한 원화대출금이다. 마지막으로, 본인명의 부동산의 임대보증금이다.

5. 허가가 필요한 지급 · 수령[5)]

1) 의의

외환법 제15조 제2항에 따라 기재부장관은 국제사회의 일원으로 우리나라가 체결한 조약과 일반적으로 승인된 국제법규의 성실한 이행 그리고 국제평화와 안전유지를 위한 국제적 노력에 기여할 필요가 있는 경우 국내로부터 외국에 지급하려는 거주자 · 비거주자 그리고 비거주자에게 지급하거나 비거주자로부터 수령하려는 거주자에게 그 지급 또는 수령에 대한 허가를 받도록 할 수 있다.[6)] 이것은 국제사회의 테러행위 등을 규제하기 위해 필요한 경우 외국환의 지급과 수령을 제한하는 것으로 국제평화에 기여하기 위한 것이다.

2) 금융제재대상자에 대한 지급 · 수령[7)]

거주자와 비거주자가 외환법령상 금융제재대상자에게 지급하거나 외환법령상 금융제재대상자로부터 수령하려는 경우(금융제재대상자의 예금 · 신탁 및 금전대차 등 자본거래와 관련하여 발생하는 금융기관과의 지급 및 수령을 포함한다)나 외환법령상 금융제재대상자가 국내에서 외국에 지급하거나 외국으로부터 수령하려는 경우에는 외환규정에서 규율하고 있는 일반적 절차규정과 달리 한국은행총재의 허가를 받아야 한다.[8)] 하지만 그 지급 또는 수령이 거주자와 비거주자가 한국 및 이란주재 공관 운

---

5) 자세한 설명 내용은 김용태, 앞의 책, 123~125쪽을 참조.

6) 기재부장관은 지급 또는 수령의 허가를 받도록 하는 경우에는 허가를 받아야 하는 사유와 지급 또는 수령의 종류 및 범위를 정하여 고시(국제평화및안전유지등의의무이행을위한지급및수령허가지침)하여야 하고, 이 고시에 따른 지급 또는 수령의 허가를 받으려면 기재부장관이 정하여 고시하는 허가신청서류를 기재부장관(고시에서 한국은행총재에게 위임)에게 제출하여야 하며, 지급 또는 수령의 허가신청을 받은 기재부장관(위임받은 한국은행총재)은 해당 지급 또는 수령이 허가대상인지의 여부, 해당 지급 또는 수령의 사유와 금액, 해당 지급 또는 수령의 원인이 되는 거래 또는 행위의 내용 등을 심사하여 허가여부를 결정하고 신청인에게 통지하여야 한다(외환령 제29조제1항·제2항·제3항). 한편, 기재부장관은 지급 또는 수령에 대하여 허가를 받도록 조치한 사유가 소멸하게 된 때에는 해당 조치를 지체 없이 해제하여야 한다(외환령 제29조제4항).

7) 「국제평화및안전유지등의의무이행을위한지급」 제3조.

8) 외환법령상 금융제재대상자의 적용범위는 다음과 같은 개인 및 단체 등이 해당된다: ① 국제연합 안전보장이사회 결의 제751호 및 제1907호(각 1992년, 2009년 : 소말리아 및 에리트리아의

영경비와 근무자 인건비를 지급 또는 수령하는 경우에 해당된다면 예외적으로 한국은

평화와 안전에 위협이 되는 자에 대한 제재)에 의거 국제연합 안전보장이사회 또는 동이사회 결의 제751호(1992년) 및 제1907호(2009년)에 의하여 구성된 위원회(Security Council Committee)가 지명한 자; ② 국제연합 안전보장이사회 결의 제1267호, 1989호 및 2253호(각 1999년, 2011년 및 2015년 : ISIL, 알카에다 관계자 등에 관한 제재)에 의거 국제연합 안전보장이사회 또는 동 이사회 결의 제1267호(1999년), 제1989호(2011년) 및 제2253호(2015년)에 의하여 구성된 위원회가 지명한 자; ③ 국제연합 안전보장이사회 결의 제1518호(2003년 : 후세인 정권 관계자 등에 대한 제재)에 의거 국제연합 안전보장이사회 또는 동 이사회 결의 제1518호(2003년)에 의하여 구성된 위원회가 지명한 자; ④ 국제연합 안전보장이사회 결의 제1521호(2003년 : 라이베리아 평화와 안전에 위협이 되는 자에 대한 제재)에 의거 국제연합 안전보장이사회 또는 동 이사회 결의 제1521호(2003년)에 의하여 구성된 위원회가 지명한 자; ⑤ 국제연합 안전보장이사회 결의 제1533호(2004년 : 민주콩고공화국 내전 관련자에 대한 제재)에 의거 국제연합 안전보장이사회 또는 동 이사회 결의 제1533호(2004년)에 의하여 구성된 위원회가 지명한 자; ⑥ 국제연합 안전보장이사회 결의 제1572호(2004년 : 코트디부아르 평화와 안전에 위협이 되는 자에 대한 제재)에 의거 국제연합 안전보장이사회 또는 동 이사회 결의 제1572호(2004년)에 의하여 구성된 위원회가 지명한 자; ⑦ 국제연합안전보장이사회 결의 제1591호(2005년 : 수단의 평화와 안전에 위협이 되는 자에 대한 제재)에 의거 국제연합 안전보장이사회 또는 동 이사회 결의 제1591호(2005년)에 의하여 구성된 위원회가 지명한 자; ⑧ 국제연합 안전보장이사회 결의 제1718호(2006년 : 북한 미사일·핵·대량살상무기 관련자에 대한 제재)에 의거 국제연합 안전보장이사회 또는 동이사회 결의 제1718호(2006년)에 의하여 구성된 위원회가 지명한 자; ⑨ 국제연합 안전보장이사회 결의 제2231호(2015년 : 이란의 핵확산 민감활동 또는 핵무기 운반체계 개발 중단 합의 등과 관련한 이사회 의결)에 의거 국제연합 안전보장이사회 또는 동 이사회 결의 제2231호(2015년)에 의하여 구성된 위원회가 지명한 자; ⑩ 국제연합 안전보장이사회 결의 제1970호(2011년 : 카다피 정권에 대한 제재)에 의거 국제연합 안전보장이사회 또는 동이사회 결의 제1970호(2011년)에 의하여 구성된 위원회가 지명한 자; ⑪ 국제연합 안전보장이사회 결의 제1988호(2011년 : 아프가니스탄의 평화와 안전에 위협이 되는 탈리반 관계자 등에 대한 제재)에 의거 국제연합 안전보장이사회 또는 동이사회 결의 제1988호(2011년)에 의하여 구성된 위원회가 지명한 자; ⑫ 국제연합 안전보장이사회 결의 제2127호(2013년 : 중앙아프리카공화국 평화와 안전에 위협이 되는 자에 대한 제재)에 의거 국제연합 안전보장이사회 또는 동이사회 결의 제2127호(2013년)에 의하여 구성된 위원회가 지명한 자; ⑬ 국제연합 안전보장이사회 결의 제2140호(2014년 : 예멘 평화와 안전에 위협이 되는 자에 대한 제재)에 의거 국제연합 안전보장이사회 또는 동이사회 결의 제2140호(2014년)에 의하여 구성된 위원회가 지명한 자; ⑭ 국제연합 안전보장이사회 결의 제2206호(2015 : 남수단의 평화와 안전에 위협이 되는 자에 대한 제재)에 의거 국제연합 안전보장 이사회 또는 동이사회 결의 제 2206호(2015)에 의하여 구성된 위원회가 지명한 자; ⑮ 미합중국이 대통령명령(Executive Order) 제13224호에 따라 지명한 자 중 기획재정부장관이 동 지침에 따라 지정한 자; ⑯ 미합중국이 대통령명령(Executive Order) 제13382호 및 이란금융제재규정(IFSR)에 따라 지명한 자 중 기획재정부장관이 동 지침에 따라 지정한 자; ⑰ 미합중국이 대통령명령(Executive Order) 제13573호 및 제13582호에 따라 지명한 자 중 기획재정부장관이 동 지침에 따라 지정한 자; ⑱ 유럽연합이사회(The Council of the European Union)가 지명한 자 중 기획재정부장관이 동 지침에 따라 지정한 자; ⑲ 그 밖에 국가의 안전 및 국민의 생명을 보호하기 위해 외교부장관, 통일부장관, 산업부장관 및 금융위원회위원장을 포함한 관계중앙행정기관의 장과 협의를 거쳐 기재부장관이 동 지침에 따라 지정한 자; ⑳ 상기의 금융제재대상자를 제외하고 이란에 거주하는 개인 또는 이란에 소재하는 단체.

행총재의 허가는 면제된다.

3) 이란관련 개인 및 단체에 대한 지급 · 수령[9)]

거주자가 외환법상 금융제재대상자 등에 해당되지 아니한 이란에 거주하는 개인 또는 이란에 소재한 단체에게 지급 또는 수령하고자 하는 경우 거래외국환은행의 장은 금융거래상대방, 선적물품 입항항구 및 운송 선사 등 지급 · 수령과 관련된 사항을 확인하여야 한다. 그리고 거래외국환은행장은 금융거래상대방 등 확인을 위하여 제출받은 서류가 허위 또는 위조 · 변조되거나 외환법상 금융제재대상자등과의 거래임을 확인한 경우에는 해당 거주자와의 지급 또는 수령을 거부할 수 있으며, 제재기관의 장에게 보고하여야 한다.

6. 지급절차 위반행위에 대한 과태료 제재 및 형사제재

1) 질서위반행위에 대한 과태료제재

외환법을 적용받는 지급 또는 수령과 관련하여 환전절차, 송금절차, 재산반출절차 등을 위반하여 지급 · 수령을 하거나 자금을 이동시키는 행위는 5천만 원 이하의 과태료 부과대상 외환질서위반행위에 해당된다(외환법 제32조제2항).

2) 불법지급 · 수령에 대한 형사제재

거주자 또는 비거주자가 앞서 설명한 금융제재대상자에 대한 지급 · 수령 또는 이란관련 개인 및 단체에 대한 지급 · 수령에 해당함에도 불구하고 한국은행총재의 허가를 받지 아니하거나 거짓 또는 그 밖의 부정한 방법으로 허가를 받은 채 외국환을 지급 · 수령하는 경우에는 불법지급 · 수령죄가 성립한다. 불법지급 · 수령죄를 범한 자에 대한 형벌제재는 3년 이하의 징역 또는 3억 원 이하의 벌금에 처하되, 위반행위의 목적물 가액의 3배가 3억 원을 초과한다면 그 벌금을 목적물의 가액의 3배 이하로 한다(외환법 제27조의2제1항). 본죄는 징역과 벌금을 병과할 수 있으며(외환법 제27조의2제2항), 몰수 · 추징 및 양벌규정의 적용대상이 된다(외환법 제30조·제31조). 그러나 미수행위에 대한 가벌성은 없다.

---

9) 「국제평화및안전유지등의의무이행을위한지급및수령허가

제 2 절 외국환의 지급·수령방법에 대한 신고의무

Ⅰ. 개설

1. 신고의무의 부과요건

외환법은 대외거래나 행위에 따른 채권 · 채무의 결제가 비정형적인 지급 · 수령방법으로 이루어지는 경우에 해당 거래의 당사자인 거주자에게 그 비정형적 지급 · 수령방법에 대한 신고의무(또는 신고의무를 갈음하여 사후 보고의무)를 부과하고 있다. 이러한 신고의무의 부과는 외국환당국이 거주자 상호간이나 비거주자와 거주자간 또는 비거주자 상호간의 경상거래나 자본거래 또는 그 행위에 따른 채권 · 채무의 결제가 경제질서에 맞게 이루어지도록 외국환거래를 감독함으로써 우리나라의 국제수지 균형에 대한 위험을 예방하고 국민경제이익을 도모하려는 외국환행정작용의 기능을 갖게 된다. 여기에서 비정형적인 지급 · 수령방법은 외국환당국의 모니터링, 즉 외국환거래의 감독 또는 외국환행정상의 위험방지를 벗어나는 지급방법이나 수령방법을 뜻한다.

신고의무가 부과되는 비정형적 지급 · 수령방법의 적용범위는 거주자 상호간, 거주자와 비거주자 간 또는 비거주자 상호간의 외국환거래나 행위에 따른 채권 · 채무의 결제를 위하여 거주자가 행하는 지급이나 수령이 다음과 같은 네 가지 거래유형에 해당하는 경우이다(외환법 제16조):

> ❶ 상계 등의 방법으로 채권 · 채무를 소멸시키거나 상쇄시키는 방법으로 결제하는 경우;
> ❷ 기재부장관이 정하는 기간을 넘겨 결제하는 경우;
> ❸ 거주자가 해당 거래의 당사자가 아닌 자와의 지급 또는 수령을 하거나 해당 거래의 당사자가 아닌 거주자가 그 거래의 당사자인 비거주자와 지급 또는 수령을 하는 경우;
> ❹ 외국환업무취급기관을 통하지 아니하고 지급 또는 수령을 하는 경우.

2. 신고의무의 일반적 면제요건

앞서 설명한 비정형적 지급 · 수령방법에 의한 결제는 그 지급이나 수령의 방법에 대하여 신고기관에 미리 서면으로 신고하지 않았다면 원칙적으로 외환법상 그 지급 또는 수령은 허용될 수 없다. 하지만 비정형적 지급·수령방법에 의한 결제에 해당한다고 하더라도 외국환수급 안정과 대외거래 원활화를 위하여 예외적 경우에는 사후에 보고하거나 신고의무의 부과대상에서 제외될 수 있다(외환법 제16조단서). 이에 따라 외국환거래나 행위에 따른 채권·채무의 결제를 위한 지급·수령방법이 앞서 설명한 비정형적 지급·수령의 적용범위에 포함됨에도 불구하고 그 지급이나 수령이 다음과 같은 경우에 해당한다면 외환법상 지급·수령방법에 대한 신고의무는 일반적으로 발생하지 않는다(외환규정 제5-2조):

① 외환규정에 의하여 자본거래의 신고를 한 자가 신고내용에 포함된 지급·수령하는 경우;
② 한국은행, 외국환은행, 기타 외국환업무취급기관, 소액해외송금업자, 기타전문외국환업무를 등록한자 및 종합금융회사가 외국환업무와 관련하여 지급·수령하는 경우;
③ 조약 또는 일반적으로 승인된 국제법규에서 정하는 지급·수령의 방법으로 지급하거나 수령하는 경우;
④ 거래 당사자의 일방이 신고한 경우;
⑤ 정부 또는 지방자치단체가 지급 또는 수령하는 경우;
⑥ 공공차관법에 의한 차관자금으로 수입대금을 지급하는 경우;
⑦ 대외무역관리규정 별표3(수출승인의 면제) 및 별표4(수입승인의 면제)에서 정한 물품의 수출입대금을 지급 또는 수령하는 경우.

3. 신고의무의 이행방법

지급·수령방법에 대한 신고의무를 이행하는 절차는 기재부장관이 정하여 고시하는 신고서류를 기재부장관에게 제출하는 것이다(외환령 제30조제1항). 이에 따라 실무적으로는 '지급·수령의 방법(변경)신고(보고)서'에 소정의 관계서류를 첨부하여 미리 해당 신고기관에 제출(전자적 방법을 통해 실명확인을 받고 제출할 수 있다)하는 것인데, 신고내용을 변경하려는 경우에도 또한 같다(외환규정 제5-3조). 여기에서 기재부장관의 권한이 한국은행총재와 (지정거래)외국환은행장에게 위탁됨에 따라 해당 신고기관은 외국환행정수탁기관인 한국은행총재 또는 (지정거래)외국환은행장이 된다.

4. 질서위반행위에 대한 과태료제재

1) 비정형적 지급 · 수령방법 미신고행위

외환법상 지급 · 수령방법에 대한 신고를 하지 아니하거나 거짓으로 신고를 하고 지급 또는 수령을 하는 행위로서 그 신고의무를 위반한 금액이 한화 25억 원 이하 상당액에 해당하는 행위에 대해서는 1억 원 이하의 과태료 부과대상 외환질서위반행위에 해당된다(외환법 제32조제1항).

2) 비정형적 지급 · 수령방법 사후보고 불이행행위

외환법상 지급 · 수령방법의 신고를 갈음하여 사후 보고를 하지 아니하거나 거짓으로 사후보고를 한 경우에는 3천만 원 이하의 과태료 부과대상 외환질서위반행위에 해당된다(외환법 제32조제3항).

Ⅱ. 상계와 상호계산방법에 의한 결제

1. 상계방법에 의한 결제

1) 신고의무의 발생

외환법 제16조 제1호에 따라 상계의 방법, 즉 거주자가 수출입 · 용역거래, 자본거래 등 대외거래를 함에 있어서 계정의 대기 또는 차기에 의하여 결제하는 등의 방법으로 비거주자에 대한 채권 또는 채무를 비거주자에 대한 채무 또는 채권으로 상계를 하는 경우에는 그 지급 · 수령방법에 대한 신고의무가 발생하는데, 그 대상거래가 다자 간 상계거래 및 다국적 기업의 상계센터를 통한 상계를 제외한 상계거래는 2019. 5. 3.부터 상계처리 후 30일 이내 사후 보고제로 개정되었다. 여기에서 '상계의 방법'이란 수출입거래, 용역거래, 자본거래와 같은 대외거래의 상대방인 비거주자에 대한 채권을 취득한 거주자가 그 채권을 기업회계상 계정의 대기(credit) 또는 차기(debit)에 의한 결제를 통하여 그 비거주자와 또 다른 거래에서 자신이 지게 된 그 비거주자에 대한 채무와 법률적으로 상쇄시키는 것을 의미한다.

외환법상 상계의 적용범위에서는 양자 간 상계뿐만 아니라 다국적 기업의 상계센터를 통하여 상계하거나 다수의 당사자의 채권 또는 채무를 상계하는 다자간 상계의 경우도 해당된다. 해당 신고기관은 상계의 유형에 따라 구별되는데, 양자간 상계거래의 경우에는 외국환은행장이 되며(외환규정 제5-4조제2항), 다자간 상계거래와 다국적기업의 상계센터를 통한 상계의 경우라면 한국은행총재가 된다(외환규정 제5-4조제3항).

2) 신고의무의 면제

거주자가 수출입 · 용역거래, 자본거래 등 대외거래를 함에 있어서 계정의 대기 또는 차기에 의하여 결제하는 등의 방법으로 비거주자에 대한 채권 또는 채무를 비거주자에 대한 채무 또는 채권으로 상계를 하는 경우에는 그 지급 · 수령방법에 대한 신고의무가 발생하는 것이 원칙이다. 하지만 거주자와 비거주자가 상계의 방법으로 결제를 할 때 기재부장관이 정하여 고시하는 방법으로 일정한 외국환은행을 통하여 주기적으로 결제하는 경우 또는 그 밖에 기재부장관이 고시하는 경우에는 신고하지 아니할 수 있는 적용범위에 해당된다(외환령 제30조 제2항 제1호). 이에 따라 앞서 설명한 신고의무의 일반적 면제요건에 해당하거나 다음과 같은 경우에는 예외적으로 외환법상 지급 · 수령방법에 대한 신고의무가 발생하지 않는다(외환규정 제5-4조제1항).

(1) 거주자의 동일 거래상대방에 대한 정산거래 금액의 상쇄 지급 · 수령

① 거주자가 거주자와 비거주자 간의 거래 또는 행위에 따른 채권 또는 채무를 외환규정상(제5장제2절제2관) 상호계산계정을 통하여 해당 거래의 당사자인 비거주자에 대한 채무 또는 채권으로 상계하는 경우, ② 거주자가 외환규정상(제7장제7절) 파생상품거래에 의하여 취득하는 채권 또는 채무를 해당 거래상대방과의 반대거래 또는 해당 장내파생상품시장에서 동종의 파생상품거래에 의하여 취득하는 채무 또는 채권과 상계하거나 그 상계한 잔액을 지급 또는 수령하는 경우가 해당된다.

(2) 신용카드발행업자 · 보험사업자와 외국 동종사업자 간 정산거래 금액의 상쇄 지급 · 수령

① 신용카드발행업자가 외국에 있는 신용카드발행업자로부터 수령할 금액과 해당 외국에 있는 신용카드발행업자에게 지급할 금액을 상계하거나 그 상계한 잔액을 지급 또는 수령하는 경우, ② 보험업법에 의한 보험사업자와 특정보험사업자가 외국의 보험사업자와의 재보험계약에 의하여 재보험료, 재보험금, 대행중개수수료, 대행업무비용, 공탁금과 공탁금 이자 등을 지급하거나 수령하면서 그 대차를 차감한 잔액을 지급 또는 수령하는 경우가 해당된다. 여기에서 "외국에 있는 신용카드발행업자에게 지급할 금액"은 거주자의 신용카드 대외지급대금과 사용수수료 및 회비를 말한다. 그리고 "특정보험사업자"에는 신용협동조합법, 수산업협동조합법 및 새마을금고법에 따른 공제사업자가 포함된다.

(3) 수출입대금과 직접 관련된 정산거래 금액의 상쇄 지급 · 수령

① 연계무역, 위탁가공무역 및 수탁가공무역에 의하여 수출대금과 관련 수입대금을

상계하는 경우, ② 물품의 수출입대금과 해당 수출입거래에 직접 수반되는 중개 또는 대리점 수수료 등을 상계하는 경우가 해당된다.

(4) 국제운송수단과 직접 관련된 정산거래 금액의 상쇄 지급 · 수령

① 외국항로에 취항하는 국내의 항공 또는 선박회사가 외국에서 취득하는 외국항로의 항공임 또는 선박임과 경상운항경비를 상계하거나 그 상계한 잔액을 지급 또는 수령하는 경우, ② 외국항로에 취항하고 있는 국내선박회사가 외국선박회사와 공동운항계약을 체결하고 선복 및 장비의 상호사용에 따른 채권과 채무를 상계하는 경우, ③ 국내외철도승차권 등(선박, 항공기 또는 대중교통수단 등의 이용권을 포함한다)의 판매대금과 해당 거래에 직접 수반되는 수수료를 상계하는 경우가 해당된다.

(5) 미화 5천 달러 이하 소액거래 등

① 일방의 금액이 미화 5천 달러 이하인 채권 또는 채무를 상계하는 경우, ② 거주자 상호간에 외화표시 채권 또는 채무를 상계하는 경우, ③ 국내 통신사업자가 외국에 있는 통신사업자로부터 수령할 무선통신망 사용대가와 해당 통신사업자에게 지급할 무선통신망 사용대가를 상계하거나 그 상계한 잔액을 지급 또는 수령하는 경우, ④ 조세에 관한 법률등에 따라 거주자와 비거주자간 거래와 관련하여 발생한 소득에 대한 원천징수 후 잔액을 지급 또는 수령하는 경우, ⑤ 거주자와 비거주자간 국내 소송 · 중재 등에 따른 지급 등과 관련하여 소송비용 등을 상계하거나 그 상계한 잔액을 지급 또는 수령하는 경우가 해당된다. 여기에서 "일방의 금액"은 분할하여 지급 및 수령을 하는 경우에는 각각의 지급 및 수령의 금액을 합산한 금액을 말한다.

2. 상호계산방법에 의한 결제

외환법 제16조 제1호에 따라 상대방과의 거래가 빈번하여 상호계산방법으로 지급 · 수령을 하는 경우에는 그 지급 · 수령방법에 대한 신고의무가 발생한다. 여기에서 외환법상 상호계산계정을 통하여 대기 또는 차기할 수 있는 항목은 상호계산상대방과의 채권 또는 채무로 하는데, 외환법 · 령 · 규정에 의하여 지급, 지급방법 및 자본거래에 대한 신고가 요구되는 경우에도 역시 그 지급 · 수령방법에 대한 신고의무가 발생한다(외환규정 제5-6조제1항). 그리고 이미 개설한 상호계산계정을 폐쇄하는 경우에도 마찬가지로 외환법상 신고의무가 발생한다(외환규정 제5-5조제1항). 해당 신고기관은 지정거래외국환은행장이 된다(외환규정 제5-5조제1항).

Ⅲ. 수출입대금의 법정기간을 넘기는 결제

1. 신고의무의 발생

거주자가 수출입대금을 지급하거나 수령하는 경우에는 원칙적으로 외환법상 신고의무가 발생하지 않는다. 하지만 외환법 제16조 제2호에 따라 거주자가 지급하는 수입대금의 지급시기 또는 수령하는 수출대금의 수령시기가 법정기간을 넘기는 결제, 즉 기재부장관이 정하는 기간을 넘기는 결제에 해당된다면 그 지급 · 수령방법에 대한 신고의무가 발생한다. 여기에서 다음과 같은 수입대금의 지급시기 또는 수출대금의 수령시기가 해당된다(외환규정 제5-8조제1항). 그리고 해당 신고기관은 한국은행총재이다(외환규정 제5-8조제1항).

1) 수출대금의 수령시기

① 본지사간의 수출거래로서 계약건당 미화 5만 달러를 초과하는 수출대금을 무신용장 인수인도조건방식 또는 외상수출채권매입방식에 의하여 결제기간이 물품의 선적 후 또는 수출환어음의 일람 후 3년을 초과하여 수령하는 경우;
② 본지사간 수출거래로서 계약건당 미화 5만 달러를 초과하는 수출대금을 물품의 선적 전에 수령하는 경우;
③ 본지사간이 아닌 수출거래로서 계약건당 미화 5만 달러를 초과하는 수출대금을 물품의 선적 전 1년을 초과하여 수령하는 경우가 해당된다.

여기에서 '본지사간'은 국내에 본점을 둔 국내기업과 동 기업의 해외지사나 현지법인과의 거래를 말한다(외환규정 제1-2조제9호). 그리고 제③의 경우에는 수출거래의 대상물품이 선박, 철도차량, 항공기, 대외무역법에 의한 산업설비에 해당된다면 외환법상 신고의무에서 제외되며, 그 수령시기의 사유가 불가피하다고 인정된다면 외환법상 지급 · 수령방법에 대한 신고의무는 1년을 초과한 날로부터 3월 이내에 사후이행이 허용된다.

2) 수입대금의 지급시기

① 미가공 재수출할 목적으로 금을 수입하는 경우로서 선적서류 또는 물품의 수령일부터 30일을 초과하여 지급하는 계약건당 미화 5만 달러를 초과하는 수입대금;
② 30일을 초과하여 연지급 수입한 계약건당 미화 5만 달러를 초과하는 내수용 금을 미가공 재수출하려는 경우;
③ 계약건당 미화 2만 달러를 초과하는 수입대금을 선적서류 또는 물품의 수령 전 1년을 초과하여 송금방식에 의하여 지급하려는 경우가 해당된다.

여기에서 제③의 경우에는 수입거래의 대상물품이 선박, 철도차량, 항공기, 대외무역법에 따른 산업설비로서 그 수입대금이 미화 5백만 달러 이내에 해당된다면 외환법상 신고의무에서 제외되며, 그 지급시기의 사유가 불가피하다고 인정된다면 외환법상 지급·수령방법에 대한 신고의무는 1년을 초과한 날로부터 3월 이내에 사후이행이 허용된다.

2. 신고의무의 면제

거주자가 지급하는 수입대금의 지급시기 또는 수령하는 수출대금의 수령시기가 앞서 설명한 기재부장관이 정하는 기간을 넘기는 결제에 해당하는 경우에 외환법상 신고의무가 발생하는 것이 원칙이다. 하지만 계약 건당 미화 5만 달러 이내의 수출대금을 기재부장관이 정하여 고시하는 기간을 초과하여 수령하는 경우 또는 그 밖에 기재부장관이 고시하는 경우에는 신고하지 아니할 수 있는 적용범위에 해당된다(외환령 제30조제2항제3호). 이에 따라 앞서 설명한 신고의무의 일반적 면제요건에 해당한다면 지급·수령방법에 대한 신고의무는 발생하지 않는다.

여기에서 수출입대금이 외환법상 신고의무의 면제요건에 충족되려면 지급과 수령의 주체인 거주자와 그 상대방인 비거주자 사이에 형식적으로 대외무역법이 정하는 바에 의하여 인정된 물품의 수출·수입에 해당하는 현상이 있었다는 것만으로는 부족하고 그들 사이에 이루어진 지급이나 수령이 실질적으로 대외무역법이 정하는 바에 의하여 인정된 물품의 수출·수입에 관하여 이루어져야 한다.[10)]

Ⅳ. 외국환거래의 당사자가 아닌 제3자와의 지급·수령

1. 신고의무의 발생

외환법 제16조 제3호에 따라 거주자가 해당 거래의 당사자가 아닌 제3자와 지급 또는 수령을 하거나 해당 거래의 당사자가 아닌 거주자가 그 거래의 당사자인 비거주자와 지급 또는 수령을 하는 경우에는 원칙적으로 그 지급·수령방법에 대한 신고의무가 발생한다. 여기에서 거주자와 다국적회사인 비거주자와의 거래를 위하여 당해 거래의 당사자가 아닌 다국적회사의 자금관리 전문회사로 지급된 경우에는 지급일로부터 사후보고가 가능하다. 외환법상 제3자와의 지급·수령에 해당하는 거래관계의 구체적인 유형을 설명하면 다음과 같다.

❶ 거주자(A)와 비거주자(B) 간 거래 또는 행위에서 채무자인 거주자(A)가 해당 거

10) 대법원 2000.02.11. 선고 99도4862 판결.

래 당사자가 아닌 비거주자(C)에게 거래대금을 지급하여 채무를 이행하는 경우이다. 이를 거래도로 설명하면 아래와 같다.

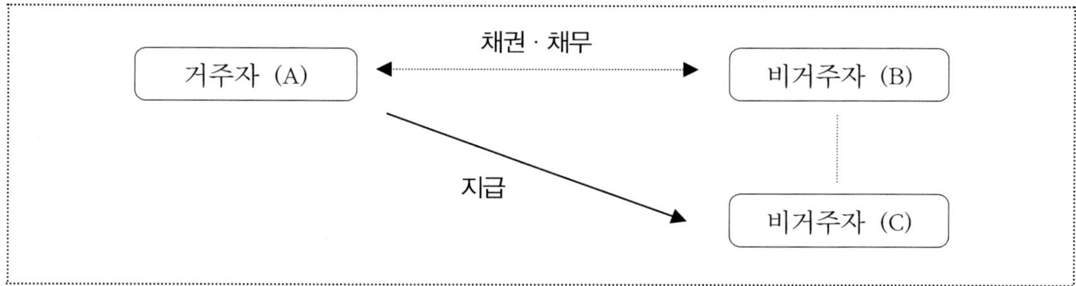

❷ 거주자(A)와 비거주자(B) 간 거래 또는 행위에서 채무자인 거주자(A)가 해당 거래의 당사자 아닌 거주자(C)에게 거래대금을 지급하여 채무를 이행하는 경우이거나 채권자인 거주자(A)가 해당 거래의 당사가 아닌 거주자(C)로부터 거래대금을 수령하여 채권을 실현하는 경우이다. 이를 거래도로 설명하면 아래와 같다.

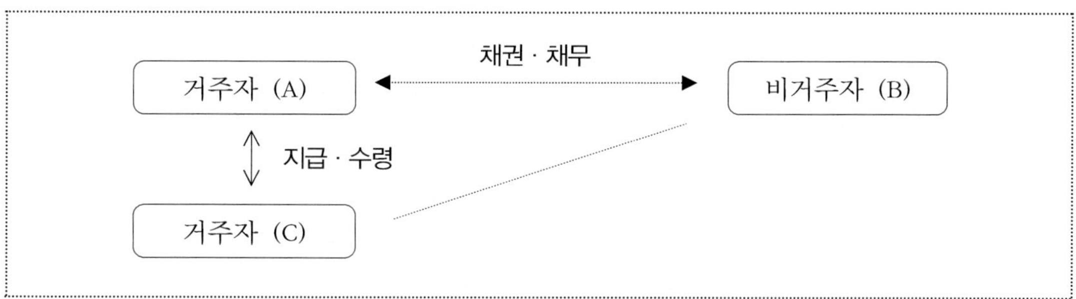

❸ 거주자(A)와 비거주자(B) 간 거래 또는 행위에서 해당 거래의 당사자가 아닌 거주자(C)가 해당 거래 당사자인 비거주자(B)에게 거래대금을 지급하여 채무자인 거주자(A)의 채무를 이행하는 경우이다. 이를 거래도로 설명하면 아래와 같다.

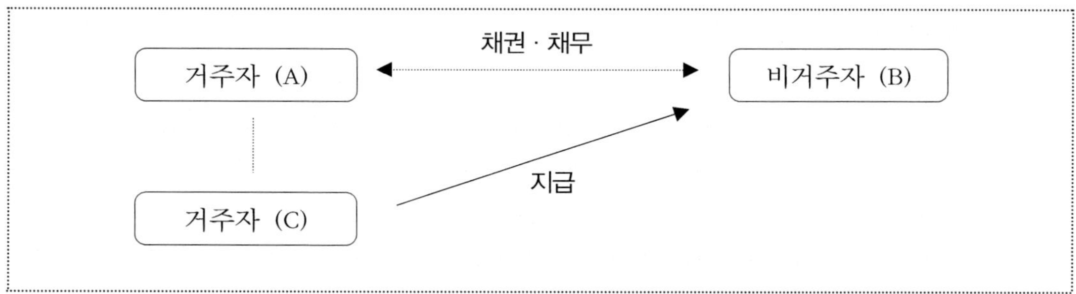

❹ 비거주자(B, C) 상호간 거래 또는 행위에서 해당 거래 당사자가 아닌 거주자(A)

가 해당 거래 당사자인 비거주자(C)에게 거래대금을 지급하여 채무자인 비거주자(B)의 채무를 이행하는 경우이다. 이를 거래도로 설명하면 아래와 같다.

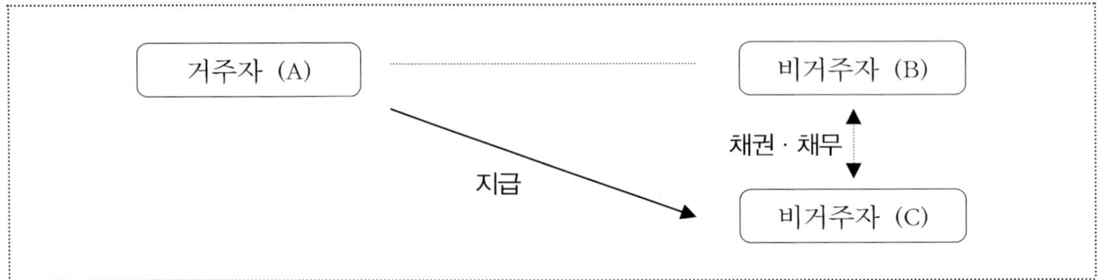

해당 신고기관은 제3자와의 지급 · 수령금액에 따라 구별되는데, 지급 · 수령금액이 미화 5천 달러를 초과하고 1만 달러 이내인 경우에는 외국환은행장이 해당 신고기관이 되며(외환규정 제5-10조제2항), 미화 1만 달러를 초과하는 경우라면 한국은행총재가 해당 신고기관이 된다(외환규정 제5-10조제3항).

2. 신고의무의 면제

거주자가 해당 거래의 당사자가 아닌 제3자와 지급 · 수령을 하거나 해당 거래의 당사자가 아닌 거주자가 그 거래의 당사자인 비거주자와 지급 · 수령을 하는 경우에는 그 지급 · 수령방법에 대한 신고의무가 발생하는 것이 원칙이다. 하지만 외환법 제18조에 따라 기재부장관에게 신고한 방법에 따라 채권을 매매, 양도 또는 인수하는 경우나 그 밖에 기재부장관이 정하여 고시하는 경우에는 신고하지 아니할 수 있는 적용범위에 해당된다(외환령 제30조 제2항 제2호). 이에 따라 앞서 설명한 신고의무의 일반적 면제에 해당하거나 다음과 같은 경우는 예외적으로 외환법상 지급 · 수령에 대한 신고의무가 발생하지 않는다(외환규정 제5-10조제1항).

1) 미화 5천 달러 이하 소액거래와 일반적 경상거래의 수령

① 미화 5천 달러 이하의 금액을 제3자 지급 · 수령하는 경우, ② 거주자 상호간 또는 거주자와 비거주자간 거래의 결제를 위하여 해당 거래의 당사자인 거주자가 해당 거래의 당사자가 아닌 비거주자로부터 수령하는 경우, ③ 비거주자 상호간 또는 거주자와 비거주자간 거래의 결제를 위하여 해당 거래의 당사자가 아닌 거주자가 해당 거래의 당사자인 비거주자로부터 수령하는 경우 및 동 자금을 당해 거래의 당사자인 거주자가 당해 거래의 당사자가 아닌 거주자로부터 수령하는 경우, ④ 거주자 상호간 거래의 결제를 위하여 해당 거래의 당사자인 거주자가 해당 거래의 당사자가 아닌 거주자와 지급 · 수령하는 경우

가 해당된다. 여기에서 제①의 경우에 분할하여 지급 · 수령하는 경우에는 각각의 지급 · 수령의 금액을 합산한 금액을 말한다. 그리고 제③의 경우에 해당 거래의 당사자인 거주자가 해당 거래의 당사자가 아닌 거주자로부터 결제대금을 수령하는 경우를 포함한다.

2) 구매대행 전자상거래 · 국영동력자원거래 · 국제광고대행 등 특수한 경상거래

① 수입대행업체(거주자)에게 단순수입대행을 위탁한 거주자(납세의무자)가 수입대행계약시 미리 정한 바에 따라 수입대금을 수출자인 비거주자에게 지급하는 경우, ② 거주자가 인터넷으로 물품 수입을 하고 수입대금은 국내 구매대행업체를 통하여 지급하는 경우 및 수입대금을 받은 구매대행업체가 수출자에게 지급하는 경우, ③ 비거주자가 인터넷으로 판매자인 다른 비거주자로부터 물품을 구매하고 구매대금을 거주자인 구매대행업체를 통하여 지급하는 경우 및 구매대금을 받은 거주자인 구매대행업체가 판매자인 다른 비거주자에게 지급하는 경우, ④ 거주자인 정유회사 및 원유, 액화천연가스 또는 액화석유가스 수입업자가 외국정부 또는 외국정부가 운영하는 기업으로부터 원유, 액화천연가스 또는 액화석유가스를 수입함에 있어 해당 수출국의 법률이 정한 바에 따라 수입대금을 수출국의 중앙은행에 지급하는 경우, ⑤ 외환규정상 해운대리점 또는 선박관리업자가 비거주자인 선주(운항사업자를 포함한다)로부터 수령한 자금으로 국내에 입항 또는 국내에서 건조중인 외항선박의 외항선원 급여등 해상운항경비를 외항선박의 선장 등 관리책임자에게 지급하는 경우, ⑥ 해외광고 및 선박관리 대리 · 대행계약에 따라 동 업무를 대리 · 대행하는 자가 지급 또는 수령하는 경우, ⑦ 외환규정상 다국적 기업의 상계센터를 통한 상계로서 한국은행총재에게 상계신고를 이행한 후 상계잔액을 해당 센터에 지급하는 경우가 해당된다.

3) 국제금융 및 유가증권거래

① 외국환은행이 해당 외국환은행의 해외지점 및 현지법인의 여신과 관련하여 차주, 담보제공자 또는 보증인으로부터 여신원리금을 회수하여 지급하려는 경우, ② 거주자인 한국예탁결제원이 예탁기관으로서 외환법 · 령 · 규정에서 정하는 바에 따라 비거주자가 발행한 주식예탁증서의 권리행사 및 의무이행과 관련된 내국지급수단 또는 대외지급수단을 지급 또는 수령하는 경우, ③ 인정된 거래에 따라 외국에서 외화증권을 발행한 거주자가 원리금상환 및 매입소각 등을 위하여 자금관리위탁계약을 맺은 자에게 지급하려는 경우, ④ 인정된 거래에 따라 외화증권을 취득하려는 자가 관련자금을 한국예탁결제원에게 지급하는 경우, ⑤ 외투법에 의한 외국인투자기업(국내자회

사를 포함한다), 외국기업국내지사, 외국은행국내지점 또는 사무소가 본사(본사의 지주회사나 방계회사를 포함한다)의 주식 또는 지분을 취득함에 따라 동 취득대금을 본사에게 직접 지급하는 경우가 해당된다.

4) 해외 직접투자 및 부동산 취득 관련 지급

① 해외현지법인을 설립하거나 해외지사를 설치하려는 거주자가 동 자금을 해외직접투자와 관련되고 대리관계가 확인된 거주자 또는 비거주자에게 지급하는 경우와 ② 인정된 거래에 따라 외국에 있는 부동산 또는 이에 관한 권리를 취득하려는 거주자가 동 취득대금을 해당 부동산 소재지 국가에서 부동산계약을 중개 · 대리하는 자(거주자의 배우자를 포한다)에게 지급하는 경우가 해당된다.

5) 비거주자의 법정대리인을 통한 지급

① 비거주자가 국내에 있는 과세당국 또는 조세와 관련하여 권한 있는 당국에 납부해야 하는 세금을 위해 거주자인 세무대리인을 임명하고 당해 대리인이 외환법 · 영 및 외환규정에서 정하는 바에 따라 환급금을 수령한 후 이를 비거주자에게 지급하는 경우와 ② 비거주자가 국내 법원의 소송을 위해 거주자인 소송대리인(변호인)을 임명하고 당해 대리인이 동 법원 또는 동 소송의 상대방으로부터 법원 재판에 따른 배상금 또는 제반 소송비용(공탁금 포함)과 관련된 환급금을 수령한 후 이를 비거주자에게 지급하는 경우 및 ③ 비거주자와 거주자간 외환규정상 국내에 있는 부동산 또는 이에 관한 권리의 거래를 위해 비거주자가 거주자인 대리인을 임명하고 인정된 거래에 따라 거주자가 당해 대리인에게 동 취득대금을 지급한 후 당해 대리인이 이를 비거주자에게 지급하는 경우가 해당된다.

6) 그밖의 외국 금융기관 명의로 개설된 에스크로 계좌를 통한 자본거래 등

① 거래당사자가 회원으로 가입된 국제적인 결제기구와 지급 또는 수령하는 경우, ② 인정된 거래에 따른 채권의 매매 및 양도, 채무의 인수가 이루어진 경우(비거주자간의 외화채권의 이전을 포함한다),[11] ③ 외교부의 「신속해외송금지원제도운영지침」

---

11) 거주자인 수입자(I)와 노르웨이 수출자(X)간에 장비 공급계약 체결 후 X는 동 외화채권을 노르웨이 현지은행(B)에 양도(I가 수출입은행에서 발급받아 X에게 송부한 지급보증서도 이와 함께 B에게 양도)한 후 수입자I가 수출자인 X가 아닌 B에게 대금을 지급한 경우 제3자 지급신고의무 위반인지 여부에 대하여 외국환행정당국은 "외국환거래규정 제5-10조 제1항 제6호에 따르면 '인정된 거래에 따른 채권의 매매 및 양도가 이루어진 경우'에는 제3자 지급신고를 요하지 않음이 규정되어 있고 여기서의 '인정된 거래'에는 '비거주자간의 외화채권의 이전도 포함(동 호에 규정됨)'되어 있는바, 수출자인 X가 B은행에 수출관련 외화채권을 양도하는 것은 '비거주자간 외

에 따라 대한민국 재외공관이 국민인비거주자에게 긴급경비를 지급하는 경우, ④ 거주자인 통신사업자와 비거주자인 통신사업자간 통신망 사용대가의 결제를 위하여 해당 거래의 당사자인 거주자가 당사자가 아닌 비거주자와 지급 · 수령하는 경우, ⑤ 정보통신망법에 따라 등록된 통신과금서비스제공자가 거주자 또는 비거주자의 전자적 방법에 의한 재화의 구입 또는 용역의 이용에 있어 그 대가의 정산을 대행하기 위해 지급 · 수령을 하는 경우, ⑥ 거주자가 외국환은행 또는 이에 상응하는 금융기관 명의로 개설된 에스크로 계좌를 통해 비거주자와 지급 · 수령을 하는 경우, ⑦ 국제개발협력기본법에 따른 국제개발협력과 관련한 자금을 거래당사자가 아닌 자에게 지급하는 경우, ⑧ 거주자인 외국인관광객면세규정에 따른 환급창구운영사업자가 지급 업무의 대행에 대한 협약을 맺은 업체를 통해 비거주자에게 환급금을 지급하는 경우, ⑨ 거주자가 외국에 있는 과세당국에 세금을 납부하기 위해 비거주자인 납세대리인을 지정하고, 당해 대리인에게 지급하는 경우, ⑩ 선주상호보험조합법에 따른 선주상호보험조합이 선주상호보험사업과 관련한 자금을 거래당사자가 아닌 자에게 지급 · 수령을 하는 경우가 해당된다. 여기에서 "에스크로 계좌"란 거래의 안정성을 확보하기 위하여 중립적인 제3자로 하여금 거래대금을 일시적으로 예치하였다가 일정 조건이 충족되면 당초 약정한 대로 자금의 집행이 이루어지는 계좌를 말한다.

Ⅴ. 외국환업무취급기관을 통하지 아니한 지급 · 수령

1. 신고의무의 발생

외환법 제16조 제4호에 따라 거주자가 외국환은행을 통하지 아니하고 지급 · 수령을 하고자 하는 경우(물품 또는 용역의 제공, 권리의 이전 등으로 비거주자와의 채권 · 채무를 결제하는 경우를 포함한다)에는 원칙적으로 지급 · 수령방법에 대한 신고의무가 발생한다. 해당 신고기관은 한국은행총재가 된다(외환규정 제5-11조제3항).

2. 신고의무의 면제

외국환업무취급기관을 통하지 아니하고 지급 또는 수령하는 경우에는 그 지급 · 수령방법에 대한 신고의무가 발생하는 것이 원칙이다. 하지만 거주자가 건당 미화 1만

화채권의 이전'이면서 이는 '인정된 거래'에 해당하므로 국내 거주자인 수입자 I가 B에게 대금을 지급하는 것은 제3자 지급 신고를 요하지 않는다고 유권해석을 내리고 있어(기재부 외환제도과-493, 2010.8.27) '인정된 거래'의 적용범위를 넓게 해석하는 태도를 보이고 있다.

달러 이하의 경상거래에 따른 대가를 외국환업무취급기관을 통하지 않고 직접 지급하는 경우 또는 그 밖에 기재부장관이 정하여 고시하는 경우는 사후에 보고하거나 신고하지 아니할 수 있는 적용범위에 해당된다(외환령 제30조 제2항 제4호). 이에 따라 앞서 설명한 신고의무의 일반적 면제요건에 해당하거나 거주자가 외국환은행을 통하지 아니하고 지급수단을 수령하는 경우 또는 다음과 같은 경우에는 예외적으로 외환법상 지급방법에 대한 신고의무가 발생하지 않는다(외환규정 제5-11조제1항).[12]

1) 국제운송수단 안에서 구매물품대금 지급과 외국에서의 직접지급

① 외항운송업자와 승객 간에 외국항로에 취항하는 항공기 또는 선박 안에서 매입, 매각한 물품대금을 직접 지급 또는 수령하는 경우, ② 해외여행자(여행업자 및 교육기관등을 포함한다) 또는 해외이주자(해외이주예정자를 포함한다) 및 재외동포가 해외여행경비, 해외이주비 및 국내재산을 외국에서 직접 지급하는 경우, ③ 원양어업자가 원양어로자금 조달을 위한 현지금융의 원리금 또는 어로경비 및 해외지사의 유지활동비를 외국에서 직접 수출하는 어획물의 판매대금으로 상환하거나 지급하는 경우가 해당한다.

2) 외국환은행장의 확인절차를 거친 휴대수출지급

① 해외체재자, 해외유학생, 해외이주자, 해외이주예정자 및 재외동포가 지정거래외국환은행의 장의 확인을 거쳐 미화 1만불을 초과하는 대외지급수단을 휴대수출하여 지급하는 경우, ② 여행업자(교육기관등을 포함한다)가 외국환은행의 장의 확인을 받은 대외지급수단을 휴대수출하여 지급하는 경우, ③ 외환규정상 소정의 절차를 거친 후 당해 외국환은행의 장의 확인을 받은 다음에 해당하는 경우; ㉮ 대외무역관리규정 별표 3 및 별표 4에서 정한 물품을 외국에서 수리 또는 검사를 위하여 출국하는 자가 외국통화 및 여행자수표를 휴대수출하여 당해 수리 또는 검사비를 외국에서 직접 지급하는 경우; ㉯ 외국항로에 취항하는 항공 또는 선박회사가 외국통화를 휴대수출하여 외국에서 운항경비를 직접 지급하는 경우; ㉰ 원양어업자가 어업규정준수 여부 확인 등을 위하여 승선하는 상대국의 감독관 등에게 지급하여야 할 경비를 휴대수출하여 지급하는 경우; ㉱ 영화, 음반, 방송물 및 광고물을 외국에서 제작함에 필요한 경비를 당해 거주자가 대외지급수단을 휴대수출하여 외국에서 직접 지급하는 경우; ㉲ 외국인거주자(비거주자를 포함한다)가 외환규정 제4-4조 제1항 제3호에 따라 지정거래외국환은행으로부터 매입한 대외지급수단을 휴대수출하여 지급하는 경우; ㉳ 외환규정 제4-5조 제1항 제2호 내지 제4호의 규정에 의한 해외여행경비를 휴

---

12) 신고의무의 면제대상 거주자로부터 지급수단의 취득사실에 대한 확인요청을 받은 외국환은행장은 그 사실을 확인하고 당해 거주자에게 외국환신고(확인)필증(별지 제6-1호 서식)을 발행 · 교부하여야 한다(외환규정 제5-11조제2항).

대수출하여 지급하는 경우; ⓐ 외국인거주자(비거주자를 포함한다)가 외환규정 제2-3조 제1항 제3호의 규정에 의하여 취득한 대외지급수단을 휴대수출하여 지급하는 경우; ⓢ 외환규정 제1-2조 제18호의 해운대리점 또는 선박관리업자가 비거주자인 선주(운항사업자를 포함한다)로부터 수령한 자금으로 국내에 입항 또는 국내에서 건조중인 선박의 외항선원 급여등 해상운항경비를 외항선박의 선장 등 관리책임자에게 지급하는 경우가 해당한다.

3) 대외지급수단의 휴대수출지급

① 일반해외여행자(외국인거주자는 제외한다)가 대외지급수단을 관할세관의 장에게 신고한 후 휴대수출하여 지급하는 경우, ② 외환규정 제4-5조 제1항 제1호에 해당하는 기관의 예산으로 지급되는 해외여행경비를 휴대수출하여 지급하는 경우, ③ 해외체재자 및 해외유학생이 지정거래외국환은행의 장이 확인한 금액을 초과하여 관할세관의 장에게 신고한 후 휴대수출하여 지급하는 경우(다만, 초과금액이 미화 1만불 이하의 경우에는 신고를 요하지 아니한다), ④ 법인의 예산으로 해외여행을 하고자 하는 법인소속의 해외여행자(일반해외여행자에 한함)가 당해 법인명의로 환전한 해외여행경비를 휴대수출하여 지급하는 경우가 해당한다.

4) 외환법령상 인정된 거래에 따른 지급과 상금 지급

① 거주자가 인정된 거래에 따른 지급을 위하여 송금수표, 우편환 또는 유네스코쿠폰으로 지급하는 경우, ② 거주자가 외국에서 보유가 인정된 대외지급수단으로 인정된 거래에 따른 대가를 외국에서 직접 지급하는 경우, ③ 인정된 외화자금을 직접 예치 · 처분하는 경우와 인정된 거래에 따른 대가를 해당 예금기관이 발행한 외화수표 또는 신용카드 등으로 국내에서 직접 지급하는 경우, ④ 외환규정 제3장 제2절의 규정에서 정하는 바에 따라 소액해외송금업자를 통해 지급하는 경우, ⑤ 스포츠경기, 현상광고, 국제학술대회 등과 관련한 상금을 당해 입상자에게 직접 지급하는 경우가 해당한다.

5) 본인명의 신용카드 등에 의한 지급[13)]

① 외국에서의 해외여행경비 지급(외국통화를 인출하여 지급하는 것을 포함한다), ② 거주자가 국제기구, 국제단체, 국제회의에 대한 가입비, 회비 및 분담금을 지급하

---

13) 신용카드 등을 이용하여 결제하는 경우만 인정되며, 신용카드에서 현금서비스를 받거나 현금을 인출하여 수입물품대금등을 지급하는 경우에는 불인정된다. 참고로 신용카드등의 범주에 속하는 시티은행 국제현금카드의 경우 전세계 시티은행 ATM에서 현금인출시 인출수수료가 1$만 부과(주요 30개국에서 적용, 기타 국가는 추가 수수료 부과)되기 때문에 해외여행자들이 많이 사용하는 현금카드로 ATM에 동 국제현금카드를 넣으면 한국 시티은행의 계좌 잔고 확인이 가능하고, 현지 화폐로 현금을 출금할 수 있다(인출할 금액을 원화로도 계산해서 보여준다).

는 경우, ③ 거주자의 외국간행물에 연구논문, 창작작품 등의 발표, 기고에 따른 게재료 및 별책대금 등 제경비 지급, ④ 기타 비거주자와의 인정된 거래(자본거래를 제외한다)에 따른 결제대금을 국내에서 지급(국내계정에서 지급하는 것을 의미한다)하는 경우가 해당한다.

6) 국내거래와 미화 1만 달러 이하 거래

① 거주자와 비거주자 간에 국내에서 내국통화로 표시된 거래를 함에 따라 내국지급수단으로 지급하려는 경우, ② 외국인관광객면세규정에 의한 환급창구운영사업자가 환급금을 직접 지급하는 경우, ③ 거주자와 비거주자 간 또는 거주자와 다른 거주자 간의 건당 미화 1만 달러 이하(단, 경제자유구역법에 따른 경제자유구역에서는 10만 달러 이하)의 경상거래에 따른 대가를 대외지급수단으로 직접 지급하는 경우, ④ 거주자가 건당 미화 1만 달러 이하 대외지급수단을 직접 지급하는 경우, ⑤ 외환규정에 의하여 인정된 외화자금을 직접 예치 · 처분하는 경우 및 인정된 거래에 따른 대가를 당해 예금기관이 발행한 외화수표 또는 신용카드등으로 국내에서 직접 지급하는 경우가 해당한다.

Ⅵ. 지급 · 수령방법 신고의무위반행위(죄)에 대한 형사제재

지급 · 수령방법 신고의무위반행위(죄)[14]는 대외거래나 행위에 따른 채권 · 채무의 결제를 위한 지급이나 수령이 외환법 제16조에서 규정하고 있는 비정형적 지급 · 수령방법에 해당됨에도 불구하고 그 신고의무를 이행하지 아니하고 지급하거나 수령함으로써 성립하는 범죄이다(외환법 제16조; 제29조제1항제6호). 본죄의 처벌요건 위반금액은 50억원이다(외환령 제40조제1항제1호). 따라서 처벌요건 위반금액을 충족하지 못하는 50억 원 이하의 신고의무위반행위는 본죄의 적용범위를 벗어나게 되며, 단지 과태료 부과대상 질서위반행위에만 해당될 따름이다. 본죄의 행위태양으로는 ① 불법상계행위, ② 수출입대금의 법정기간을 초과한 무신고 지급 · 수령행위, ③ 무신고 제3자 지급 · 수령행위, 그리고 ④ 외국환업무취급기관을 통하지 아니한 무신고 지급 · 수령행위가 있다.

지급 · 수령방법 신고의무위반행위(죄)에 대한 형벌제재는 1년 이하의 징역 또는 1억원 이하의 벌금에 처하되, 위반행위의 목적물 가액의 3배가 1억원을 초과한다면 그 벌금을 목적물의 가액의 3배 이하로 한다(외환법 제29조제1항). 본죄는 징역과 벌금을 병과할 수 있으며(외환법 제29조제3항), 몰수 · 추징 및 양벌규정의 적용대상이 된다(외환법 제30조 · 제31조). 그러나 미수행위에 대한 가벌성은 없다.

14) 형사법적으로 자세하게 설명한 내용은 김용태, 앞의 책, 169~181쪽을 참조.

제 3 절 지급수단 등의 수출입신고의무

Ⅰ. 지급수단 등의 수출입신고의무

외환법 제17조에 따라 기재부장관은 외환법의 실효성을 확보하기 위하여 필요하다고 인정되는 경우에는 지급수단 또는 증권을 수출하거나 수입하려는 거주자 또는 비거주자에게 외환법상 해당 지급수단 또는 증권에 대한 수출신고의무나 수입신고의무를 부과할 수 있다. 그리고 외환법상 그러한 신고의무를 부과할 수 있는 경우는 ① 우리나라가 체결한 조약 및 일반적으로 승인된 국제법규의 성실한 이행을 위하여 필요한 경우와 ② 자본의 불법적인 유출 · 유입을 방지하기 위하여 필요한 경우로 제한된다(외환령 제31조제1항). 여기에서 귀금속의 수출입은 앞서 설명한 경우에 해당한다고 하더라도 외환법상 신고대상의 적용범위에 포함되지 않는다. 또한, 외환법에 따라 지급 · 수령방법에 대한 신고의무를 이행하거나 자본거래에 대한 신고의무를 이행하고 그 신고내용에 따라 지급수단 또는 증권을 수출입하는 경우에도 역시 신고대상의 적용범위에서 제외된다.

1. 수출입신고의무의 발생

1) 수출입신고의 객체

외환법상 신고의무가 발생하는 수출입신고의 객체는 지급수단과 증권이 해당된다. 여기에서 지급수단의 적용범위에는 다음과 같은 것이 해당된다(외환법제3조제1항제3호; 외환령제3조):

① 정부지폐 · 은행권 · 주화 · 수표 · 우편환 · 신용장;
② 증권에 해당하지 아니하는 환어음, 약속어음, 우편 또는 전신에 의한 지급지시와 그 밖에 지급을 받을 수 있는 내용이 표시된 것으로 기재부장관이 인정한 것;
③ 증표, 플라스틱카드 또는 그 밖의 물건에 전자 또는 자기적 방법으로 재산적 가치가 입력되어 불특정 다수인 간에 지급을 위하여 통화에 갈음하여 사용할 수 있는 것으로서 대금을 미리 받고 발행하는 선불카드;
④ 그밖에 이와 유사한 것으로서 기재부장관이 정하는 것.

2) 신고의무의 발생요건

① 거주자 또는 비거주자가 미화 1만 달러를 초과하는 대외지급수단과 내국통화 또

는 원화표시여행자수표 및 원화표시자기앞수표를 휴대수입하는 경우와 ② 국민인거주자가 미화 1만 달러를 초과하는 대외지급수단과 내국통화 또는 원화표시여행자수표 및 원화표시자기앞수표를 휴대수출하는 경우에는 관할세관장에게 신고하여야 한다(외환규정 제6-2조제2항). ③ 또한, 거주자 또는 비거주자가 그 밖의 지급수단이나 증권을 수출입하려면 관할세관장에게 신고하여야 하며, 국제우편물로 수입되어 수입된 사실을 알지 못하는 등 불가피한 사유로 인정되는 경우에는 지급수단이 수입된 날로부터 30일 이내에 사후 보고를 할 수 있다(외환규정 제6-3조제1항).

2. 지급수단과 증권의 수출신고의무 면제요건

앞서 설명한 바와 같이 거주자나 비거주자가 지급수단 또는 증권을 수출입하는 경우에는 관할지 세관장에게 신고하여야 하지만, 예외적으로 다음에 해당하는 지급수단과 증권을 수출입하는 경우에는 그 신고의무의 면제요건에 해당된다.

1) 거주자의 신고면제조건을 충족하는 수출

(1) 미화 1만 달러 이하 및 국내취득 지급수단 등의 수출

① 미화 1만 달러 이하의 지급수단(대외지급수단, 내국통화, 원화표시자기앞수표 및 원화표시여행자수표를 말한다)을 수출하는 경우와 ② 외국환은행장이 확인한 국내취득 미화 1만 달러를 초과하는 대외지급수단을 수출하는 경우가 해당된다.

(2) 인정된 거래 등에 따른 수출

① 외국환은행을 통하지 아니하는 지급방법을 신고하였거나 그에 대한 신고의무가 면제되는 대외지급수단을 수출하는 경우, ② 수출물품에 포함 또는 가공되어 대외무역법에서 정하는 바에 의해 내국지급수단을 수출하는 경우, ③ 외국환은행이 외국환은행해외지점, 외국환은행현지법인 또는 외국금융기관(환전업자를 포함한다)과 내국통화를 수출하는 경우,[15] ④ 자본거래의 신고를 한 자가 신고한 바에 따라 기명식증권을 수출하는 경우, ⑤ 외투법에 의하여 취득한 기명식증권을 수출하는 경우, ⑥ 거주자가 취득한 본사의 주식이나 국제수익증권 등을 수출하는 경우, ⑦ 한국은행·외국환은행 또는 체신관서가 인정된 업무를 영위함에 있어 대외지급수단을 수출하는 경우, ⑧ 외국인거주자가 외환법의 적용을 받지 않는 거래에 의하여 취득한 대외지급수단을 수출하는 경우가 해당된다.

---

15) 내국통화를 수출한 외국환은행장은 매분기 내국통화수출실적을 종합하여 다음분기 첫째달 10일까지 한국은행총재에게 보고하여야 한다(외환규정 제6-2조제6항).

(3) 사용하지 않는 지급수단의 수출

미화 5만 달러 상당액 이내의 외국통화 또는 내국통화를 지급수단으로 사용하지 아니하고 자가화폐수집용 · 기념용 · 자동판매기시험용 · 외국전시용 또는 화폐수집가 등에 대한 판매를 위하여 수출하는 경우가 해당된다.

2) 비거주자의 신고면제조건을 충족하는 수출

(1) 미화 1만 달러 이하와 국내취득 지급수단 등의 수출

① 미화 1만 달러 이하의 지급수단(대외지급수단, 내국통화, 원화표시자기앞수표 및 원화표시여행자수표를 말한다)을 수출하는 경우와 ② 외국환은행장이 확인한 국내취득 미화 1만 달러를 초과하는 대외지급수단을 수출하는 경우가 해당된다.

(2) 인정된 거래 등에 따른 수출

① 인정된 거래에 따른 대외지급을 위하여 송금수표 또는 우편환을 수출하는 경우, ② 최근 입국시 휴대수입한 범위 내 또는 국내에서 인정된 거래에 의하여 취득한 대외지급수단을 수출하는 경우, ③ 외환법의 적용을 받지 않는 거래에 의하여 취득한 채권을 처분하고자 발행한 수표를 수출하는 경우, ④ SOFA군대 등이 한 · 미SOFA와 관련한 근무 또는 고용에 따라 취득하거나 외국의 원천으로부터 취득한 대외지급수단 또는 당해 국가의 공금인 대외지급수단을 수출하는 경우, ⑤ 수출물품에 포함 또는 가공되어 대외무역법에서 정하는 바에 의해 내국지급수단을 수출하는 경우, ⑥ 입국시 휴대수입하거나 국내에서 매입한 원화표시여행자수표를 수출하는 경우, ⑦ 자본거래의 신고를 한 자가 신고한 바에 따라 기명식증권을 수출하는 경우, ⑧ 외투법에 의하여 취득한 기명식증권을 수출하는 경우가 해당된다.

(3) 특수신분 외국인비거주자의 수출

외교적 또는 한 · 미SOFA 신분에 해당하는 외국인비거주자가 대외지급수단을 수출하는 경우가 해당된다.

3. 지급수단과 증권의 수입신고의무 면제요건

1) 거주자의 신고면제조건을 충족하는 수입

(1) 미화 1만 달러 이하 지급수단등과 어음등의 수입

① 미화 1만 달러 이하의 지급수단등(다만, 내국통화, 원화표시여행자수표 및 원화

표시자기앞수표 이외의 내국지급수단을 제외한다)을 수입하는 경우와 ② 약속어음 · 환어음 · 신용장을 수입하는 경우가 해당된다.

(2) 인정된 거래 등에 따른 수입

① 외국환은행이 외국환은행해외지점, 외국환은행현지법인 또는 외국금융기관(외국환전업자를 포함한다)과 내국통화를 수입하는 경우,[16] ② 자본거래의 신고를 한 자가 신고한 바에 따라 기명식증권을 수입하는 경우, ③ 외투법에 의하여 취득한 기명식증권을 수입하는 경우, ④ 거주자가 취득한 본사의 주식이나 국제수익증권 등을 수입하는 경우, ⑤ 한국은행 · 외국환은행 또는 체신관서가 인정된 업무를 영위함에 있어 대외지급수단을 수입하는 경우, ⑥ 수출대금 및 용역대금의 수령을 위하여 외국통화표시수표를 휴대수입 이외의 방법으로 수입하는 경우가 해당된다.

(3) 사용하지 않는 지급수단의 수입

미화 5만 달러 상당액 이내의 외국통화 또는 내국통화를 지급수단으로 사용하지 아니하고 자가화폐수집용 · 기념용 · 자동판매기시험용 · 외국전시용 또는 회폐수집가 등에 대한 판매를 위하여 수입하는 경우가 해당된다.

2) 비거주자의 신고면제조건을 충족하는 수입

(1) 미화 1만 달러 이하의 지급수단등과 어음등의 수입

① 미화 1만 달러 이하의 지급수단등(다만, 내국통화, 원화표시여행자수표 및 원화표시자기앞수표 이외의 내국지급수단을 제외한다)을 수입하는 경우와 ② 약속어음 · 환어음 · 신용장을 수입하는 경우가 해당된다.

(2) 인정된 거래 등에 따른 수입

① 자본거래의 신고를 한 자가 신고한 바에 따라 기명식증권을 수입하는 경우와 ② 외투법에 의하여 취득한 기명식증권을 수입하는 경우가 해당된다.

(3) 특수신분 외국인비거주자의 수입

외교적 또는 한 · 미SOFA 신분에 해당하는 외국인비거주자가 대외지급수단을 수입하는 경우가 해당된다.

---

16) 내국통화를 수입한 외국환은행장은 매분기 내국통화수입실적을 종합하여 다음분기 첫째달 10일까지 한국은행총재에게 보고하여야 한다(외환규정 제6-2조제6항).

4. 질서위반행위에 대한 과태료제재

외환법에 따른 신고를 하지 아니하거나 거짓으로 신고를 하고 미화 1만 달러를 초과하고 미화 3만 달러를 초과하지 아니한 지급수단 또는 증권을 수출입하거나 수입하려한 행위는 5천만원 이하의 과태료 부과대상 외환질서위반행위에 해당한다(외환법 제32조제2항). 하지만 미화 3만 달러를 초과하는 지급수단 또는 증권을 신고를 하지 아니하거나 거짓으로 신고를 하고 수출입하거나 수출입하려 한 행위는 형벌제재의 대상이기 때문에 과태료 부과대상 외환질서위반행위의 적용범위에서 제외된다.

Ⅱ. 대외지급수단의 국내취득사실 확인

비거주자 또는 외국인거주자가 미화 1만 달러를 초과하는 대외지급수단을 다음과 같은 방법으로 국내에서 취득하는 경우에는 그 취득사실에 대하여 외국환은행장의 확인을 받아야 한다(외환규정 제6-2조제3항).

1. 비거주자의 취득에 대한 확인

비거주자가 다음과 같은 외국환거래를 행하는 경우에는 외국환은행장의 확인을 받아야 하는데, 이러한 경우에 해당한다고 하더라도 외교적 또는 한·미SOFA 신분에 해당하는 특수신분 외국인비거주자는 그 취득사실을 확인받을 필요가 없다:

> ① 대외지급수단을 대외계정 및 비거주자외환신탁계정의 인출 등으로 취득하거나 송금을 수령하는 경우;
> ② 최근 입국일 이후 외국으로부터 외환규정에서 정하는 바에 따라 수령 또는 휴대수입한 대외지급수단을 취득하는 경우.

2. 외국인거주자의 취득에 대한 확인

외국인거주자가 다음과 같은 외국환거래를 행하는 경우에는 외국환은행장의 확인을 받아야 한다:

> ① 대외지급수단을 대외계정 및 비거주자외환신탁계정의 인출 등으로 취득하거나 송금을 수령하는 경우;
> ② 외국으로부터 외환규정에서 정한 바에 따라 수령 또는 휴대수입한 대외지급수

단을 취득하는 경우;
③ 해외여행경비 지급을 위하여 취득하는 경우(해외체재자와 해외유학생은 외환규정 제5-11조의 규정에 따른다).

Ⅲ. 수출입신고의무위반행위(죄)에 대한 형사제재

수출입신고의무위반행위(죄)[17]에 대한 형벌제재는 1년 이하의 징역 또는 1억원 이하의 벌금에 처하되, 위반행위의 목적물 가액의 3배가 1억원을 초과한다면 그 벌금을 목적물의 가액의 3배 이하로 한다(외환법 제29조제1항). 본죄는 미수행위도 가벌성이 있으며(외환법 제29조제2항), 징역과 벌금을 병과하고(외환법 제29조제3항), 몰수 및 추징과 양벌규정도 적용된다(외환법 제30조·제31조).

17) 형사법적으로 자세하게 설명한 내용은 김용태, 앞의 책, 196~198쪽을 참조.

제6장 자본거래의 신고의무

제1절 자본거래에 대한 일반통칙

제2절 일반적 자본거래에 대한 신고의무

제3절 직접투자와 부동산취득에 대한 신고의무

부록 _ 관세사 시험 기출문제

제 1 절 자본거래에 대한 일반통칙

Ⅰ. 자본거래의 적용범위

외환법의 시행규칙인 외환규정은 거주자와 비거주자간 "직접투자와 부동산 취득"을 일반적 자본거래와 구별하여 규율하고 있는바, 해당 신고의무 등의 해석 · 적용에 유의할 필요가 있다. 외환법상 자본거래의 적용범위를 분설하면 다음과 같다(외환법 제3조제1항제19호; 외환령 제9조).

1. 채권의 발생 · 변경 또는 소멸에 관한 거래

다음과 같은 거래는 외환법상 자본거래에 해당한다. ❶ 예금계약, 신탁계약, 금전대차계약, 채무보증계약, 대외지급수단 · 채권 등의 매매계약에 따른 채권의 발생 · 변경 또는 소멸에 관한 거래; ❷ 거주자와 비거주자 간 또는 거주자 간의 임대차 · 담보제공 · 보험 · 조합, 그 밖에 이와 유사한 계약에 따른 채권의 발생 · 변경 또는 소멸에 관한 거래; ❸ 거주자와 비거주자 간 또는 거주자 간의 상속 · 유증 또는 증여에 따른 채권의 발생 · 변경 또는 소멸에 관한 거래; ❹ 비거주자 간의 거래로서 내국통화로 표시되거나 지급을 받을 수 있는 채권의 발생 · 변경 또는 소멸에 관한 거래; ❺ 그밖에 거주자와 비거주자 간의 채권의 발생 · 변경 또는 소멸에 관한 거래(물품의 수출 · 수입 및 용역거래를 제외한다)나 거주자 간의 외국통화로 표시되거나 지급받을 수 있는 채권의 발생 · 변경 또는 소멸에 관한 거래로서 기재부장관이 인정하는 거래.

2. 증권의 발행과 취득거래

증권의 발행 · 모집, 증권 또는 이에 관한 권리의 취득은 외환법상 자본거래에 해당한다. 거주자에 의한 다른 거주자로부터의 외화증권 또는 이에 관한 권리의 취득과 비거주자에 의한 다른 비거주자로부터의 내국통화로 표시되거나 지급을 받을 수 있는 증권 또는 이에 관한 권리의 취득도 외환법상 자본거래에 해당한다.

3. 파생상품거래

파생상품거래는 외환법상 자본거래에 해당한다. 여기에서 파생(금융)상품(financial derivatives)은 그 가치가 통화, 채권, 주식 등 기초금융자산의 가치변동에 의해 결정되는 금융계약을 의미하며, 계약의 형태에 따라 크게 선물(futures), 옵션(option), 스왑(swap) 등으로 구분된다.

4. 부동산의 취득거래

거주자에 의한 외국에 있는 부동산이나 이에 관한 권리의 취득과 비거주자에 의한 국내에 있는 부동산이나 이에 관한 권리의 취득은 외환법상 자본거래에 해당한다. 따라서 비거주자에 의한 외국에 있는 부동산이나 이에 관한 권리의 취득 또는 거주자에 의한 국내에 있는 부동산이나 이에 관한 권리의 취득은 규범논리적으로 외환법상의 적용대상에서 배제된다.

5. 사무소의 설치 · 확장 또는 운영 등

법인의 국내에 있는 사무소와 외국에 있는 사무소 사이에 이루어지는 사무소의 설치 · 확장 또는 운영 등과 관련된 행위와 그에 따른 자금의 수수(授受)는 외환법상 자본거래에 해당한다. 그리고 개인의 국내에 있는 영업소 및 그 밖의 사무소와 외국에 있는 영업소 및 그 밖의 사무소 간에 이루어지는 사무소의 설치 · 확장 또는 운영 등과 관련된 행위 및 그에 따른 자금의 수수(授受)도 외환법상 자본거래에 해당한다. 여기에서 사무소의 적용범위는 본점, 지점, 출장소, 그 밖의 사무소가 해당된다. 그리고 법인이란 자연인 이외의 것으로서 법률상 권리 · 의무의 주체일 수 있는 것을 말하고, 그 실체는 일정한 목적 하에 집합한 사람의 단체인 사단(社團)이나 일정한 목적을 위하여 각출된 재산의 집합체인 재단(財團)을 말한다.

6. 그밖의 자본거래와 적용제외 거래

거주자와 외국에 있는 학교 또는 병원 간의 학교 또는 병원의 설립 · 운영 등과 관련된 행위 및 그에 따른 자금의 수수(授受)는 외환법상 자본거래의 규율범위에 속한다. 한편, 법인의 국내에 있는 사무소와 외국에 있는 사무소 사이에 이루어지는 사무소의 설치 · 확장 또는 운영 등과 관련된 행위와 그에 따른 자금의 수수(授受)에 해당하거나 개인의 국내에 있는 영업소 및 그 밖의 사무소와 외국에 있는 영업소 및 그 밖의 사무소 간에 이루어지는 사무소의 설치 · 확장 또는 운영 등과 관련된 행위 및 그에 따른 자금의 수수(授受)에 해당한다고 하더라도 외국에 있는 사무소 또는 영업소를 유지하는 데에 필요한 경비나 경상적 거래와 관련된 자금의 수수로서 다음과 같은 지급 또는 수령에 해당하는 것은 자본거래의 규율범위에서 제외되므로 유의할 필요가 있다: ① 집기구매대금, 사무실 임대비용 등 사무소를 유지하는 데에 직접 필요한 경비의 지급 또는 수령; ② 물품의 수출입대금과 이에 직접 딸린 운임 · 보험료, 그 밖의 비용의 지급 또는 수령; ③ 용역거래의 대가와 이에 직접 딸린 비용의 지급 또는 수령.

Ⅱ. 신고의무의 부과요건과 일반적 면제

1. 신고의무의 부과요건

외환법 제18조 제1항은 자본거래 당사자에게 소정의 신고의무를 부과하고 있다. 따라서 외환법상 신고의무의 이행이 선행되지 아니한 자본거래 대금의 지급은 원칙적으로 허용될 수 없다. 여기에서 신고의무의 이행이 선행되어야 한다는 것은 외환법상 자본거래에 대한 신고 또는 신고수리가 자본거래 대금의 지급 · 수령에 관한 절차 이전에 완료되어야 한다는 것을 의미한다(외환법 제18조제2항). 그런 까닭에 신고의무의 이행은 자본거래의 대금을 지급하거나 수령하기 위한 전제조건이 된다. 외환법상 이와 같은 신고의무가 발생되는 자본거래의 유형에는 다음과 같은 일곱 가지 형태의 자본거래가 있다:

❶ 예금, 신탁계약에 따른 자본거래;
❷ 금전의 대차, 채무의 보증계약에 따른 자본거래;
❸ 대외지급수단, 채권 기타의 매매 및 용역계약에 따른 자본거래;
❹ 증권의 발행 및 취득;
❺ 파생상품거래;
❻ 그 밖의 자본거래;
❼ 직접투자와 부동산 취득.

외환법상 자본거래에 대한 신고(보고)의무를 이행하는 절차는 소정의 신고(수리)서를 해당 자본거래의 신고(수리)기관에 제출하는 것이며, 이미 자본거래에 대한 신고(보고)의무를 이행하였지만 그 신고(보고)내용을 변경하는 경우에도 그 변경사항을 첨부하여 해당 신고(수리)기관에 제출하여야 한다(외환규정 제7-4조제1항). 다만, 기존 신고인 · 대리인 · 거래상대방에 관한 정보 변경에 대해서는 사후보고 할 수 있다.

외환법상 거주자와 거주자 간 자본거래 또는 행위에 따른 대금의 지급 · 수령은 외환규정에서 특정하는 경우를 제외하고 원칙적으로 외국환은행을 통하여 지급하거나 수령하여야 한다. 하지만 지급 또는 수령하는 금액이 건당 미화 5천 달러 이하 금액의 지급 · 수령과 다음과 같은 경우의 자본거래에 해당하는 지급 · 수령은 예외적으로 외국환은행을 통하지 아니하더라도 그 지급 · 수령이 허용된다.

- 외국에 체재하고 있는 거주자와 거주자 간 금전대차거래의 경우;
- 특정보험사업자가 국내의 거주자와 외국통화표시 보험계약을 체결하는 경우;
- 거주자가 해외여행경비의 지급에 충당하기 위하여 외국인거주자로부터 대외지급수단을 증여받는 경우(외국에서 발행된 항공권, 선표, 여객운임선급통지서[P.T.A], 항공권교환증을 포함한다);
- 거주자가 다른 거주자로부터 자본시장법에 의한 증권시장에 상장된 외화증권을 한국거래소를 통하여 취득하는 경우.

그런데 위와 같이 자본거래 대금의 외국환은행을 통하지 아니한 지급 · 수령이 허용되는 경우에 해당된다고 하더라도 그 자본거래 대금을 실제로 외국환은행을 통하지 아니하고 지급하거나 수령하려면 외환규정에 따라 미리 한국은행총재에게 신고하지 않으면 안 된다.

2. 신고의무의 일반적 면제

자본거래 · 행위에 대한 신고의무를 이행하지 아니한 자본거래 대금의 지급 · 수령은 원칙적으로 허용될 수 없지만 외환법은 외국환수급의 안정과 대외거래 원활화를 위하여 대통령령으로 정하는 자본거래에 대하여는 예외적으로 사후에 보고하거나 신고의무를 면제하여 그 거래대금의 지급 · 수령을 허용하고 있다(외환법 제18조제1항단서).

여기에서 다음과 같은 자본거래가 사후보고대상 또는 신고의무 면제대상 자본거래의 적용범위에 해당된다(외환령 제32조제2항): ① 외국환업무취급기관이 외국환업무로서 수행하는 거래(다만, 외환거래질서를 해할 우려가 있거나 급격한 외환유출입을 야기할 위험이 있는 거래로서 기재부장관이 고시하는 경우에는 신고하도록 할 수 있다); ② 기재부장관이 정하여 고시하는 금액 미만의 소액 자본거래; ③ 해외에서 체재 중인 자의 비거주자와의 예금거래; ④ 추가적인 자금유출입이 발생하지 아니하는 계약의 변경 등으로서 기재부장관이 경미한 사항으로 인정하는 거래; ⑤ 그 밖에 기재부장관이 정하여 고시하는 거래. 이에 따라 다음과 같은 경우에 해당하는 자본거래의 신고의무는 일반적으로 면제된다(외환규정 제7-2조).

(1) 외국환업무취급기관 등의 업무수행상 거래

① 한국은행이 외국환업무로서 행하는 거래, ② 외국환업무취급기관이 외국환업무로서 행하는 거래와 동 외국환업무취급기관을 거래상대방으로 하는 거래(외환규정 제2장과 제7장에서 신고하도록 규정되어 있는 경우에는 신고한 경우에 한한다), ③ 환전영업자가 외환규정 제2장 제4절에서 정하는 바에 따라 환전업무로서 행하는 거래, ④

소액해외송금업자가 외환규정 제2장 제5절의 규정에서 정하는 바에 따라 소액해외송금업무로서 행하는 거래, ⑤ 외국환평형기금이 외환법·령·규정에 의하여 행하는 거래가 해당된다.

(2) 외환법상 인정된 거래

① 거래당사자의 일방이 신고등을 한 거래(다만, 신고인이 정해진 경우 해당 신고인이 신고등을 한 거래)와 ② 외환규정 제7-46조 제2항에 따라 외환규정상 거주자와 비거주자간 기타 자본거래로 신고한 거주자가 자금통합관리를 위하여 미화 5천만 달러 이내에서 지정거래 외국환은행을 통하여 비거주자와 행하는 해외예금, 금전대차, 담보제공거래 및 외국환은행에 대한 담보제공이 해당된다.

(3) 미화 10만 달러 이내 금액의 거래

① 외환규정 제7장에 의한 자본거래로서 거래 건당 지급·수령의 금액(분할하여 지급·수령을 하는 경우에는 각각의 지급·수령의 금액을 합산한 금액을 말한다)이 미화 5천 달러 이내인 경우, ② 외환규정 제7장에 의한 자본거래로서 국민인거주자의 거래 건당 지급금액이 미화 5천 달러 초과 10만 달러 이내이고, 연간 지급누계금액이 미화 10만 달러(외환규정 제4-3조 제1항 제1호 가목 본문의 금액)를 초과하지 않는 경우(다만, 지급 시 지정거래외국환은행장으로부터 거래의 내용을 확인받아야 한다), ③ 외환규정 제7장에 의한 자본거래로서 거주자의 건당 수령금액이 미화 5천 달러 초과 10만 달러 이내이고, 연간 수령누계금액이 미화 10만 달러를 초과하지 않은 경우(다만, 지정거래 외국환은행장으로부터 거래내용을 확인받아야 하며, 외환규정 제4-3조 지급·수령의 일반적 절차에 따라 수령하여야 한다)가 해당된다.

여기에서 유의할 점은 미화 10만 달러 이내 금액의 거래에 대한 신고의무의 면제요건은 외환규정 제7장에서 규정하는 자본거래에만 적용된다는 점이다. 따라서 외환규정 제9장에서 규정하는 자본거래는 신고의무의 면제요건의 적용범위에서 벗어나기 때문에 현지금융, 직접투자, 그리고 부동산 취득과 같은 자본거래로서 미화 10만 달러 이내 금액의 거래는 신고의무의 일반적 면제에 해당되지 않는다.

3. 질서위반행위에 대한 과태료제재

외환법상 신고의무를 이행하지 아니하거나 거짓으로 신고의무를 이행하고 실행한 자본거래행위로서 그 신고의무 위반금액이 한화 20억 원 이하 상당액에 해당하는 행위는 1억원 이하의 과태료 부과대상 외환질서위반행위로 취급된다(외환법 제32조제1항).

제 2 절 일반적 자본거래에 대한 신고의무

Ⅰ. 금융 및 유가증권거래

1. 국내예금거래 및 국내신탁거래

1) 신고의무의 발생과 면제

(1) 신고의무의 발생

외환법 제18조 제1항에 따라 거주자 또는 비거주자가 국내에서 거주자와 예금거래나 신탁거래를 하려는 경우에 원칙적으로 해당 거래에 대한 신고의무가 발생한다. 해당 신고기관은 한국은행총재가 된다(외환규정 제7-6조제2항). 그리고 국내에서 거주자와 신탁거래(거주자 간의 원화신탁거래를 포함한다)를 하는 거주자 또는 비거주자가 신탁계약이 만료됨에 따라 금전이 아닌 자산 또는 이에 대한 권리를 취득하려는 경우에도 외환규정에서 정하는 바에 따라 신고등을 하지 않으면 안 된다(외환규정 제7-6조제3항).

(2) 신고의무의 면제

외환법 제18조 제1항단서와 외환령 제32조 제2항에 따라 거주자 또는 비거주자가 비록 국내에서 거주자와 예금거래나 신탁거래를 하려는 경우에 해당하면서 그 거래의 유형이 ① 거주자 또는 비거주자가 외환규정에서 정하는 예치 및 처분사유에 따라 외국환은행 및 종합금융회사와 예금거래 또는 금전신탁거래를 하는 경우와 ② 국민인비거주자가 국내에서 사용하기 위하여 내국통화로 행하는 예금거래 또는 신탁거래를 하는 경우에 해당된다면 예외적으로 그 거래에 대한 신고의무는 면제된다(외환규정 제7-6조제1항).

2) 계정[1]별 예치가능 지급수단과 계정의 처분제한

(1) 거주자계정 및 거주자외화신탁계정

구분	허용범위	외환규정
예치 가능	❶ 취득 또는 보유가 인정된 대외지급수단 ❷ 내국지급수단을 대가로 하여 외국환은행 등으로부터 매입한 대외지급수단	제7-8조 제1항

1) 거래가 미치는 영향을 기록하여 계산하는 최소단위를 계정(account, a/c)이라고 한다.

구분	허용범위	외환규정
처분 제한	제한 없음	제7-9조 제1항

(2) 대외계정 및 비거주자외화신탁계정

구분	허용범위	외환규정
예치 가능	❶ 외국으로부터 송금되어 온 대외지급수단 ❷ 인정된 거래에 따라 대외지급이 인정된 대외지급수단 ❸ 국내금융기관과 외국환은행해외지점 · 외국환은행현지법인 · 외국금융기관(외국환은행해외기관) 간 또는 외국환은행해외기관 간 외화결제에 따라 취득한 대외지급수단 ❹ 외환규정 제5절 제2관에 따라 국내에서 증권의 발행으로 조달한 자금 ❺ 「외국 금융기관의 외국환업무에 관한 지침」 제3-3조에 따른 비거주자 본인 명의 업무용외화계좌로부터의 이체	제7-8조 제2항
처분 제한	❶ 외국에 대한 송금 ❷ 다른 외화예금계정 및 외화신탁계정에의 이체 ❸ 대외지급수단으로의 인출 또는 외국환은행 등으로부터의 다른 대외지급수단의 매입 ❹ 외국환은행 등에 내국지급수단을 대가로 한 매각 ❺ 기타 인정된 거래에 따른 지급 ❻ 국내금융기관과 외국환은행해외기관 간 또는 외국환은행해외기관 간 외화결제에 따른 지급	제7-9조 제2항

(3) 해외이주자계정

구분	허용범위	외환규정
예치 가능	❶ 해외이주자 및 해외이주예정자의 자기명의 국내재산 ❷ 재외동포의 자기명의 국내재산	제7-8조 제3항
처분 제한	❶ 외환규정 제4-6조의 규정에 의하여 인정된 해외이주비송금(송금수표 및 여행자수표 인출을 포함한다) 및 외환규정 제4-7조의 규정에 의하여 인정된 국내재산의 송금 ❷ 외국환은행 등에 내국지급수단을 대가로 한 매각	제7-9조 제3항

(4) 비거주자원화계정

구분	허용범위	외환규정
예치 가능	❶ 비거주자가 국내에서 취득한 내국지급수단[2)] ❷ 비거주자가 대외경협법시행령에 의한 차관공여계약서에 따라 지급받은 내국지급수단	제7-8조 제4항
처분 제한	❶ 내국지급수단으로의 인출 또는 거주자원화계정 및 다른 비거주자원화계정으로의 이체 ❷ 대외경제협력기금법시행령에 의한 차관공여계약서에서 정하는 바에 따라 지급된 비거주자원화계정 예치금으로 비거주자가 외국환을 매입하거나 매입한 외국환을 외국환은행을 통한 외국으로의 송금 기타 인정된 거래에 사용하는 경우 ❸ 외국에 대한 비거주자원화계정으로 발생한 이자송금을 하여 외국환은행 등에 대외지급수단을 대가로 한 매각	제7-9조 제4항

그런데 비거주자가 국내은행에 대외계정 및 비거주자원화계정을 개설하고 비거주자원화계정의 원화자금을 국내사용 목적으로 거주자의 원화계정으로 이체하는 것은 가능하지만 외국에 근무하는 한국 근로자의 급여를 모아 한국 내의 본인계좌 및 가족계좌에 이체하는 방식으로 송금하는 것은 외환법 제3조 제1항 제16호에 따른 외국환업무에 해당하므로 외국환은행이 아닌 이상 해당업무를 취급할 수 없으며, 이러한 업무를 외국환취급기관 등록 없이 수행할 경우 외환법 제27조 제1항 제5호에 따라 처벌된다(기재부 외환제도과-263, 2013.5.20.).

(5) 비거주자자유원계정 및 비거주자원화신탁계정

구분	허용범위	외환규정
예치 가능	❶ 비거주자 및 외국인거주자가 외국으로부터 송금하거나 휴대반입한 외화자금 또는 본인 명의의 대외계정 및 비거주자외화신탁계정에 예치된 외화자금을 내국지급수단을 대가로 매각한 자금 ❷ 비거주자[3)]가 내국통화표시 경상거래대금[4)] 또는 내국통화표시 재보험거래대금으로 취득한 내국지급수단 ❸ 비거주자 및 외국인거주자 본인 명의의 다른 비거주자자유원계정, 투자전용비거주자원화계정, 비거주자원화신탁계정 및 「외국 금융기관의 외국환업무에 관한 지침」 제3-3조에 따른 업무	제7-8조 제5항

2) 그 적용범위에 외국으로부터 수입 또는 수령한 대외지급수단을 대가로 하여 취득한 내국지급수단을 포함한다.

구분	허용범위	외환규정
	용원화계좌로부터의 이체 ❹ 국제금융기구의 경우 한국은행 내에 있는 본인 명의의 비거주자원화계정으로부터의 이체[5)] ❺ 인정된 자본거래에 따라 국내에서 취득한 자금으로서 대외지급이 인정된 자금 ❻ 비거주자[6)] 및 외국인거주자가 외환동시결제시스템을 통한 결제 또는 이와 관련된 거래에 따라 취득한 내국지급수단 ❼ 외환규정 제2-6조에 의하여 차입한 원화자금[7)] ❽ 외국에 소재한 공인된 거래소에서 거래되는 증권 · 장내 파생상품의 원화결제에 따라 취득한 자금 ❾ 외환규정 제5절 제2관의 규정에 따라 국내에서 증권의 발행으로 조달한 자금 ❿ 외환규정 제7-37조 제1항단서에서 정하는 바에 따라 외국인투자자가 국채 또는 한국은행법 제69조에 따른 통화안정증권의 매매를 국제예탁결제기구에 위탁하여 투자하는 경우로서, 국제예탁결제기구 명의의 투자전용비거주자원화계정으로부터 이체되어온 자금[8)] ⓫ 외환규정 제7-48조 제1항 제13호에 따른 한국은행과 외국중앙은행 간 통화스왑자금을 활용한 비거주자 상호간 내국통화표시금전대차 계약과 관련하여 취득한 내국지급수단[9)] ⓬ 외국환은행해외지점, 외국환은행현지법인 또는 외국금융기관이 외환규정 제6-2조 제1항 제6호의 규정에 따라 외국환은행에 내국통화를 수출한 대가로 취득한 내국지급수단[10)] ⓭ 한국거래소가 개설한 금현물시장에서 거래되는 금현물의 매매와 관련하여 취득한 내국지급수단 ⓮ 외환규정 제10-21조와 관련하여 청산은행이 다른 청산은행 명의의 비거주자자유원계정으로부터 지급받은 내국지급수단	
처분 제한	❶ 외국환은행 등에 대외지급수단을 대가로 한 매각 ❷ 내국통화표시 경상거래대금 또는 내국통화표시 재보험거래대금 지급[11)] ❸ 비거주자 및 외국인거주자 본인 명의의 다른 비거주자자유원계정, 투자전용 비거주자원화계정, 비거주자원화신탁계정 및 「외국 금융기관의 외국환업무에 관한 지침」 제3-3조에 따른 비거주자 본인명의의 업무용원화계좌로의 이체 ❹ 국제금융기구의 경우 한국은행 내에 있는 본인 명의의 비거주자원화계정으로의 이체	제7-9조 제5항

구분	허용범위	외환규정
	❺ 외환규정 제7-15조 및 제10-21조에 의하여 인정된 거주자에 대한 원화자금 대출 ❻ 외국에서 국내로 지급 의뢰된 건당(동일자, 동일인 기준) 미화 2만 달러 상당 이하 원화자금의 지급12) ❼ 외환동시결제시스템을 통한 결제 또는 이와 관련된 거래를 위한 자금의 이체13) ❽ 외환규정 제2-6조 및 제10-21조에 의하여 차입한 원화자금의 원리금 상환 ❾ 외국에 소재한 공인된 거래소에서 거래되는 증권·장내파생상품의 원화결제를 위한 자금의 지급 ❿ 외환규정 제5절 제2관의 규정에 따라 발행한 증권의 원리금상환, 증권의 매입 및 증권발행 수수료 등 발행비용의 지급 ⓫ 신용카드등의 사용에 따른 대금 지급14) ⓬ 외국환은행이 비거주자자유원계정의 예치금을 담보로 제공받아 원화대출한 경우, 담보권의 행사를 위한 외국환은행의 예치금 처분 ⓭ 외환규정 제7-37조 제1항단서에서 정하는 바에 따라 외국인투자자가 국채 또는 한국은행법 제69조에 따른 통화안정증권의 매매를 국제예탁결제기구에 위탁하고자 하는 경우, 국제예탁결제기구 명의의 투자전용비거주자원화계정내 본인 명의의 고객계좌로의 이체 ⓮ 외환규정 제7-48조 제1항 제13호에 따른 한국은행과 외국중앙은행간 통화스왑 자금을 활용한 비거주자 간 내국통화표시 금전대차 계약과 관련된 내국지급수단의 지급15) ⓯ 외국환은행해외지점, 외국환은행현지법인 또는 외국금융기관이 외환규정 제6-2조 제1항 제6호의 규정에 따라 외국환은행으로부터 내국통화를 수입한 대가의 지급16) ⓰ 한국거래소가 개설한 금현물시장에서 거래되는 금현물의 매매와 관련한 내국지급수단의 지급 ⓱ 외환규정 제10-21조와 관련하여 청산은행 명의의 비거주자자유원계정으로부터 다른 청산은행 명의의 비거주자자유원계정으로의 이체	

3) 그 적용범위에 경상거래대금의 추심·결제업무를 수행하는 외국환은행해외지점, 외국환은행현지법인, 외국금융기관을 포함한다.

4) 그 적용범위에 수출입거래와 관련된 운임, 보험료를 포함한다.

기재부 유권해석에 따르면, 비거주자자유원계정은 내국통화표시 경상거래대금의 지급을 위해 처분이 가능하고, 내국통화표시 거래대금으로 취득한 내국지급수단을 예치할 수 있기 때문에 비거주자 간 내국통화표시 수출입거래에 대한 대금을 비거주자 자유원계정을 통해 결제할 수 있다.

2. 해외예금거래 및 해외신탁거래

1) 신고의무의 발생

외환법 제18조 제1항에 따라 거주자가 해외에서 비거주자와 외화예금거래 또는 신탁거래를 하려는 경우에 원칙적으로 해당 거래에 대한 신고의무가 발생한다. 그리고 외환법상 신고의무의 면제여부와 상관없이 해외에서 비거주자와 신탁거래를 하는 거주자가 그 신탁계약기간이 만료됨에 따라 금전이 아닌 자산 또는 이에 대한 권리를 취득하려는 경우에는 외환규정에서 정하는 바에 따라 신고등을 하여야 한다(외환규정 제7-11조제4항). 해외에서의 외화예금거래에 대한 해당 신고기관은 원칙적으로 지정거래외국환은행장이 된다(외환규정 제7-11조제2항).

하지만 해외에서의 외화예금거래가 건당(동일자, 동일인 기준) 미화 5만 달러를 초과하여 국내에서 송금한 자금으로 예치하는 경우와 해외에서의 신탁거래에 대한 해당

5) 그 적용범위에 대외지급이 인정된 자금에 한정한다.

6) 그 적용범위에 자금의 수령을 지시받은 외국에 있는 금융기관을 포함한다.

7) 그 적용범위에 거주자로부터 보증 또는 담보제공을 받아 차입한 원화자금은 제외한다.

8) 그 적용범위에 국제예탁결제기구 명의의 고객계좌에 예치된 자금에 한정한다.

9) 외국환은행해외지점, 외국환은행현지법인 명의의 계정의 경우 해당 외국환은행해외지점 및 현지법인이 금전대차 관련 대금의 결제업무를 수행하는 경우를 포함한다.

10) 그 적용범위에 외국환은행해외지점, 외국환은행현지법인 명의의 계정의 경우 당해 외국환은행해외지점 및 현지법인이 내국통화 수출 관련 대금의 결제업무를 수행하는 경우를 포함한다.

11) 그 적용범위에 지급을 하는 자는 경상거래 대금의 추심·결제업무를 수행하는 외국환은행해외지점, 외국환은행현지법인, 외국금융기관을 포함하며, 지급방법은 계좌 간 이체 방식에 한정한다.

12) 그 적용범위에 외국환은행해외지점, 외국환은행현지법인, 외국금융기관 명의의 계정에 한정한다.

13) 그 적용범위에 자금의 지급을 지시받은 외국에 있는 금융기관의 처분을 포함한다.

14) 그 적용범위에 카드사용대금 결제 및 현금 인출에 한정한다.

15) 그 적용범위에 외국환은행해외지점, 외국환은행현지법인 명의의 계정의 경우 당해 외국환은행해외지점 및 현지법인이 금전대차 관련 대금의 결제업무를 수행하는 경우를 포함한다.

16) 그 적용범위에 외국환은행해외지점, 외국환은행현지법인 명의의 계정의 경우 당해 외국환은행해외지점 및 현지법인이 내국통화 수입 관련 대금의 결제업무를 수행하는 경우를 포함한다.

신고기관은 한국은행총재가 된다(외환규정 제7-11조제3항).

또한, 해외에서 외화예금거래를 건당(동일자, 동일인 기준) 미화 5만 달러를 초과하여 국내에서 송금한 자금으로 예치하려는 거주자의 신분이 ㉮ 기관투자가, ㉯ 전년도 수출입 실적이 미화 5백만 달러 이상인 자, ㉰ 해외건설촉진법에 의한 해외건설업자, ㉱ 외국항로에 취항하고 있는 국내의 항공 또는 선박회사, ㉲ 원양어업자 등에 해당한다면 해당 신고기관은 한국은행총재가 아니라 지정거래외국환은행장이 된다.

2) 신고의무의 면제

외환법 제18조 제1항단서와 외환령 제32조 제2항에 따라 거주자가 해외에서 비거주자와 예금거래 또는 신탁거래를 하는 경우라고 하더라도 다음과 같은 해외에서의 외화예금거래나 신탁거래는 예외적으로 해당 거래에 대한 신고의무가 면제된다(외환규정 제7-11조제1항).

(1) 해외에서 인정된 거래

① 외국에 체재하고 있는 거주자가 외화예금 또는 외화신탁거래를 하는 경우, ② 국민인거주자가 거주자가 되기 이전에 외국에 있는 금융기관에 예치한 외화예금 또는 외화신탁계정을 처분하는 경우, ③ 해외에서 비거주자와 외화예금거래를 행하는 경우에 발생된 신고의무를 이행한 거주자가 인정된 거래에 따라 해외에서 취득한 자금을 예치하는 경우가 해당된다.

(2) 외환법령상 인정된 거래에 따른 지급거래

① 외환규정 제7장 제7절 및 관계법령에서 정하는 바에 의하여 해외장내파생상품거래를 하는 거주자가 해당 거래와 관련하여 외국에 있는 금융기관과 외화예금거래를 하는 경우, ② 인정된 거래에 따른 지급을 위하여 외화예금 및 외화신탁계정을 처분하는 경우, ③ 인정된 거래에 따라 외환규정 제9장 제4절의 외국에 있는 부동산 또는 이에 관한 권리를 취득하거나 이미 취득한 거주자가 신고한 내용에 따라 당해 부동산 취득과 관련하여 국내에서 송금한 자금으로 외화예금거래를 하는 경우가 해당된다.

(3) 비거주자로부터 차입한 외화예금거래

① 거주자가 공공차관법 또는 외환규정에 의한 비거주자로부터의 외화자금차입과 관련하여 외화예금거래를 하는 경우, ② 외환규정 제7-14조 제7항단서의 규정에 따라 외국환은행 해외지점 또는 현지법인 금융기관, 외국 금융기관에 예치하는 경우가 해당된다.

(4) 해외현지투자와 관련된 외화예금거래

① 거주자가 외환규정 제7장 제5절의 규정에 의한 외국에서의 증권발행과 관련하여 예금거래를 하는 경우, ② 거주자가 외환규정 제7장 제6절의 규정에 의한 증권투자, 외환규정 제7-14조 제1항 및 제5항에 의한 거주자의 현지 사용목적 외화자금 차입, 제9장의 규정에 의한 해외직접투자 및 해외지사와 관련하여 외화예금거래를 하는 경우가 해당된다.

(5) 외국환업무취급기관의 해외예금거래

① 한국예탁결제원이 외국환거래규정 제7장 제6절 제2관에 의하여 거주자가 취득한 외화증권을 외국에 있는 증권예탁기관 또는 금융기관에 예탁 · 보관하고 동 예탁 · 보관증권의 권리행사를 위하여 외화예금거래를 하는 경우, ② 외환동시결제시스템을 통한 결제와 관련하여 외국환은행이 CLS은행 또는 외환동시결제시스템의 비거주자 회원은행과 복수통화(원화 포함)예금 또는 원화예금거래를 하는 경우, ③ 한국예탁결제원, 증권금융회사 또는 증권대차거래의 중개업무를 영위하는 투자매매업자 또는 투자중개업자가 외환규정 제7-45조 제1항 제16호 및 제7-48조 제1항 제6호의 규정에 의한 증권대차거래와 관련하여 외화예금거래를 하는 경우 등이 해당된다.

3. 금전의 대차계약

1) 신고(보고)의무의 발생

외환법 제18조 제1항에 따라 거주자가 비거주자로부터 외화자금 또는 원화자금(비거주자자유원계정에 예치된 내국지급수단에 한한다)을 차입하거나 거주자가 비거주자에게 대출(외환규정 제2장에서 외국환업무취급기관의 외국환업무로서 허용된 경우는 제외한다)하는 경우에는 해당 차입거래와 해당 대출거래에 대한 신고의무 또는 보고의무가 발생한다.

여기에서 외화자금 차입의 적용범위에는 증권 및 원화연계외화증권 발행도 포함된다. 외화자금 차입거래에 대한 신고의무의 이행방법은 차입시 금전의 대차계약신고서(별지 제7-2호 서식)[증권발행의 경우에는 증권발행신고서(별지 제7-5호 서식)]에 차입자금의 용도를 명기하여 해당 신고기관에 제출하는 것이다(외환규정 제7-14조제7항).

(1) 외화자금 차입의 보고의무

㉮ 지방자치단체와 공공기관, ㉯ 공공목적의 달성을 위해 정부 또는 ㉮의 기관이 설립하거나 출자 · 출연한 법인 또는 정부업무수탁법인, ㉰ 영리법인인 거주자가 외화자

금을 차입하는 경우에는 현지금융 여부를 명시하여 지정거래외국환은행장에게 자금을 수령한 날로부터 1개월 이내에 거래사실을 보고하여야 한다(외환규정 제7-14조제1항). 여기에서 현지금융의 경우는 다른 거주자가 보증 및 담보를 제공하지 않는 경우로 한정하고, 외환규정 제7-18조에 따라 인정된 거래에 대해서는 보고의무가 발생하지 않는다.

하지만 미화 5천만 달러(차입신고시점으로부터 과거 1년간의 누적차입금액을 포함하며, 현지금융 자금은 산입에서 제외한다)를 초과하여 차입하는 경우라면, ㉮와 ㉯에 해당하는 거주자는 지정거래외국환은행을 경유하여 기재부장관에게 사전협의를 거쳐 신고하여야 하고(외환규정 제7-14조제6항), ㉮와 ㉯가 아닌 개인 및 비영리법인인 거주자는 지정거래외국환은행을 경유하여 한국은행총재에 보고하여야 하는데, 예외적으로 비영리법인의 현지 사용목적 현지차입은 지정거래외국환은행장에게만 거래가 있었던 날로부터 1개월 이내에 거래사실을 보고하면 된다(외환규정 제7-14조제5항).

(2) 외환자금 차입의 신고의무

외투법에 의한 일반제조업체 또는 기재부장관으로부터 조세감면 결정을 받은 외국인투자기업으로서 고도의 기술을 수반하는 사업 및 산업지원서비스업을 영위하는 고도기술업체가 다음에 해당하는 한도범위내에서 비거주자로부터 상환기간이 1년 이하(자금인출일부터 기산한다)인 단기외화자금을 차입하고자 하는 경우에는 지정거래외국환은행장에게 신고하여야 한다(외환규정 제7-14조제2항):

- 고도기술업체의 경우 외국인투자금액(외화금액 기준으로서 외국인투자기업등록증명서상의 투자금액과 등록되지 않은 주금납입액을 말하며 이하 같다) 이내(다만, 고도기술업체중 외국인투자비율이 3분의 1 미만인 기업은 외국인투자금액의 100분의 75 이내);
- 일반제조업체의 경우 외국인투자금액의 100분의 50.

한편, 정유회사 및 원유, 액화천연가스 또는 액화석유가스 수입업자가 원유, 액화천연가스 또는 액화석유가스의 일람불방식, 수출자신용방식(Shipper's Usance) 또는 사후송금방식 수입대금 결제를 위하여 상환기간이 1년 이하의 단기외화자금을 차입하는 경우에는 거래외국환은행장(L/C 방식인 경우에는 L/C 개설은행을 말하며 D/P · D/A 방식인 경우에는 수입환어음 추심은행, 사후송금방식인 경우에는 수입대금 결제를 위한 송금은행을 말한다)에게 신고하여야 한다(외환규정 제7-14조제3항).

또한, 직전 분기말 자기자본이 1조 원 이상인 투자매매업자 또는 투자중개업자가 비거주자로부터 미화 5천만 달러 초과의 외화자금을 상환기간(거치기간을 포함한다)

1년 초과의 조건으로 차입(외화증권발행 포함한다)하는 경우에는 기재부장관에게 신고하여야 한다(외환규정 제7-14조제4항). 그리고 외화자금 차입현황을 매월별로 다음달 10일까지 한국은행총재 및 금융감독원장에게 보고하여야 한다.

(3) 거주자의 원화자금차입

앞서 설명한 외화자금의 신고(보고)의무에 해당하는 경우를 제외하고 거주자가 비거주자로부터 원화자금을 차입하는 경우에는 지정거래외국환은행장에게 신고하여야 하는데, 10억 원(차입신고시점으로부터 과거 1년간의 누적차입금액을 포함한다)을 초과하여 차입하는 경우라면 지정거래외국환은행을 경유하여 기재부장관에게 신고하여야 한다(외환규정 제7-15조제1항).

(4) 거주자의 비거주자에 대한 대출

외국법인에 투자한 거주자가 해당 외국법인에 대하여 상환기간을 1년 미만으로 하여 금전을 대여하는 경우에는 지정거래외국환은행장에게 자금을 지급한 날로부터 1개월 이내에 거래사실을 보고하여야 한다(외환규정 제7-16조제1항).[17] 그리고 거주자가 비거주자에게 대출을 하는 경우(제2장에서 외국환업무취급기관의 외국환업무로서 허용된 경우 제외)에는 한국은행총재에게 신고하여야 한다(외환규정 제7-16조제2항).[18] 여기에서 신고사항 중 다른 거주자의 보증 또는 담보를 제공받아 대출하는 경우 및 10억 원을 초과하는 원화자금을 대출하는 경우에는 대출을 받고자 하는 비거주자가 신고하여야 한다.

2) 현지법인등의 외화자금차입 특례

(1) 현지금융의 적용범위

현지금융이란 금융기관,[19] 그 금융기관의 현지법인 및 비금융기관이 설립한 현지법인금융기관 및 개인인 거주자를 제외하고 ① 거주자, ② 거주자의 현지법인(거주자의 현지법인이 100분의 50 이상 출자한 자회사를 포함한다), ③ 거주자의 해외지점[20]에 해당하는 자가 외국에서 사용하기 위하여 외국에서 자금을 차입(증권발행에 의한 경우를 포함한다)하거나 지급보증을 받는 것을 말한다(외환규정 제1-2조제42호).

---

17) 지정거래외국환은행장은 법인이 아닌 거주자의 비거주자에 대한 대출에 대해서는 동 신고내용을 매월별로 익월 20일까지 국세청장에게 통보하여야 한다(외환규정 제7-16제3항).

18) 한국은행총재는 법인이 아닌 거주자의 비거주자에 대한 대출에 대해서는 동 신고내용을 매월별로 익월 20일까지 국세청장에게 통보하여야 한다(외환규정 제7-16제3항).

19) 금융기관은 외환법 제3조 제1항 제17호에 규정된 금융회사등(한국산업은행, 한국정책금융공사, 한국수출입은행, 중소기업은행, 체신관서가 해당된다)을 말하며, 그 해외지점을 포함한다.

20) 외환규정 제9-19조의 규정에서 정한 비독립채산제 해외지점을 제외한다.

(2) 보고의무의 발생

위 ②와 ③에 해당하는 자가 현지금융을 받는 경우에는 현지법인등을 설치한 거주자(국내 다른 기업과 공동출자하여 현지법인 등을 설치한 경우에는 출자지분이 가장 많은 기업, 출자지분이 같은 경우에는 자기자본이 가장 큰 기업)가 현지금융을 받은 날로부터 1개월 이내에 지정거래외국환은행장에게 보고하여야 하며, 주채무계열 소속 기업체는 부득이한 경우를 제외하고 주채권은행을 현지금융관련 거래외국환은행으로 지정하여야 한다(외환규정 제7-14조의2제1항). 예외적으로 외환규정 제7-18조에 따라 인정된 거래에 대해서는 보고의무가 면제된다.

(3) 보고의무의 조건부 면제

현지법인등이 거주자의 보증 및 담보를 받지 아니하고 현지금융을 받는 경우에는 보고의무가 면제되지만, 해외지점 및 다음에 해당하는 현지법인의 경우에는 현지법인등을 설치한 거주자가 당해 현지법인등의 현지금융 차입 및 상환 반기보를 다음 반기 첫째달 말일까지 지정거래외국환은행장에게 보고하여야 한다.(외환규정 제7-14조의2제2항):

㉮ 거주자의 투자비율이 100분의 50 이상인 현지법인;
㉯ 위 ㉮의 현지법인이 100분의 50 이상 출자한 자회사.

(4) 현지금융의 사용 · 상환절차와 외국환업무취급기관의 보고(통보)의무

현지금융을 받은 자는(현지법인등을 설치한 거주자를 포함한다) 차입한 자금을 신고 또는 보고한 바에 따라 사용하여야 하며, 현지금융의 차입 및 상환 반기보를 당해 거주자의 지정거래외국환은행의 장에게 다음 반기 첫째달말일까지 보고하여야 한다(외환규정 제7-14조의2제3항). 그리고 현지금융을 받은 자 또는 현지금융관련 보증등을 제공한 자가 그 원금 및 이자와 부대비용을 국내에서 외국에 지급하는 경우에는 지정거래외국환은행을 통하여 송금하여야 한다(외환규정 제7-14조의2제5항).[21]

한편, 현지금융에 대한 보고를 받은 지정거래외국환은행장은 현지금융차입 및 상환상황 반기보를 다음 반기 둘째달 말일까지 한국은행총재에게 보고하여야 하며, 한국은행총재는 현지금융 차입 및 상환 상황을 국세청장 및 금융감독원장에게 통보하여야 한다(외환규정 제7-14조의2제4항).

3) 신고(보고)의무의 면제

21) 다만, 외국환은행이 보증과 관련하여 대지급하는 경우에는 그러하지 아니하다.

외환법 제18조 제1항단서와 외환령 제32조 제2항에 따라 금전의 대차계약에 따른 채권의 발생등에 관한 거래에 대한 신고(보고)의무가 면제되는 신고(보고)의 예외거래는 다음과 같은 경우가 적용된다(외환규정 제7-13조제1항).

(1) 내국거래

① 거주자가 다른 거주자와 금전의 대차계약에 따른 외국통화로 표시되거나 지급을 받을 수 있는 채권 또는 채무의 발생ㆍ변경ㆍ변제ㆍ소멸이나 직접 또는 간접의 이전 기타의 처분에 관한 거래를 하려는 경우와 ② 국민인거주자와 국민인비거주자 간에 국내에서 내국통화로 표시되고 지급되는 금전의 대차계약을 하는 경우가 해당된다.

(2) 차관계약거래

① 거주자가 비거주자와 외투법에 의한 차관계약을 체결하거나 공공차관법에 의한 공공차관협약을 체결하는 경우와 ② 거주자가 비거주자와 대외경제협력기금법(이하 "대외경협법"이라 한다)에 의한 차관공여계약을 체결하는 경우가 해당된다.

(3) 외환법령상 해외에서 인정된 현지거래

① 대한민국정부의 재외공관근무자 및 그 동거가족 또는 해외체재자 및 현지유학생이 그 체재함에 필요한 생활비 등의 지급을 위하여 비거주자와 금전의 대차계약을 하는 경우와 ② 인정된 거래에 따라 외환규정 제9-39조 제2항의 부동산을 취득하면서 취득자금에 충당하기 위해 취득부동산을 담보로 비거주자로부터 외화자금을 차입하는 경우가 해당된다.

(4) 결제관련 신용공여거래

① 국제유가증권결제기구에 가입한 거주자가 유가증권거래의 결제와 관련하여 비거주자로부터 일중대출(intra-day credit) 또는 일일대출(over-night credit)을 받는 경우, ② 외환동시결제시스템을 통한 결제와 관련하여 거주자 회원은행이 CLS은행으로부터 CLS은행이 정한 일정 한도의 원화 지급포지션(Short Position)을 받거나 비거주자에게 일중 원화신용공여(Intra-day Credit) 또는 일일 원화신용공여(Over-night Credit)를 하는 경우, ③ 외환동시결제시스템을 통한 결제와 관련하여 외국환은행이 비거주자 회원은행으로부터 일중 원화신용공여(Intra-day Credit) 또는 일일 원화신용공여(Over-night Credit)를 받는 경우가 해당된다.

4) 외화자금의 사용절차

외화를 차입한 거주자는 조달한 외화자금을 다음에 해당하는 절차에 따라 사용하여

야 한다(외환규정 제7-14조제8항):22)

> ● 현지금융이 아닌 경우에는 조달한 외화자금을 지정거래외국환은행에 개설된 거주자계정에 예치한 후 신고 또는 보고시 명기한 용도로 사용하여야 한다.[23] 다만, 경상거래대금의 대외지급, 해외직접투자를 위해 조달한 자금은 국내에 본점을 둔 외국환은행의 해외지점 · 현지법인 또는 외국 금융기관에 예치후 지급하거나 비거주자에게 직접 지급할 수 있으며, 외화증권발행에 의하여 조달한 자금은 국내에 본점을 둔 외국환은행의 해외지점 · 현지법인에 예치할 수 있다;[24]
>
> ● 현지금융의 경우에는 변경 보고 또는 신고를 하거나 현지법인등과 국내 거주자간의 인정된 경상거래에 따른 결제자금의 국내 유입의 경우를 제외하고는 국내에 예치하거나 국내로 유입할 수 없다.

한편, 기재부장관은 신고를 하는 자중 원화조달목적으로 외화자금을 차입한 거주자에 대하여 환율변동위험 방지를 위해 필요한 조치를 취하도록 지도할 수 있다(외환규정 제7-14조제11항). 그리고 외국환은행장 및 한국은행총재는 필요시 거주자의 신고내용을 국세청장에게 열람하도록 하여야 한다(외환규정 제7-14조제12항).

4. 채무의 보증계약

1) 신고(보고)의무의 발생

외환법 제18조 제1항에 따라 거주자가 비거주자와 채무의 보증계약에 따른 채권 또는 채무의 발생 · 변경 · 변제 · 소멸이나 직접 또는 간접의 이전 기타의 처분에 관한 거래를 하려는 경우에는 해당 거래에 대한 신고의무가 발생한다.

(1) 일반 채무보증계약에 대한 신고의무

거주자가 채권자의 지위를 갖는 다른 거주자 또는 비거주자와 일반 채무보증계약을 체결함에 따라 그 다른 거주자와 비거주자의 거래 또는 그 비거주자와 다른 비거주자

---

22) 인정된 거래에 따라 외환규정 제9-39조제2항의 부동산을 취득하면서 취득자금에 충당하기 위해 취득부동산을 담보로 비거주자로부터 차입한 외화자금은 제외한다.

23) 지정거래외국환은행장은 매분기 거주자계정 또는 외화예금계정의 예치 · 인출 및 상환상황을 한국은행총재에게 보고하여야 하며, 한국은행총재는 이를 종합하여 다음 분기 첫째달 20일 이내에 기재부장관에게 보고하여야 한다(외환규정 제7-14조제10항).

24) ⑨ 제8항 단서의 규정에 의하여 외화자금을 예치하거나 지급한 자는 동 계정의 예치 · 인출 및 상환상황을 지정거래외국환은행의 장에게 보고하여야 한다. (외환규정 제7-14조제9항)

간의 거래에서 발생한 타인의 채무에 대한 보증인이 되면 신고의무가 발생한다(외환규정 제7-19조). 여기에서 일반 채무보증계약의 적용범위와 관련하여 외국환은행에 보증 또는 담보를 제공하는 행위도 그 적용범위에 포함되지만, 외국환은행이 국내에서 비거주자에게 외환규정 제2-6조 제3항 제3호 · 제4호에 해당하는 원화대금을 대출하는 경우는 그 적용범위에서 제외된다. 즉, 외국환은행이 국내에서 국민인비거주자에게 원화자금을 대출하거나 외국환은행이 국내에서 특수신분 외국인비거주자(외환령 제10조 제2항 제1호 및 제6호 가목·나목의 규정에 해당하는 비거주자) 또는 비거주자자유원계정(당좌예금에 한한다)을 개설한 비거주자 등에 해당하지 않는 외국인비거주자에게 동일인 기준 10억원 이하(다른 외국환은행의 대출 포함한다)의 원화자금을 대출하면서 그 외국환은행에 보증 또는 담보를 제공하는 행위는 일반 채무보증계약의 적용범위에서 제외된다.

(2) 특정 채무보증계약에 대한 보고의무

거주자가 비거주자와 채무의 보증계약에 따른 채권의 발생등에 관한 거래가 다음에 해당하는 경우에는 외국환은행장에게 거래가 있었던 날로부터 1개월 이내에 거래사실을 보고(제④ 및 제⑤의 경우에는 현지금융을 받는 거주자 또는 현지법인등을 설치한 거주자의 지정거래외국환은행에 보고)하여야 한다(외환규정 제18조제1항):

① 국내에 본점을 둔 투자매매업자 · 투자중개업자가 당해 투자매매업자 · 투자중개업자 현지법인의 인정된 업무에 수반되는 현지차입에 대하여 보증을 하는 경우. 다만, 보증금액은 당해 현지법인에 대한 거주자의 출자금액의 300% 이내에 한한다;

② 거주자의 현지법인이 외국의 시설대여회사로부터 인정된 사업수행에 필요한 시설재를 임차함에 있어서 당해 현지법인이 부담하는 채무의 이행을 당해 거주자 또는 계열관계에 있는 거주자가 보증하는 경우;

③ 국내에 본점을 둔 시설대여회사가 당해 시설대여회사 현지법인의 인정된 업무에 수반되는 현지차입에 대하여 본사의 출자금액 범위내에서 보증을 하는 경우;

④ 외환규정 제7-14조 제1항에 해당하는 현지금융 관련 거주자가 보증(담보 포함)을 하는 경우;

⑤ 외환규정 제7-14조의2에 해당하는 현지금융 관련 거주자가 보증(담보 포함)을 하는 경우.

주채무계열 소속 상위 30대 계열기업체의 외환규정 제7-14조 제1항의 규정에 의한 상환기간이 1년을 초과하는 장기외화자금차입계약과 관련하여 동 계열 소속 다른 기업체가 보증하고자 하는 경우에는 보증하는 자가 차입자의 지정거래외국환은행장에게 거래가 있었던 날로부터 1개월 이내에 거래사실을 보고하여야 한다(외환규정 제7-18조 제2항). 이 경우 외환규정 제7-14조 제1항의 규정에 의하여 차입에 관한 보고 또는 신고를 하는 자가 보증하는 자를 대신하여 보고할 수 있다.

한편, 교포등에 대한 여신과 관련하여 거주자 또는 당해 여신을 받는 비거주자가 국내에 있는 금융기관에 미화 50만 달러 이내에서 원리금의 상환을 보증하는 경우에는 지정거래외국환은행장에게 거래가 있었던 날로부터 1개월 이내에 거래사실을 보고하여야 한다(외환규정 제7-18조제3항). 이 경우 거래외국환은행의 지정은 여신을 받는 자의 명의로 하고, 해외에서도 하나의 외국환은행해외지점 또는 현지법인금융기관등을 거래금융기관으로 지정하여야 한다. 그리고 보증을 제공한 자가 대지급을 하는 경우에는 지정거래외국환은행을 통하여 송금하여야 한다(외환규정 제7-18조제3항).[25]

2) 신고(보고)의무의 면제

채무의 보증계약에 따른 채권 또는 채권의 발생 · 변경 · 변제 · 소멸이나 직접 또는 간접의 이전 기타의 처분에 관한 거래를 하는 경우에 외환법상 신고의무가 발생하는 것이 원칙임에도 불구하고 외환법 제18조 제1항단서와 외환령 제32조 제2항에 따라 해당 거래에 대한 신고의무가 면제되는 신고(보고)의 예외거래는 다음과 같은 경우가 적용된다(외환규정 제7-17조).

(1) 거주자의 외화통화표시 보증

① 거주자(채권자)와 거주자(채무자)의 거래에 대하여 거주자가 외국통화표시 보증을 하는 경우, ② 국내에 본점을 둔 시설대여회사가 당해 시설대여회사 현지법인에 대한 외국환은행의 역외금융대출에 대하여 본사의 출자금액 범위 내에서 외국통화표시 보증을 하는 경우, ③ 거주자가 외환규정 제4장에서 규정한 지급(제4-5조 내지 제4-7조의 규정에 의한 경우는 제외한다)을 위한 외국통화표시 보증을 하는 경우, ④ 거주자가 외환규정 제7장 제8절 제2관의 규정에 의하여 인정된 임차계약을 함에 따라 국내의 다른 거주자가 외국통화표시 보증을 하거나 시설대여회사가 외국의 시설대여회사와 국내의 실수요자 간의 인정된 시설대여계약에 대하여 외국통화표시 보증을 하는 경우, ⑤ 거주자의 외환규정 제7-21조 제1항 제5호의 규정에 의한 약속어음의 매각과 관련하여 당해 거주자의 계열기업이 외국통화표시 대외보증을 하는 경우가 해당된다.

(2) 거주자의 수출입 등과 관련한 보증

---

25) 다만, 외국환은행이 대지급 하는 경우에는 그러하지 아니하다.

① 거주자의 수출거래와 관련하여 외국의 수입업자가 외국환은행으로부터 역외금융대출을 받음에 있어 해당 거주자가 그 역외금융대출에 대하여 해당 외국환은행에 외국통화표시 보증을 하는 경우,[26] ② 거주자가 비거주자와 물품의 수출·수입 또는 용역거래를 함에 있어서 보증하는 경우, ③ 거주자 및 거주자의 현지법인이나 해외지점의 수출, 해외건설 및 용역사업 등 외화획득을 위한 국제입찰 또는 계약과 관련한 입찰보증 등을 위하여 비거주자가 보증금을 지급하거나 이에 갈음하는 보증을 함에 있어서 보증 등을 하는 비거주자가 부담하는 채무의 이행을 당해 거주자 또는 계열관계에 있는 거주자가 보증 또는 부담하는 계약을 체결하는 경우, ④ 거주자 및 거주자의 현지법인이나 해외지점이 비거주자와 해외건설 및 용역사업, 물품수출거래를 함에 있어 해당 비거주자(입찰대행기관 및 수입대행기관을 포함한다)와 보증 등을 하는 경우가 해당한다.

(3) 파생상품거래와 관련한 보증

① 거주자의 외환규정 제7-11조 제1항 제3호에 해당하는 해외장내파생상품거래에 필요한 자금의 지급에 갈음하여 비거주자가 지급 또는 보증을 함에 있어서 지급 또는 보증을 하는 비거주자가 부담하는 채무의 이행을 당해 거주자 또는 해당 거주자의 계열기업이 보증 또는 부담하는 계약을 체결하는 경우, ② 외환규정 제7-40조 제2항의 규정에 의한 파생상품거래에 관하여 거주자가 비거주자에게 보증을 하는 경우가 해당된다.

(4) 외환법령상 인정된 거래 등

① 외환규정 제7-14조 및 제7-15조의 규정에 의한 자금차입계약(현지금융은 제외한다)에 관하여 거주자가 비거주자에게 보증을 하는 경우, ② 거주자가 외환규정에 의해 인정된 거래를 함에 따라 비거주자로부터 보증을 받는 경우, ③ 국민인거주자와 국민인 비거주자 간에 다른 거주자를 위하여 내국통화로 표시되고 지급되는 채무의 보증계약을 하는 경우, ④ 외환규정 제7-45조 제1항 제16호 및 제7-48조 제1항 제6호와 관련하여 자본시장법에 의한 증권금융회사가 비거주자에게 보증하는 경우, ⑤ 외환규정 제2-6조 제1항단서에 따라 비거주자가 한국은행총재에게 신고하고 외국환은행으로부터 대출을 받으면서 거주자가 보증 또는 담보를 제공하는 경우가 해당한다. 여기에서 앞의 ①의 경우 외환규정 제7-14조 제1항의 규정에 의한 주채무계열 소속 상위 30대 계열기업체의 외화자금차입계약에 관하여 동 계열 소속 다른 기업체가 보증하려는 경우에는 제외한다.

---

26) 해당 외국환은행은 수출관련 역외금융대출보증에 관한 보고서를 매분기별로 익월 20일까지 한국은행총재에게 제출하여야 한다.

Ⅱ. 대외지급수단, 채권 기타의 매매 및 용역계약에 따른 자본거래

1. 신고(보고)의무의 발생

1) 거주자와 다른 거주자 간 거래

외환법 제18조 제1항에 따라 거주자가 다른 거주자와 외국의 부동산 · 시설물 등의 이용 · 사용 또는 이에 관한 권리의 취득에 따른 회원권의 매입거래를 하려면 해당 거래에 대한 신고의무가 발생한다. 해당 신고기관은 한국은행총재가 된다(외환규정 제7-20조제2항).

2) 거주자와 비거주자 간의 거래

외환법 제18조 제1항에 따라 거주자가 비거주자와 대외지급수단의 매매계약에 따른 외국통화로 표시되거나 지급받을 수 있는 채권 또는 채무의 발생 · 변경 · 변제 · 소멸이나 직접 또는 간접의 이전 기타의 처분에 관한 거래를 하는 경우에는 해당 거래에 대한 신고의무가 발생한다. 해당 신고기관은 원칙적으로 한국은행총재가 된다(외환규정 제7-21조제3항). 하지만, 거주자가 비거주자와 외국의 부동산 · 시설물 등의 이용 · 사용 또는 이에 관한 권리의 취득에 따른 회원권의 매입거래를 하는 경우라면 외국환은행장에게 거래가 있었던 날로부터 1개월 이내에 거래사실을 보고하면 된다(외환규정 제7-21조제2항).

2. 신고(보고)의무의 면제

1) 거주자와 다른 거주자 간의 거래

거주자가 다른 거주자와 외국의 부동산 · 시설물 등의 이용 · 사용 또는 이에 관한 권리의 취득에 따른 회원권의 매입거래를 하는 경우에 외환법상 신고의무가 발생하는 것이 원칙임에도 불구하고, 외환법 제18조 제1항단서와 외환령 제32조 제2항에 따라 해당 거래에 대한 신고의무가 면제되는 신고의 예외거래는 다음과 같은 경우가 적용된다(외환규정 제7-20조제1항). ① 거주자와 다른 거주자 간 물품 기타의 매매, 용역계약에 따른 외국통화로 지급받을 수 있는 채권 또는 채무의 발생 · 변경 · 변제 · 소멸이나 직접 또는 간접의 이전 기타의 처분에 관한 거래,[27] ② 거주자와 다른 거주자 간에 지급수단으로 사용목적이 아닌 화폐수집용 및 기념용으로 외국통화를 매매하는 거래, ③ 해외건설 및 용역사업자와 면세용물품 제조자 간에 해외취업근로자에 대한 면세쿠폰을 매매하는 거래, ④ 외국환은행이 거주자의 수입대금의 지급을 위하여 유네스코쿠폰을 당

27) 해당 거래 대금은 외국환은행을 통하여 지급 또는 수령하여야 한다(외환규정 제7-20조제3항).

해 거주자에게 매각하는 거래, ⑤ 거주자와 다른 거주자 간 인정된 거래로 취득한 채권의 매매계약에 따른 외국통화로 표시되거나 지급받을 수 있는 채권 또는 채무의 발생 · 변경 · 변제 · 소멸이나 직접 또는 간접의 이전 기타의 처분에 관한 거래,[28] ⑥ 거주자와 다른 거주자 간 매매차익을 목적으로 하지 않는 거래로서 동일자에 미화 5천달러 이내에서 대외지급수단을 매매하는 거래. 여기에서 용역계약과 관련하여 외환법상 '용역'의 개념범위는 기술원조, 뉴스나 정보의 제공, 필름상영권의 제공등과 같은 흥행, 항만작업, 항만시설의 제공, 선박 및 항공기의 수리, 대리업무, 은행업무, 보험, 보관, 운수, 기타 타인을 위한 노무, 편의 또는 오락의 제공으로 정의된다.

2) 거주자와 비거주자 간의 거래

거주자가 비거주자와 대외지급수단 및 채권의 매매계약에 따른 채권 또는 채무의 발생 · 변경 · 변제 · 소멸이나 직접 또는 간접의 이전 기타의 처분에 관한 거래를 하는 경우에 외환법상 신고의무가 발생하는 것이 원칙임에도 불구하고 외환법 제18조 제1항단서와 외환령 제32조 제2항에 따라 해당 거래에 대한 신고의무가 면제되는 신고의 예외거래는 다음과 같은 경우가 적용된다(외환규정 제7-21조제1항). ① 외국환은행해외지점, 외국환은행현지법인, 외국금융기관(외국환전영업자를 포함한다)이 해외에 체재하는 거주자와 원화표시여행자수표, 원화표시자기앞수표 또는 내국통화의 매매거래를 하는 경우, ② 외국에 체재하는 거주자(재외공관근무자 또는 그 동거가족, 해외체재자를 포함한다)가 비거주자와 체재에 직접 필요한 대외지급수단, 채권의 매매거래를 하는 경우, ③ 거주자가 외국에서 보유가 인정된 대외지급수단 또는 외화채권으로 다른 외국통화표시 대외지급수단 또는 외화채권을 매입하는 경우, ④ 거주자가 수출관련 외화채권을 비거주자에게 매각하고 동 매각자금 전액을 외국환은행을 통하여 국내로 회수하는 경우, ⑤ 거주자가 국내외 부동산 · 시설물 등의 이용 · 사용과 관련된 회원권, 비거주자가 발행한 약속어음 및 비거주자에 대한 외화채권 등을 비거주자에게 매각하고 동 매각자금을 외국환은행을 통하여 국내로 회수하는 경우, ⑥ 거주자가 비거주자에게 매각한 국내의 부동산 · 시설물 등의 이용 · 사용과 관련된 회원권 등을 비거주자로부터 재매입하는 경우.

Ⅲ. 증권의 발행 · 모집 및 취득과 파생상품거래

증권은 재산에 관한 권리나 의무를 나타내는 문서로서 유가증권과 증거증권이 있

---

28) 해당 거래 대금은 외국환은행을 통하여 지급 또는 수령하여야 한다(외환규정 제7-20조제3항).

다. 유가증권이란 사법(私法)상의 재산권을 표창한 증권으로서 권리의 발생 · 행사 · 이전의 전부 또는 그 중 일부를 위하여 증권을 필요로 하는 것을 말하고, 그 예로는 주식 · 공채 · 사채 등을 들 수 있다.

1. 증권의 발행 · 모집

1) 거주자의 증권발행 · 모집

(1) 신고(보고)의무의 발생

외환법 제18조 제1항에 따라 거주자가 외국에서 외화증권을 발행 또는 모집하는 경우(거주자가 국내에서 발행 또는 모집한 외화증권을 비거주자가 자본시장법에서 규정하는 사모로 취득하는 경우를 포함한다)와 거주자(외국환업무취급기관을 포함한다)가 외국에서 원화증권을 발행 또는 모집하는 경우에는 그 발행 · 모집에 대한 보고 또는 신고등의 의무가 발생한다.

(2) 신고의무의 면제

외환법 제18조 제1항단서와 외환령 제32조 제2항에 따라 거주자가 국내에서 외화증권을 발행 또는 모집하려는 경우에는 그 발행 · 모집에 대한 신고 등의 의무가 발생하지 않는다(외환규정 제7-22조제1항).

2) 비거주자의 증권발행 · 모집

외환법 제18조 제1항에 따라 비거주자가 국내에서 외화증권 또는 원화연계외화증권을 발행 · 모집(외국에서 기발행 · 모집된 외화증권을 증권시장에 상장하는 경우를 포함한다)하거나 원화증권을 발행 · 모집하려는 경우와 비거주자가 외국에서 원화증권 또는 원화연계외화증권을 발행 · 모집하려는 경우에는 그 발행 · 모집에 대한 신고의무가 발생한다.

2. 거주자의 증권취득

1) 신고의무의 발생

외환법 제18조 제1항에 따라 거주자가 비거주자로부터 증권을 취득하는 경우에는 원칙적으로 그 취득거래에 대한 신고의무가 발생한다. 만일 비거주자로부터 증권을 취득하는 거주자가 보유증권을 대가로 하여 증권을 취득하는 경우라면 그 거주자는 교환대상증권의 가격에 대한 적정성을 입증하여야 한다(외환규정 제7-31조제2항단서). 증권취득에 대한 해당 신고기관은 한국은행총재가 된다(외환규정 제7-31조제1항).

2) 신고의무의 면제

거주자가 비거주자로부터 증권을 취득하는 경우에 외환법상 신고의무가 발생하는 것이 원칙이지만 외환법 제18조 제1항단서와 외환령 제32조 제2항에 따라 외환규정상 예외적인 거주자의 증권취득에 해당한다면 외환법상 신고의무는 면제된다(외환규정 제7-31조제1항).[29] 여기에서 그 증권취득이 외국법인의 경영에 참가하기 위하여 해당 법인의 주식 또는 출자지분을 취득하는 경우라면 외환규정상 직접투자의 규정에 따라야 한다.

3. 비거주자의 증권취득

1) 신고의무의 발생

외환법 제18조 제1항에 따라 비거주자가 거주자로부터 증권을 취득하는 경우에는 원칙적으로 그 취득거래에 대한 신고의무가 발생한다. 해당 신고기관은 한국은행총재가 된다(외환규정 제7-32조제3항). 하지만 비거주자가 거주자로부터 국내법인의 비상장·비등록 내국통화표시 주식 또는 지분을 외투법에서 정한 출자목적물에 의해 취득하는 경우로서 외투법에서 정한 외국인투자에 해당하지 아니하는 경우라면 해당 신고기관은 외국환은행장이 된다(외환규정 제7-32조제2항).

2) 신고의무의 면제

비거주자가 거주자로부터 증권을 취득하려는 경우에 외환법상 신고의무가 발생하는 것이 원칙이지만 외환법 제18조 제1항단서와 외환령 제32조 제2항에 따라 그 증권취득이 외환규정상 신고예외에 해당한다면 외환법상 신고의무는 면제된다(외환규정 제7-31조제1항).[30]

4. 파상상품거래

1) 신고의무의 발생

거주자 상호간 또는 거주자와 비거주자간 파상상품거래로서 외국환업무취급기관이 외국환업무로서 행하는 거래에 해당하지 않거나 외국환업무취급기관이 외국환업무로

---

29) 신고면제요건에 대한 자세한 내용은 김용태, 앞의 책, 238~239쪽을 참조.

30) 신고면제요건에 대한 자세한 내용은 김용태, 앞의 책, 241~243쪽을 참조.

서 행하는 거래라고 하더라도 다음과 같은 경우에 해당된다면 외환법상 신고의무가 발생되고, 해당 신고기관은 한국은행총재가 된다(외환규정 제7-40조제2항): ① 액면금액의 100분의 20 이상을 옵션프레미엄 등 선급수수료로 지급하는 거래를 하는 경우, ② 기체결된 파상상품거래를 변경 · 취소 및 종료할 경우에 기체결된 파생상품거래에서 발생한 손실을 새로운 파생상품거래의 가격에 반영하는 거래를 하는 경우, ③ 파생상품거래를 자금유출입 · 거주자의 비거주자에 대한 원화대출 · 거주자의 비거주자로부터의 자금조달 등의 거래에 있어서 외환법 · 영 · 규정에서 정한 신고등의 절차를 회피하기 위하여 행하는 경우, ④ 한국은행총재에게 신고해야 한다고 규정된 경우.

2) 신고의무의 면제

거주자 상호간 또는 거주자와 비거주자간 파생상품거래로서 신고대상요건 파생상품거래에 해당한다면 해당 거래에 대한 신고의무가 발생하는 것이 원칙이지만 외환법 제18조 제1항단서와 외환령 제32조 제2항에 따라 그 파생상품거래가 외환규정상 신고의 예외거래에 해당한다면 외환법상 신고의무는 면제된다(외환규정 제7-40조제1항).

Ⅳ. 기타의 자본거래

1. 거주자와 다른 거주자 간 외국통화표시 기타 자본거래

1) 신고의무의 발생

거주자와 다른 거주자 간 외국통화표시 기타 자본거래 또는 행위를 하려는 경우에는 일반적으로 외환법상 신고의무가 발생하지 않는다. 하지만 거주자가 다른 거주자와 외국통화로 표시되거나 지급을 받을 수 있는 담보 · 보증계약에 따른 채권 또는 채무의 발생 · 변경 · 변제 · 소멸이나 직접 또는 간접의 이전 기타의 처분에 관한 거래에 관하여는 외환규정상 채무의 보증계약에 관한 규정을 준용하여야 한다(외환규정 제7-43조제2항). 그러므로 채무의 보증계약에 관한 규정이 준용되는 거래는 외환법 제18조 제1항에 따라 해당 거래에 대한 신고의무가 발생할 수 있다. 여기에서 거주자와 다른 거주자 간 외국통화표시 기타 자본거래의 적용범위는 다음과 같은 거래 또는 행위가 해당된다(외환규정 제7-43조제1항):

① 거주자가 다른 거주자와 외국통화로 표시되거나 지급을 받을 수 있는 임대차계약 · 담보 · 보증 · 보험(보험업법에 의한 보험사업자의 보험거래는 제외한다) ·

조합 · 사용대차 · 채무의 인수 기타 이와 유사한 계약에 따른 채권 또는 채무의 발생 · 변경 · 변제 · 소멸이나 직접 또는 간접의 이전 기타의 처분에 관한 거래;
② 거주자와 다른 거주자 간의 상속 · 유증 · 증여에 따른 외국통화로 지급을 받을 수 있는 채권 또는 채무의 발생 · 변경 · 변제 · 소멸이나 직접 또는 간접의 이전 기타의 처분에 관한 거래;
③ 거주자가 다른 거주자로부터 외화증권 또는 이에 관한 권리의 취득.

그런데 제①의 경우에서 외환법에서 규정하는 예금계약, 신탁계약, 금전대차계약, 채무보증계약, 대외지급수단 · 채권 등의 매매에 따른 채권의 발생 · 변경 또는 소멸에 관한 거래의 경우를 제외한다. 그리고 제③의 경우에서 당해 외화증권의 취득으로 인하여 해외직접투자의 요건을 충족하게 된 경우에는 외환규정상 직접투자 에 관한 규정에 따라야 한다.

2) 신고의무의 면제

외환법 제18조 제1항단서와 외환령 제32조 제2항에 따라 신고의 예외거래에 해당하는 거래 또는 행위는 신고의무가 면제된다. 그러므로 거주자가 다른 거주자와 외국통화로 표시되거나 지급을 받을 수 있는 임대차계약 · 보험(보험업법에 의한 보험사업자의 보험거래는 제외한다) · 조합 · 사용대차 · 채무의 인수 기타 이와 유사한 계약에 따른 채권 또는 채무의 발생 · 변경 · 변제 · 소멸이나 직접 또는 간접의 이전 기타의 처분에 관한 거래가 예금계약, 신탁계약, 금전대차계약, 채무보증계약, 대외지급수단 · 채권 등의 매매에 따른 채권의 발생 · 변경 또는 소멸에 관한 거래의 경우에 해당하지 않는다면 신고의 예외거래로 적용된다(외환규정 제7-43조제2항).

그리고 거주자가 다른 거주자로부터 외화증권 또는 이에 관한 권리의 취득이 해외직접투자의 요건에 해당하지 않는다면 신고의 예외거래로 적용될 것이다. 아울러 거주자와 다른 거주자 간의 상속 · 유증 · 증여에 따른 외국통화로 지급을 받을 수 있는 채권 또는 채무의 발생 · 변경 · 변제 · 소멸이나 직접 또는 간접의 이전 기타의 처분에 관한 거래도 외환규정상 신고의무로 정하고 있지 않기 때문에 신고의 예외거래에 해당한다고 보아야 할 것이다.

2. 거주자와 비거주자 간 기타 자본거래

1) 신고(보고)의무의 발생

외환법 제18조 제1항에 따라 거주자와 비거주자 간 기타 자본거래 또는 행위를 하려는 경우에는 원칙적으로 신고의무가 발생한다. 그리고 거주자의 자금통합관리 및 그와 관련된 행위에 대한 신고의무는 반드시 자금통합관리 개시 전에 이행하여야 한다(외환규정 제7-46조제3항). 여기에서 거주자와 비거주자 간 기타 자본거래의 적용범위는 다음과 같은 거래 또는 행위가 해당된다(외환규정 제7-44조제1항):

① 거주자와 비거주자 간의 임대차계약(비거주자의 국내부동산 임차는 제외한다) · 담보 · 보증 · 보험(보험업법에 의한 보험사업자의 보험거래는 제외한다) · 조합 · 채무의 인수 · 화해 기타 이와 유사한 계약에 따른 채권 또는 채무의 발생 · 변경 · 변제 · 소멸이나 직접 또는 간접의 이전 기타의 처분에 관한 거래;
② 거주자와 비거주자 간 상속 · 유증 · 증여에 따른 채권 또는 채무의 발생 · 변경 · 변제 · 소멸이나 직접 또는 간접의 이전 기타의 처분에 관한 거래;
③ 거주자가 해외에서 학교 또는 병원의 설립 · 운영 등과 관련된 행위 및 그에 따른 자금의 수수;
④ 거주자의 자금통합관리 및 그와 관련된 행위.

해당 신고(보고)기관은 다음과 같이 구분된다. ① 거주자와 비거주자 간에 계약 건당 미화 3천만 달러 이하인 경우로서 부동산 이외의 물품임대차 계약(소유권을 이전하는 경우를 포함한다)을 체결하는 경우와 ② 소유권 이전의 경우를 제외하고 국내의 외항운송업자와 비거주자 간의 선박이나 항공기를 임대차기간이 1년 이상인 조건으로 외국통화표시 임대차계약을 체결하는 경우에는 거래 또는 행위가 있었던 날로부터 1개월 이내에 외국환은행장에게 거래사실을 보고하여야 한다(외환규정 제7-46조제1항). 하지만 그 밖의 거주자와 비거주자 간 자본거래 또는 행위라면 한국은행총재에게 신고하여야 한다(외환규정 제7-46조제2항).

2) 신고(보고)의무의 면제

거주자가 비거주자 간의 기타 자본거래를 하려는 경우에는 일반적으로 외환법상 신고의무가 발생하지만 외환법 제18조 제1항단서와 외환령 제32조 제2항에 따라 그 거래가 신고의 예외거래에 해당한다면 신고의무는 면제된다. 외환법상 신고의 예외거래는 다음과 같은 거래 또는 행위가 적용된다(외환규정 제7-45조제1항).

(1) 외환법령상 인정된 인정된 거래 등과 관련한 거래 · 행위

① 한국은행, 외국환업무취급기관이 외국환업무를 영위함에 따라 비거주자에게 담보를 제공하는 경우, ② 거주자가 물품의 수출과 관련하여 외국에 있는 금융기관이 발행한 신용장을 그 신용장의 조건에 따라 비거주자에게 양도하는 경우, ③ 거주자가 외

환규정 제9장 제4절의 규정에 의하여 신고수리를 받아 취득한 외국에 있는 부동산을 비거주자에게 취득신고수리 시 인정된 범위 내에서 외국통화표시 임대를 하는 경우, ④ 비거주자가 외환규정에 의하여 외국으로의 원리금 송금이 허용되는 예금 · 신탁 · 증권 등을 금융기관의 자기여신에 관련된 담보로 제공하거나 제3자를 위해 담보로 제공하는 경우, ⑤ 비거주자가 국내에서의 법적절차를 위해 필요한 예치금을 납입하거나 예치금에 갈음하여 내국법인이 발행한 외화증권을 제공하는 경우, ⑥ 보험에 관한 법령의 규정에 의하여 인정된 바에 따라 국내의 거주자가 비거주자와 외국통화표시 보험계약을 체결하거나 외국에 있는 보험사업자와 재보험계약을 체결하는 경우, ⑦ 거주자가 비거주자로부터 상속 · 유증 · 증여에 의한 채권 또는 채무의 발생 · 변경 · 변제 · 소멸이나 직접 또는 간접의 이전 기타의 처분에 관한 거래의 당사자가 되는 경우, ⑧ 기관투자가가 인정된 거래에 따라 보유한 외화증권을 외국증권대여기관(Securities Lending Agent)을 통하여 대여하는 경우, ⑨ 거주자의 현지법인이 거주자의 보증 · 담보제공이 수반된 현지금융을 상환하기 위하여 외환규정 제7장 제5절의 규정에서 정하는 바에 따라 국내에서 원화증권을 발행하는 경우로서 현지법인을 위하여 당해 거주자(계열회사를 포함한다)가 보증 및 담보를 제공하는 경우, ⑩ 비거주자가 거주자로부터 상속 · 유증을 받는 경우가 해당된다.

(2) 국내에서 행하는 거래 · 행위

① 거주자와 국민인비거주자 간에 국내에서 내국통화로 표시되고 지급되는 외환규정 제7-44조 제1항 제1호 · 제2호의 거래 또는 행위를 하는 경우, ② 거주자와 비거주자가 한국예탁결제원, 증권금융회사 또는 증권대차거래의 중개업무를 영위하는 투자매매(중개)업자를 통하여 원화증권 및 원화연계외화증권을 차입 · 대여하거나 이와 관련하여 원화증권, 외화증권 또는 현금(외국통화를 포함한다)을 담보로 제공하는 경우, ③ 거주자가 비거주자로부터 국내부동산을 임차하는 경우(다만, 임차보증금을 지급하는 경우에는 내국통화에 한한다); ④ 외환규정 제7-46조 제1항 제1호의 규정에 해당하는 경우로서 임차계약 만료 전에 수출자유지역 내에서 당해 수출자유지역 관리소장의 허가를 받아 폐기처분하는 경우가 해당된다.

그런데 ②의 경우에서 비거주자의 차입잔액이 300억원을 초과한 경우 최초로 초과한 날로부터 3영업일이내에 비거주자가 한국은행총재에게 보고하여야 하며, 차입잔액 300억원 초과하는 경우의 차입 변동내역은 매월별로 다음달 10일까지 한국은행총재에게 보고하여야 한다(외환규정 제7-45조제2항).

(3) 외환동시결제시스템을 통한 결제 관련 거래 · 행위

① 외환동시결제시스템을 통한 결제와 관련하여 거주자 회원은행이 CLS은행과 결제관련 약정(손실부담약정 포함한다)을 체결하고 동 약정에 따라 자금을 지급 또는 수령하는 경우와 ② 외환동시결제시스템을 통한 결제와 관련하여 외국환은행이 비거주자와 결제관련 약정(손실부담에 관한 합의 포함한다)을 체결하고 동 약정에 따라 자금을 지급 또는 수령하는 경우가 해당된다.

(4) 비영리활동 관련 거래 · 행위

① 종교단체가 해외에 선교자금을 지급하는 경우, ② 비영리법인이 해외에서의 구호활동에 필요한 자금을 지급하는 경우(다만, 해당 법인의 설립취지에 부합하여야 한다), ③ 거주자가 국제기구, 국제단체 또는 외국정부에 대해 의연금, 기부금을 지급 하는 경우가 해당한다.

(5) 그 밖의 특정한 임대차 거래 · 행위

① 신용카드에 의한 현금서비스거래, ② 소유권 이전의 경우를 제외하고 국내의 외항운송업자와 비거주자 간의 선박이나 항공기(항공기엔진 및 외국환거래업무취급지침에서 정하는 관련 주요부품을 포함한다)를 임대차기간이 1년 미만인 조건으로 외화표시 임대차계약을 체결하는 경우, ③ 거주자가 비거주자로부터 부동산 이외의 물품을 무상으로 임차하는 경우, ④ 해외건설 및 용역사업자가 해외건설 및 용역사업과 관련하여 현지에서 비거주자로부터 장비를 임차하는 계약을 체결하는 경우, ⑤ 국제유가증권결제기구에 가입한 거주자가 외환규정 제7-13조 제6호의 일중대출과 관련하여 담보를 제공하는 경우, ⑥ 직전 분기말 기준 자기자본 1조원 이상의 투자매매(중개)업자가 외화증권을 차입 · 대차하는 경우가 해당한다.

그런데 ⑥의 경우에서 직전 분기말 기준 자기자본 1조원 이상의 투자매매(중개)업자는 외화증권의 차입 · 대여 내역(앞서 설명한 ②에 의한 대여 내역을 포함한다)을 매월별로 다음달 10일까지 한국은행총재 및 금융감독원장에게 보고하여야 한다(외환규정 제7-45조제3항).

3. 비거주자와 다른 비거주자 간 내국통화표시 자본거래

1) 신고의무의 발생

외환법 제18조 제1항에 따라 비거주자와 다른 비거주자 간 내국통화표시 자본거래 또는 행위를 행하는 경우에는 원칙적으로 신고의무가 발생한다. 여기에서 비거주자와 다른 비거주자 간 내국통화표시 자본거래의 적용범위는 ① 비거주자와 다른 비거주자 간 내국통화로 표시되거나 지급받을 수 있는 채권 또는 채무의 발생 · 변경 · 변제 · 소멸이나 직접 또는 간접의 이전 기타의 처분에 관한 거래 또는 행위, 그리고 ② 비거주자가 다른 비거주자로부터 원화증권 또는 이에 관한 권리를 취득하는 경우가 적용된다(외환규정 제7-47조). 해당 신고기관은 한국은행총재가 된다(외환규정 제7-48조제2항).

2) 신고의무의 면제

비거주자와 다른 비거주자 간 내국통화표시 자본거래를 하려는 경우에는 일반적으로 외환법상 신고의무가 발생하지만 외환법 제18조 제1항단서와 외환령 제32조 제2항에 따라 그 거래가 신고의 예외거래에 해당한다면 신고의무는 면제된다. 외환법상 신고의 예외거래는 다음과 같은 거래 또는 행위가 적용된다(외환규정 제7-48조제1항).

(1) 해외에서 행하는 내국통화표시 자본거래 · 행위

① 외국환은행해외지점, 외국환은행현지법인이 비거주자와 내국통화표시 거래(비거주자와의 내국통화, 원화표시여행자수표 및 원화표시자기앞수표의 매매에 한한다)를 하는 경우, ② 비거주자와 다른 비거주자 간 해외에서 행하는 내국통화표시 파생상품거래로서 결제 차액을 외화로 지급하는 경우가 해당된다.

(2) 국내에서 행하는 내국통화표시 자본거래 · 행위

① 국민인비거주자와 다른 국민인비거주자 간에 국내에서 내국통화표시거래(자본거래를 포함한다)를 하는 경우, ② 비거주자가 대한민국 내에 체재함에 수반하는 생활비, 일상품 또는 용역의 구입 등과 관련하여 다른 비거주자와 내국통화표시거래를 하거나 비거주자가 대한민국 내에서 허용되는 사업의 영위와 관련하여 다른 비거주자와 내국통화표시거래를 하는 경우, ③ 비거주자와 다른 비거주자 간에 한국예탁결제원, 증권금융회사 또는 자본시장법 시행령에서 인정된 증권대차거래의 중개업무를 영위하는 투자매매(중개)업자를 통하여 원화증권을 차입 · 대여하거나 이와 관련하여 원화증권 또는 현금(외국통화를 포함한다)을 담보로 제공하는 경우가 해당된다.

(3) 외환법령상 인정된 거래 등과 관련한 자본거래 · 행위

① 비거주자가 다른 비거주자로부터 인정된 거래에 따라 취득한 원화증권을 취득하는 경우, ② 외국인투자가가 외투법 또는 외환규정 제7장 제6절 제3관에서 정하는 바에 따라 취득한 증권을 비거주자에게 담보로 제공하는 경우, ③ 비거주자와 다른 비거주자 간 상속 · 유증에 따른 내국통화로 표시되거나 지급받을 수 있는 채권 또는 채무의 발생 · 변경 · 변제 · 소멸이나 직접 또는 간접의 이전 기타의 처분에 관한 거래 또

는 행위가 해당한다.

(4) 외환동시결제시스템을 통한 결제와 관련한 거래

① 비거주자와 다른 비거주자 간 거래에 개재된 원화가 CLS은행과 외환동시결제시스템의 비거주자 회원은행 간 또는 비거주자 회원은행과 다른 비거주자 간의 결제관련 약정을 하는 경우, ② 비거주자와 다른 비거주자 간 거래에 개재된 원화가 외환동시결제시스템의 비거주자 회원은행이 CLS은행으로부터 CLS은행이 정한 일정 한도의 원화 지급포지션(Short Position)을 받거나 고객인 비거주자가 비거주자 회원은행으로부터 일중(Intra-day) 또는 일일(Over-night) 원화신용공여를 받는 거래를 하는 경우, ③ 비거주자와 다른 비거주자 간 거래에 개재된 원화가 외환동시결제시스템의 비거주자 회원은행 간의 결제유동성 감축을 목적으로 하는 In/Out Swap 또는 이와 유사한 거래를 하는 경우, ④ 비거주자와 다른 비거주자 간 거래에 개재된 원화가 유동성공급약정에 따른 CLS은행과 비거주자(Liquidity Provider) 간의 현물환, 선물환 또는 스왑거래를 하는 경우, ⑤ 비거주자와 다른 비거주자 간 거래에 개재된 원화가 외환동시결제시스템의 비거주자가 CLS은행 또는 회원은행으로부터 당초 약정한 통화와 다른 통화로 수령하는 거래를 하는 경우, ⑥ 비거주자와 다른 비거주자 간 거래에 개재된 원화가 CLS은행과 외환동시결제시스템의 비거주자 회원은행 간의 손실부담약정 체결을 하는 경우, ⑦ 비거주자와 다른 비거주자 간 거래에 개재된 원화가 외환동시결제시스템의 비거주자 회원은행과 고객인 비거주자와의 손실부담에 관한 합의를 하는 경우가 해당된다.

(5) 그밖의 특정한 내국통화표시 거래 · 행위

① 비거주자가 외국에 있는 금융기관과 내국통화표시예금거래를 하는 경우, ② 외국금융기관 및 외국환전영업자가 비거주자와 내국통화, 원화표시여행자수표 및 원화표시자기앞수표의 매매를 하는 경우, ③ 비거주자가 외국으로의 원리금 송금이 자유로운 원화예금 및 원화신탁을 다른 비거주자에게 담보로 제공하는 경우, ④ 한국은행과 외국 중앙은행 간의 통화스왑 자금을 활용하여 비거주자와 다른 비거주자 간 내국통화표시 금전대차 계약을 하는 경우, ⑤ 청산은행 및 청산은행이 지정된 국가의 외환시장에서 청산은행에 내국통화 계좌를 둔 외국금융기관(단, 외환령 제14조 제1호에 준하는 금융기관으로 한정한다) 간의 현지통화와 내국통화 간 매매 및 파생상품거래와 내국통화표시 대차거래, ⑥ 청산은행이 지정된 국가의 외환시장에서 청산은행에 내국통화 계좌를 둔 외국금융기관(단, 외환령 제14조 제1호에 해당하는 금융기관으로 한정함)과 비거주자로서 해당국에 주소 또는 거소를 둔 자 간의 무역관련 현지통화와

내국통화 간 파생상품거래 또는 내국통화표시 대차거래(무역금융)를 하는 경우(단, 확인된 무역거래 대금 범위 내로 한정한다)가 해당한다.

V. 신고의무위반행위(죄)에 대한 형사제재

자본거래신고의무위반행위(죄)[31)]란 외환법상 자본거래에 대하여 부과되는 신고의무를 위반하는 행위를 말한다(외환법 제18조·제29조제1항제6호). 본죄는 외환법상 자본거래에 대한 신고의무를 단지 이행하지 않기만 하면 성립되는 불법자본거래행위(죄)만 해당하므로 그 신고내용에 대한 타당성을 인정하는 신고수리를 받지 않았기 때문에 성립하는 해외직접투자 신고의무위반행위(죄)와 해외부동산취득신고의무위반행위(죄)는 본죄의 적용범위에서 제외된다. 본죄의 처벌요건 위반금액은 20억 원이다(외환령 제40조제1항제2호). 따라서 처벌요건 위반금액을 충족하지 못하는 20억원 이하의 신고의무위반행위는 본죄의 적용범위를 벗어나게 되며, 단지 과태료 부과대상 질서위반행위에만 해당될 따름이다.

자본거래신고의무위반죄에 대한 형벌제재는 1년 이하의 징역 또는 1억원 이하의 벌금에 처하되, 위반행위의 목적물 가액의 3배가 1억 원을 초과한다면 그 벌금을 목적물의 가액의 3배 이하로 한다(외환법 제29조제1항). 본죄는 징역과 벌금을 병과할 수 있으며(외환법 제29조제3항), 몰수 · 추징[32)] 및 양벌규정의 적용대상이 된다(외환법 제30조·제31조). 그러나 미수행위에 대한 가벌성은 없다.

31) 형사법적으로 자세하게 설명한 내용은 김용태, 앞의 책, 253~262쪽을 참조.

32) 카지노의 '칩'은 몰수 · 추징의 대상에 포함되지 않는다(대법원 1998.12.22. 선고 98도2460 판결).

제 3 절 직접투자와 부동산취득에 대한 신고의무

Ⅰ. 해외직접투자의 신고의무

1. 개설

1) 해외직접투자의 수단

외환법상 해외직접투자의 수단은 외환규정에 따라 다음과 같은 것이 해당된다: ① 지급수단; ② 현지법인의 이익유보금 및 자본잉여금; ③ 자본재; ④ 산업재산권 기타 이에 준하는 기술과 이의 사용에 관한 권리; ⑤ 해외법인 또는 해외지점 · 사무소를 청산한 경우의 그 잔여재산; ⑥ 대외채권; ⑦ 주식; ⑧ 기타 그 가치와 금액의 적정성을 입증할 수 있는 자산. 해외직접투자의 수단 가운데 '자본재'의 적용범위는 산업시설(선박 · 차량 · 항공기 등을 포함한다)로서의 기계 · 기자재 · 시설품 · 기구 · 부분품 · 부속품 및 농업 · 임업 · 수산업의 발전에 필요한 가축 · 종자 · 수목 · 어패류 기타 주무부장관(해당 사업을 관장하는 중앙행정기관장을 말한다)이 해당 시설의 최초시운전(시험사업을 포함한다)에 필요하다고 인정하는 원료 · 예비품 및 이의 도입에 따르는 운임 · 보험료와 시설을 하거나 조언을 하는 기술 또는 용역을 말한다(외투법 제2조제1항제9호). 한편, 해외직접투자를 행한 개인투자자가 해외에서 영주권 또는 시민권을 취득한 경우에는 더 이상 해외직접투자에 관한 외환규정이 적용되지 않는다(외환규정 제9-5조제6항).

2) 해외직접투자의 적용범위

(1) 외국법인에 경영참가를 위한 투자거래 · 행위

거주자가 소위 외국법인, 즉 외국법령에 따라 설립된 법인(설립중인 법인을 포함한다)이 발행한 증권을 취득하거나 그 법인에 대한 금전의 대여를 통하여 그 법인과 지속적인 경제관계를 위하여 행하는 거래 또는 행위를 말한다(외환법 제3조제1항제18호가목). 여기에서 그 구체적 적용범위는 다음과 같은 것이 해당된다(외환령 제8조제1항):

> ① 외국법인의 경영에 참가하기 위하여 취득한 주식 또는 출자지분이 이른바 투자비율, 즉 해당 외국법인의 발행주식 총수 또는 출자총액에서 차지하는 비율(주식 또는 출자지분을 공동으로 취득하는 경우에는 그 주식 또는 출자지분 전체의 비율을 말한다)로 100분의 10 이상인 투자;

> ② 투자비율이 100분의 10 미만인 경우로서 해당 외국법인과 임원의 파견, 계약기간이 1년 이상인 원자재 또는 제품의 매매계약의 체결, 기술의 제공·도입 또는 공동연구개발계약의 체결, 해외건설 및 산업설비공사를 수주하는 계약의 체결의 어느 하나에 해당하는 관계를 수립하는 것;
> ③ 앞의 제① 또는 제②에 따라 이미 투자한 외국법인의 주식 또는 출자지분을 추가로 취득하는 것;
> ④ 앞의 제①부터 제③까지의 규정에 따라 외국법인에 투자한 거주자가 해당 외국법인에 대하여 상환기간을 1년 이상으로 하여 금전을 대여하는 것.

(2) 외국소재 영업소의 설치·운영자금 및 해외활동자금의 지급행위

거주자가 외국에서 영업소를 설치·확장·운영하거나 해외사업 활동을 하기 위하여 자금을 지급하는 행위를 말한다(외환법 제3조제1항제18호나목). 여기에서 구체적 적용범위는 다음과 같은 자금을 지급하는 것이 해당된다(외환령 제8조제2항): ① 지점 또는 사무소의 설치비 및 영업기금; ② 거주자가 외국에서 법인 형태가 아닌 기업을 설치·운영하기 위한 자금; ③ 해외자원개발법 제2조에 따른 해외자원개발사업 또는 사회간접자본개발사업을 위한 자금(다만, 해외자원개발을 위한 조사자금 및 해외자원의 구매자금은 제외한다).

3) 신고수리의 요건심사 및 결정

거주자로부터 해외직접투자신고를 받은 기재부장관(해당 신고수리기관)이 신고내용을 검토하여 신고수리 여부를 결정할 때에는 신고를 받은 날부터 30일 이내에 신고수리, 거부 또는 거래 내용의 변경권고 여부를 정하여 신고인에게 통지하여야 한다(외환법 제18조제4항; 외환령 제32조제7항제1문). 거주자의 해외직접투자신고에 대하여 기재부장관(해당 신고수리기관)은 외환법에 따라 투자의 적격성 여부, 투자가격 적정성 여부 등의 타당성을 검토하여 신고수리 여부를 결정할 수 있지만 투자업종, 투자규모 등을 고려하여 정형화된 해외직접투자로 인정되는 것으로 미리 고시한 경우에 해당한다면 요건심사를 생략할 수 있다(외환령 제32조제3항제2문).

또한 기재부장관(해당 신고수리기관)은 신고수리의 요건심사를 할 때 신고내용이 불명확하여 심사가 곤란하다고 인정되는 경우에는 지체 없이 상당한 기간을 정하여 보완을 요구할 수 있으며, 신고인이 이 기간에 보완을 하지 아니하면 신고서류를 반려할 수 있다(외환령 제32조제4항). 이 경우 보완에 걸리는 기간은 처리기간에 산입하지 않는다(외환령 제32조제7항제2문).

한편, 해당 신고수리기관으로부터 신고거래 내용의 변경권고를 받은 신고인은 변경권고를 받은 날부터 10일 이내에 해당 변경권고에 대한 수락 여부를 해당 신고수리기관에 알려야 하는데, 그 기간에 수락 여부를 알리지 아니하면 수락하지 아니한 것으로 간주된다(외환령 제32조제5항). 기재부장관(해당 신고수리기관)은 신고인으로부터 변경 권고내용을 수락하지 아니한다는 통지를 받은 때에는 통지를 받은 날(통지가 없는 경우에는 신고인이 변경 권고를 받은 날부터 10일이 지난 날)부터 10일 이내에 해당 자본거래의 변경 또는 중지를 명할 것인지 여부를 결정하여 신고인에게 알려야 한다(외환령 제32조제6항).

4) 투자금의 회수의무

해외직접투자자는 당해 신고의 내용에 따라 투자원금과 과실을 국내에 회수하여야 하고, 만일 해외에서 외환규정에 의해 인정된 자본거래를 하는 경우라면 그러한 회수의무는 면제된다(외환규정 제9-4조).

2. 금융기관을 제외한 거주자의 해외직접투자

1) 신고의무의 발생

거주자가 해외직접투자를 하려는 경우 또는 거주자가 해외직접투자를 한 거주자로부터 당해 주식 또는 지분을 양수받아 해외직접투자를 하려는 경우에는 외환규정에 따라 외환법상 신고의무가 발생한다. 여기에서 ① 거주자가 해외직접투자를 한 거주자로부터 당해 주식 또는 지분을 양수받아 해외직접투자를 하는 경우, ② 이미 투자한 외국법인이 자체이익 유보금 또는 자본잉여금으로 증액투자하는 경우, ③ 누적 투자금액이 미화 50만 달러 이내에서의 투자의 경우에는 거주자가 경우에는 거래가 있은 날로부터 3개월 이내에 사후보고가 허용된다.

해당 신고기관은 거주자(기업체)의 구분에 따라 아래의 〈도표 6-1〉에서 정하는 외국환은행장이 된다. 여기에서 거주자의 신분이 해외이주 수속 중이거나 영주권 등을 취득할 목적으로 지급하려는 개인 또는 개인사업자라면 그 거주자는 해외직접투자의 신고의무가 발생되는 거주자의 적용범위에서 제외된다. 그리고 이미 투자한 현지(외국)법인에 대한 증액투자도 외환법상 신고의무가 발생하는 해외직접투자의 적용범위에 포함된다. 따라서 해외직접투자 건에 대하여 이미 외환법상 신고의무를 이행하였다고 하더라도 그 해외직접투자 건에 추가로 증액투자를 행하려면 또 다시 외환법상 신고의무를 이행하여야 한다.

〈표 6-1〉 해외직접투자의 지정 해당 신고기관

거주자(기업체)의 구분	지정 해당 신고기관
주채무계열 소속 기업체인 거주자	해당 기업의 주채권은행인 외국환은행장
주채무계열 소속 기업체가 아닌 거주자	여신최다은행인 외국환은행장
그 밖의 거주자	거주자가 지정하는 외국환은행장

※ "주채무계열 소속 기업체"란 금융위원회의 은행감독규정에서 정하는 "주채무계열"의 소속 기업체를 말한다.

외환규정에 따라 거주자가 해외직접투자의 신고한 내용을 변경하는 경우에도 해당 신고기관의 장에게 변경신고를 하여야 한다. 여기에서 해외직접투자에 대한 변경신고의 대상범위에는 현지법인의 자회사 · 손회사 설립 및 외환령에 따라 금전을 대여했으나 1년 이내에 회수하는 경우도 포함된다. 그리고 해외직접투자에 대한 변경신고 대상의 내용이 다음과 같은 경우에 해당된다면 변경사유가 발생한 후 3개월 이내에 사후보고도 허용된다: ① 투자자의 상호 · 대표자 · 소재지, 현지법인명, 현지법인의 소재지를 변경한 경우; ② 현지의 예상치 못한 사정이나 경영상 급박한 사정 등으로 사전에 제출한 사업계획을 사전신고 후 변경하는 것이 적절치 않은 경우로서 추가 투자금액을 필요로 하지 않는 경우: ③ 해외직접투자를 한 거주자가 다른 거주자에게 당해 주식 또는 지분을 매각하는 경우.

만일 거주자가 신고를 하지 아니하거나 신고된 내용과 다르게 해외직접투자를 한 경우에는 외환규정에 따라 해당 위반사실을 제재기관의 장에게 보고하고 해당 투자에 대하여 신고기관의 장에게 사후신고를 할 수 있도록 예외를 허용하고 있다.

한편, 외환법상 해외직접투자에 대한 신고의무의 이행절차는 해외직접투자를 하려는 거주자가 해외직접투자신고서에 다음과 같은 구비서류를 첨부하여 해당 신고(사후보고)기관에 제출하는 것이다(외환규정 제9-5조제3항):

① 사업계획서(자금조달 및 운용계획 포함한다);
② 주식을 통한 해외직접투자인 경우에는 공인회계사법에 의한 회계법인의 주식평가에 관한 의견서;
③ 해외직접투자를 하려는 자가 신용정보법에 의한 금융거래 등 상거래에 있어서 약정한 기일 내에 채무를 변제하지 아니한 자로서 종합신용정보 집중기관에 등록되어 있지 않음을 입증하는 서류(다만, 회사정리법 또는 화의법에 의하여 정리절차가 진행되고 있는 기업체가 기존의 유휴설비나 보유기술을 투자하거나 관련 법령이 정한 법원 또는 채권관리단의 결정에 의한 경우에는 예외가 적용된다);

④ 조세체납이 없음을 입증하는 서류;
⑤ 기타 신고기관의 장이 필요하다고 인정하는 서류.

2) 해외직접투자사업의 청산과 사후관리

해외직접투자자가 투자사업을 청산할 때에는 외환규정에 따라 분배잔여재산을 즉시 국내로 회수할 의무가 발생하고 청산관련서류를 신고기관에 보고하여야 한다. 그리고 해외직접투자자가 청산 보고 후 해외에서 외환규정에 의해 인정된 자본거래를 하는 경우에는 그 청산자금을 국내로 회수할 의무가 면제될 수 있다.

한편, 해외직접투자자는 외화증권(채권)취득보고서(법인 및 개인기업 설립보고서 포함), 송금(투자)보고서, 연간사업실적서(해외자원개발사업 및 사회간접자본개발사업으로서 법인 형태가 아닌 투자의 경우는 제외함), 청산보고서, 거주자가 외환규정에 의하여 신고하거나 보고한 내용의 변경보고서, 해외직접투자를 한 거주자가 다른 거주자에게 당해 주식 또는 지분의 매각보고서, 기타 신고기관의 장이 해외직접투자의 사후관리에 필요하다고 인정하여 요구하는 서류를 법정 기일 내에 당해 신고기관의 장에게 제출하여야 한다(외환규정 제9-9조제1항). 다만, 해외직접투자자 또는 투자한 현지법인의 휴·폐업, 현지의 재난·재해 등 불가피한 사유로 해외직접투자자가 보고서 등을 제출하는 것이 불가능하다고 신고기관의 장이 인정하는 경우에는 당해 불가피한 사유가 해소되기 전까지 제출하지 아니할 수 있다.

3. 질서위반행위에 대한 과태료제재

1) 해외직접투자 미신고행위

외환법상 신고의무를 이행하지 아니하거나 거짓으로 신고의무를 이행하고 해외직접투자를 실행한 행위(해외직접투자 미신고행위)로서 그 신고의무 위반금액이 한화 10억 원 이하 상당액에 해당하는 행위를 말한다. 이러한 해외직접투자 미신고행위는 1억 원 이하의 과태료 부과대상 외환질서위반행위에 해당된다(외환법 제32조제2항).

2) 신고수리위반 해외직접투자행위

해외직접투자의 해당 신고수리기관의 수리거부결정을 위반하여 해외직접투자를 실행하였거나 해당 신고수리기관의 거래내용 변경 권고 내용과 다른 해외직접투자를 실행한 행위(신고수리위반 해외직접투자행위)를 말한다. 이러한 신고수리위반 해외직접투자행위는 1억 원 이하의 과태료 부과대상 외환질서위반행위에 해당된다(외환법 제32조제2항).

3) 자본거래 사후보고 불이행행위

외환법상 신고의무를 위반하여 신고에 갈음하는 사후 보고를 하지 아니 하거나 거짓으로 사후 보고를 실행한 행위(자본거래 사후보고 불이행행위)를 말한다. 이러한 자본거래 사후보고 불이행행위는 3천만 원 이하의 과태료 부과대상 외환질서위반행위에 해당된다(외환법 제32조제2항).

Ⅱ. 국내기업 및 외국기업 등의 지사설치 관련 신고의무

1. 해외지사의 설치 · 운용

1) 적용범위

외환법상 해외지사의 설치 · 운용은 거주자가 외국에 해당 거주자의 지점 또는 사무소인 이른바 해외지점을 설치 · 운용하기 위하여 뒤에서 설명하는 일반적인 자본거래와 유사형태 자본거래에 해당하는 행위 및 그에 따른 자금의 수수를 하려는 경우에 적용된다(외환규정 제9-16조). 여기에서 해외지사는 '해외지점'과 '해외사무소'로 구분되는데, '해외지점'은 독립채산제를 원칙으로 하여 외국에서 영업활동을 영위하고자 설치하는 해외지사를 말하고, '해외사무소'는 외국에서 영업활동을 영위하지 아니하고 업무연락, 시장조사, 연구개발활동 등의 비영업적 기능만을 수행하거나 비영리단체(종교단체를 포함함)가 국외에서 해당 단체의 설립목적에 부합하는 활동을 수행하기 위하여 설치하는 해외지사를 말한다(외환규정 제9-17조).

해외지사의 설치 · 운용의 적용범위에 속하는 일반적인 자본거래의 해당범위는 법인의 국내에 있는 본점, 지점, 출장소, 그 밖의 사무소와 외국에 있는 본점, 지점, 출장소, 그 밖의 사무소 사이에 이루어지는 사무소의 설치 · 확장 또는 운영 등과 관련된 행위와 그에 따른 자금의 수수(授受)가 된다(외환법 제3조제1항제19호마목). 그러나 법인의 국내에 있는 본점, 지점, 출장소, 그 밖의 사무소와 외국에 있는 본점, 지점, 출장소, 그 밖의 사무소 사이에 이루어지는 사무소의 설치 · 확장 또는 운영 등과 관련된 행위와 그에 따른 자금의 수수(授受)에 해당된다고 하더라도 외국에 있는 본점, 지점, 출장소, 그 밖의 사무소를 유지하는 데에 필요한 경비나 경상적 거래와 관련된 자금의 수수로서 다음과 같은 지급 또는 수령은 해외지사의 설치 · 운용의 적용범위에서 제외된다(외환령 제9조제1항): ① 집기구매대금, 사무실 임대비용 등 사무소를 유지하는 데에 직접 필요한 경비의 지급 또는 수령; ② 물품의 수출입대금과 이에 직접 딸린 운임 · 보험료, 그 밖의 비용의 지급 또는 수령; ③ 용역거래의 대가와 이에 직접 딸린 비용의 지급 또는 수령. 하지만 개인의 국내에 있는 영업소 및 그 밖의 사무소와 외국에 있는 영업소 및 그 밖의 사무소 간에 이루어지는 사무소의 설치 · 확장 또는 운영 등과 관련된 행위 및 그에 따른 자금의 수수(授受) 또한 자본거래에 해당된다(외환령 제9조제2항제6호).

2) 신고의무의 발생

금융기관이 아닌 '소정의 거주자'가 해외지사를 설치하는 경우에는 외환규정 에 따라 외환법상 신고의무가 발생한다. 해당 신고기관은 지정거래외국환은행장이 된다. 그리고 금융기관이 아닌 '소정의 거주자'의 적용범위는 해외지점을 설치하는 경우라면, 과거 1년간의 외화획득실적이 미화 1백만 달러 이상인 자 또는 기타 주무부장관 또는 한국무역협회장이 외화획득의 전망 등을 고려하여 해외지점의 설치가 필요하다고 인정한 자가 해당되며, 해외사무소를 설치하는 경우라면 다음과 같은 자가 해당된다:

① 공공기관;
② 금융감독원;
③ 과거 1년간 외화획득실적이 미화 30만 달러 이상인 자;
④ 과거 1년간 유치한 관광객수가 8천명 이상인 국제여행 알선업자;
⑤ 2인 이상이 공동으로 하나의 해외사무소를 설치하려는 자로서 공동으로 앞의 제③과 제④의 요건을 충족하는 경우;
⑥ 외화획득업자나 수출품 또는 군납품 생산업자로 구성된 협회 또는 조합 등의 법인;
⑦ 중소기업협동조합;
⑧ 국내의 신문사 · 통신사 및 방송국;
⑨ 산업기술개발촉진법령에 의하여 산업부장관으로부터 국외에 기업부설연구소의 설치가 필요하다고 인정받은 자;
⑩ 대외무역법에서 정하는 바에 의하여 무역업을 영위하는 법인으로서 설립 후 1년을 경과한 자;
⑪ 기타 주무부장관 또는 한국무역협회장이 해외사무소의 설치가 불가피하다고 인정한 자(비영리단체를 포함한다).

3) 해외지사 운영경비의 지급

(1) 해외지점의 영업기금

해외지점을 설치한 자가 해외지점 설치신고 시 신고한 금액범위 내에서 당해 해외지점에 영업기금을 지급하려는 경우에는 지정거래외국환은행을 통하여 지급하여야 한다. 그리고 해외지점 설치신고시 신고한 영업기금을 초과하여 영업기금을 송금하는 경우에는 지급일로부터 1개월 이내에 지정거래외국환은행장에게 보고하여야 한다. 여기에서 영업기금의 적용범위에서 해당 해외지점의 설치비 · 유지운영비 및 영업활동을 위한 운전자금을 포함하지만 현지금융차입에 의한 자금은 제외된다.

한편, 외항운송업자 및 원양어업자의 해외지점 또는 해외건설 및 용역사업자의 해외지점은 독립채산제를 적용하지 아니하며, 이에 따라 영업기금을 지급할 수 없는데, 외환규정에 의한 설치비와 유지활동비는 지급할 수 없는 영업기금의 해당범위에서 제외된다(외환규정 제9-19조제3항). 그리고 부득이한 경우 예외적으로 한국은행총재에게 신고하여 수리를 받은 건에 한하여 독립채산제를 적용할 수 있으며, 매분기마다 해외지점으로의 지급내역 등에 대해 한국은행총재에게 보고하여야 한다.

(2) 해외사무소의 경비

해외사무소의 설치비 및 유지활동비는 지정거래외국환은행을 통하여 지급하여야 한다. 그리고 해외사무소의 확장에 따른 경비를 지급하려는 경우에는 지급일로부터 1개월 이내에 지정거래외국환은행장에게 보고하여야 한다. 아울러 지정거래외국환은행장은 설치비의 정산 결과 미사용잔액이 있는 경우에는 이를 유지활동비로 전용하게 할 수 있으며, 그 전용금액은 해당 사무소의 유지활동비 지급총액에 합산하여 관리하여야 한다.

(3) 국내항공 또는 선박회사 해외지점의 운영경비

외국항로에 취항하는 국내항공 또는 선박회사는 그 항공 또는 선박회사의 해외지점의 주재원급여 · 설치비 및 유지활동비를 그 항공 또는 선박회사의 전 해외지점의 당해 연도 수입금의 100분의 30 범위 내에서 직접 사용하는 것이 허용된다(외환규정 제9-21조제1항). 아울러 국내항공 또는 선박회사는 매 연도별로 각 해외지점의 현지수입금과 앞서 설명한 허용되는 현지수입금 사용명세서를 해당 연도 종료일부터 2월 이내에 지정거래외국환은행장에게 제출하고 사후관리를 받아야 한다.

4) 해외지사에 대한 사후관리

(1) 해외지점의 영업활동

해외지점이 다음과 같은 거래 또는 행위를 하려는 경우에는 외환규정에 따라 한국은행총재에게 신고하여 수리를 받아야 한다: ① 부동산에 관한 거래 또는 행위; ② 증권에 관한 거래 또는 행위; ③ 비거주자에 대한 상환기한이 1년을 초과하는 대 부. 하지만 부동산에 관한 거래 또는 행위에 해당된다고 하더라도 해당 해외지점의 영업기금과 이익금유보액 범위 내(독립채산제의 예외적용을 받는 해외지점의 경우에는 인정된 설치비 및 유지활동비 범위 내)에서 사무실 및 주재원의 주거용 부동산 등 해외에서의 영업활동에 필요한 외국에 있는 부동산의 취득 등과 관련하여 행하는 부동산 거래이라면 한국은행총재에게 신고하여 수리할 필요가 없게 된다. 그리고 증권에 관한 거래 또는 행위에 해당한다고 하더라도 당해 해외지점의 영업활동과 관련하여 해당 주재국 법령에 의한 의무를 이행하기 위한 경우와 당해 주재국 내의 정부기관 또는 금융기관이 발행한 증권으로서 즉시 환금이 가능하며 시장성이 있는 증권에 대한 거래라면 마찬가지로 한국은행총재에게 신고하여 수리할 필요가 없게 된다. 또한, 비거주자에 대한 상환기한이 1년을 초과하는 대부에 해당한다고 하더라도 현지금융은 역시 한국은행총재에게 신고하여 수리할 필요가 없게 된다.

(2) 해외지점의 결산 순이익금의 처분

독립채산을 하는 해외지점을 설치한 자는 해당 거주자의 매 회계기간별로 각 해외지점의 결산재무제표 및 그 부속서류와 결산결과 발생한 순이익금의 처분내역을 회계기간 종료 후 5월 이내에 지정거래외국환은행장에게 제출하여야 한다. 그리고 결산이익금의 처분방법은 전기이월 결손에의 충당 또는 국내에 회수한 후 외국환은행에 내국지급수단을 대가로 매각하거나 거주자계정에의 예치 혹은 당해 해외지점의 영업기금으로의 운용에 의하여야 한다.

(3) 해외지사의 폐쇄 등

해외지사의 명칭 또는 위치를 변경한 자는 외환규정에 따라 지정거래외국환은행장에게 그 변경내용을 사후보고할 수 있다. 그리고 해외지사를 폐쇄할 때는 외환규정에 따라 잔여재산을 국내로 즉시 회수하고 해당 해외지사의 재산목록, 대차대조표, 재산처분명세서, 외국환매각증명서류를 지정거래외국환은행장에 제출하여야 하는데, 해외에서 외환규정에 의해 인정된 자본거래를 하는 경우라면 예외적으로 잔여재산을 국내로 회수하지 아니할 수 있다.

(4) 해외지사의 보고의무

해외지사의 설치에 관한 신고를 한 자는 설치신고를 한 날부터 6월 이내에 현지법규에 의한 등록증 등 지사설치를 확인할 수 있는 서류를 첨부하여 그 설치신고를 한 지정거래외국환은행장에게 설치행위의 완료내용을 보고하여야 하며, 외환규정에 의하여 해외지사가 부동산을 취득 또는 처분하는 경우에는 그 취득 또는 처분일부터 6월 이내에 지정거래외국환은행장에게 그 취득 또는 처분내용을 보고하여야 하고, 또한 해외지점(비독립채산제 해외지점을 제외한다)을 설치한 자는 당해 해외지사의 연도별

영업활동 상황(외화자금의 차입 및 대여명세표를 포함한다)을 회계기간 종료 후 5월 이내에 지정거래외국환은행장에게 제출하여야 하는데, 해외지점을 설치한 자가 휴·폐업 등으로 인해 보고서를 제출하는 것이 불가능하다고 신고기관의 장이 인정하는 경우에는 예외적으로 당해 휴·폐업의 기간에 보고서를 제출하지 아니할 수 있으며, 아울러 영업기금, 설치비, 유지활동비의 지급은 해외지사의 설치신고를 한 지정거래외국환은행을 통하여 이루어져야 하고, 동 지정거래외국환은행은 부동산의 취득 및 처분, 결산, 자금의 차입 및 대여 등에 대하여 해외지사별로 종합관리카드를 작성 비치하거나 전자적 방법으로 사후관리를 하여야 한다.

5) 지정거래외국환은행장의 통보의무

지정거래외국환은행장(한국은행총재 신고내용을 포함한다)은 아래의 〈표 6-2〉와 같은 보고서 또는 서류를 작성하여 그 정한 기일 내에 한국수출입은행을 경유하여 한국은행총재, 국세청장 및 관세청장에게 통보하여야 한다(외환규정 제9-25조제5항). 여기에서 해외지사를 설치한 자가 휴·폐업의 상태에 있어 신고기관의 장이 해외지사를 설치한 자로부터 보고서를 제출받는 것이 불가능한 것으로 인정되는 경우에는 앞서 언급한 통보의무는 면제되며 이 경우 신고기관의 장은 휴·폐업의 사실을 한국수출입은행장에게 보고하여야 한다.

〈표 6-2〉 해외지사에 관한 사후관리 보고서류

보고서명	제출기한/비고
해외지사 설치(변경·폐지)신고(수리)서 사본, 해외지사 설치·현황보고서(분기보)	매분기 익익월 10일 이내
연간영업활동보고서〈해외사무소와 비독립채산제 해외지점은 제외함〉	매익년도 9월말일 이내
사후관리종합내역등 기타 통계 또는 사후관리에 필요한 서류	해외지사별 영업기금·유지활동비 지급현황 및 부동산 취득·처분 현황 포함

6) 질서위반행위에 대한 과태료제재

외환법상 신고의무를 이행하지 아니하거나 거짓으로 신고의무를 이행하고 외국영업소 설치·운영자금 및 해외활동자금의 지급행위로서 그 신고의무 위반금액이 한화 10억 원 이하 상당액에 해당하는 행위는 1억 원 이하의 과태료 부과대상 외환질서위반행위에 해당된다(외환법 제32조제1항).

2. 국내지사의 설치 · 운용

1) 신고의무의 발생

비거주자가 국내지사를 설치하려는 경우에는 외환규정에 따라 외환법상 신고의무가 발생한다. 여기에서 '국내지사'는 국내에서 수익을 발생시키는 영업활동을 영위하는 '지점'과 국내에서 수익을 발생시키는 영업활동을 영위하지 아니하고 업무연락, 시장조사, 연구개발활동 등 비영업적 기능만을 수행하는 '사무소'가 해당된다. 해당 신고기관은 일반적으로 지정거래외국환은행장이 된다. 하지만 비거주자가 ① 자금의 융자, 해외금융의 알선 및 중개, 카드업무, 할부금융 등 은행업 이외의 금융관련업무, ② 증권업무 및 보험업무와 관련된 업무, ③ 외국인투자촉진법 등 다른 법령의 규정에 의하여 허용되지 아니하는 업무 등에 해당하는 업무 또는 앞의 제①부터 제③까지와 관련된 업무의 영위를 목적으로 하는 국내지사를 설치하는 경우라면 해당 신고기관은 지정거래외국환은행장이 아니라 기재부장관이 된다(외환규정 제9-33조제2항). 아울러 국내지사의 설치 · 운용의 적용범위에는 비거주자가 국내지사를 설치 · 운용하기 위하여 외환법에 의한 자금의 수수도 포함된다(외환규정 제9-32조).

한편, 국내지사의 설치신고 방법은 외국기업국내지사설치신고서에 다음과 같은 구비서류를 첨부하여 기재부장관 또는 지정거래외국환은행장에게 제출하는 것이다(외환규정 제9-33조제3항): ① 본점인 외국법인의 명칭 · 소재지 및 주된 영위업무의 내용을 증빙하는 서류; ② 다른 법령의 규정에 의하여 그 설치에 관한 허가 등을 요하는 경우에는 그 사실을 증빙하는 서류사본; ③ 국내에서 영위하고자 하는 업무의 내용과 범위에 관한 명세서. 그런데 국내지사 설치신고를 행한 자가 신고한 내용을 변경하려는 경우에는 외국기업국내지사변경신고서에 변경사실 입증서류 또는 사업계획서(지사의 업무내용 변경 시)를 첨부하여 해당 설치신고를 받은 자에게 제출하여야 하는데, 다만 국내지사의 대표자, 소재지, 업종을 변경한 경우에는 변경사유가 발생한 후 1개월 이내에 사후보고할 수 있다(외환규정 제9-33조제4항).

2) 국내지사의 사후관리

국내지사가 외국의 본사로부터 영업기금을 도입하려는 경우에는 지정거래외국환은행을 통하여 도입하여야 한다. 그리고 외환규정에 의하여 설치신고를 한 지점이 결산순이익금을 외국에 송금하는 경우에도 마찬가지로 지정거래외국환은행을 통하여 송금하여야 한다. 한편, 국내지사의 설치신고를 행한 비거주자가 국내지사를 폐쇄하려는 경우에는 외국기업국내지사폐쇄신고서를 설치신고를 한 해당 신고기관에게 제출하여야 하며, 이와 같이 국내지사의 폐쇄신고를 행한 비거주자가 국내보유자산의 처분대금을 외국으로 송금하려는 경우에는 지정거래 외국환은행장에게 당해 국내지사의 관할세무서장이 발급한 납세증명을 제출하여야 한다.

Ⅲ. 부동산취득에 대한 신고의무

1. 거주자의 해외부동산 취득

1) 신고의무의 발생

거주자가 외국에 있는 부동산 또는 부동산에 관한 권리를 취득하려는 경우에는 외환규정에 따라 원칙적으로 외환법상 신고의무가 발생한다. 해당 신고수리기관은 일반적으로 한국은행총재가 된다. 하지만 거주자가 주거 이외의 목적으로 외국에 있는 부동산을 취득하는 경우 또는 거주자 본인이나 거주자의 배우자가 해외에서 체재할 목적으로 주거용 주택을 취득하는 경우(거주자의 배우자 명의의 취득을 포함한다) 혹은 외국에 있는 부동산을 임차하는 경우(임차보증금이 있는 경우로 한한다)라면 해당 신고수리기관은 한국은행총재가 아니라 예외적으로 지정거래외국환은행장이 된다(외환규정 제9-39조제2항). 그리고 부동산에 관한 권리는 부동산에 관한 물권·임차권 기타 이와 유사한 권리를 말한다. 아울러 거주자의 해외부동산 취득에 대한 신고의무의 이행방법은 부동산취득신고(수리)서를 작성하여 해당 신고수리기관에 제출하는 것이다.

그런데 거주자가 외국부동산 매매계약이 확정되기 이전에 지정거래외국환은행장으로부터 내신고수리를 받은 경우에는 취득 예정금액의 100분의 10 이내에서 외국부동산 취득대금의 지급이 가능하며, 이 경우 해당 거주자는 내신고수리를 받은 날로부터 3개월 이내에 지정거래외국환은행장에게 신고하여 수리를 받거나 지급한 자금을 국내로 회수하지 않으면 안 된다(외환규정 제9-39조제3항).

2) 신고의무의 면제

거주자가 외국에 있는 부동산 또는 부동산에 관한 권리를 취득하려는 경우라고 하더라도 그 부동산 또는 부동산에 관한 권리의 취득이 다음과 같은 경우에 해당된다면 외환규정에 따라 외환법상 신고의무는 면제된다:

① 외국환업무취급기관이 해외지사의 설치 및 운영에 직접 필요한 부동산의 소유권 또는 임차권을 취득하는 거래(해당 해외지점의 여신회수를 위한 담보권의 실행으로 인한 취득을 포함한다);
② 거주자가 비거주자로부터 상속·유증·증여로 인하여 부동산에 관한 권리를 취득하는 경우;
③ 정부가 외국에 있는 비거주자로부터 부동산 또는 부동산에 관한 권리를 취득하는 경우;
④ 외국인거주자와 비거주자의 대한민국에 있는 지점, 출장소, 그 밖의 사무소가 외환법·령의 적용을 받는 거래 이외의 거래에 의하여 외국에 있는 부동산 또는 부동산에 관한 권리를 취득하는 경우;
⑤ 외국환업무취급기관이 외국환업무를 영위함에 따라 해외소재 부동산을 담보로 취득하는 경우;
⑥ 부동산투자회사, 금융투자업자가 당해 법령이 정한 바에 의하여 외국에 있는 부동산 또는 부동산에 관한 권리를 취득하는 경우;
⑦ 법률에 따라 설립된 기금을 관리·운용하는 법인 및 국민연금법에 따라 국민연금기금의 관리·운용에 관한 업무를 위탁받은 법인이 당해 법령에 따라 해외자산운용목적으로 부동산을 매매 또는 임대하기 위한 경우;
⑧ 은행, 보험회사, 종합금융회사가 해외자산운용목적으로 부동산을 매매 또는 임대하기 위하여 해당 기관의 관련 법령이나 규정 등에서 정한 범위 내에서 외국에 있는 부동산 또는 부동산에 관한 권리를 취득하는 경우;
⑨ 해외체재자 및 해외유학생이 본인 거주 목적으로 외국에 있는 부동산을 임차하는 경우.

3) 신고수리요건의 심사와 사후관리

거주자의 외국에 있는 부동산 또는 부동산에 관한 권리의 취득에 대한 신고를 받은 한국은행총재 또는 지정거래외국환은행장은 신고수리요건을 심사한 후 수리여부를 결정하여 신청일로부터 20일 이내 해당 신청인에게 그 신고수리서를 교부하여야 하는데, 해당 신고수리기관이 그 수리여부를 결정하기 위해서는 다음과 같은 사항을 심사하여야 한다(외환규정 제9-38조): ① 외국에 있는 부동산 또는 이에 관한 물권·임차권 기타 이와 유사한 권리를 취득하려는 자가 ⓐ 신용정보법에 의한 금융거래 등 상거래에 있어서 약정한 기일 내에 채무를 변제하지 아니한 자로서 종합신용정보집중기관에 등록된 자, ⓑ 조세체납자 또는 ⓒ 해외이주수속중인 개인 또는 개인사업자에 해당하는 자가 아닌지 여부; ② 부동산취득금액이 현지금융기관 및 감정기관 등에서 적당하다고 인정하는 수준인지 여부; ③ 부동산취득이 해외사업활동과 거주목적 등 실제 사용

목적에 적합한지 여부.

한편 외환규정에 의한 신고수리를 받아 외국에 있는 부동산 또는 이에 관한 권리를 취득한 자는 아래의 〈표 6-3〉과 같은 보고서를 한국은행총재 또는 지정거래외국환은행장에게 제출하여야 한다(외환규정 제9-40조제2항).

〈표 6-3〉 해외부동산 취득 관련 보고서

보고서명	제출기한 등
해외부동산취득보고서	부동산 취득대금 송금후 3월 이내
해외부동산처분(변경)보고서	부동산 처분(변경) 후 3월 이내(3월 이내에 처분대금을 수령하는 경우에는 수령하는 시점)
수시보고서	한국은행총재 또는 지정거래외국환은행장이 취득부동산의 계속 보유여부의 증명 등 사후관리에 필요하다고 인정하여 요구하는 경우

4) 질서위반행위에 대한 과태료제재

외환법상 신고의무를 이행하지 아니하거나 거짓으로 신고의무를 이행하고 실행한 해외부동산 또는 해외부동산에 관한 권리의 취득행위로서 그 신고의무 위반금액이 한화 10억 원 이하 상당액에 해당하는 행위는 1억 원 이하의 과태료 부과대상 외환질서위반행위에 해당된다(외환법 제32조제1항).

2. 비거주자의 국내부동산 취득

1) 신고의무의 발생

비거주자가 국내에 있는 부동산 또는 부동산에 관한 권리를 취득할 경우에는 외환규정에 따라 외환법상 신고의무가 발생한다. 여기에서 부동산에 관한 권리는 부동산에 관한 물권·임차권 기타 이와 유사한 권리를 말한다. 그리고 해당 신고기관은 한국은행총재가 된다. 하지만 비거주자가 국내부동산 또는 국내부동산에 관한 권리를 취득하는 경우가 다음과 같은 경우이라면 해당 신고기관은 예외적으로 외국환은행장이 된다: ① 외국으로부터 휴대수입 또는 송금(대외계정에 예치된 자금을 포함한다)된 자금으로 취득하는 경우; ② 거주자와의 인정된 거래에 따른 담보권을 취득하는 경우; ③ 앞의 제①에 의한 자금(외국에서 직접 결제하는 경우를 포함한다) 또는 앞의 제①과 제②의 방법으로 부동산 또는 부동산에 관한 권리를 취득한 비거주자로부터 부동산 또는 부동산에 관한 권리를 취득하는 경우.

한편, 비거주자가 국내에 있는 부동산 또는 부동산에 관한 권리를 취득할 경우에 신고의무의 이행방법은 부동산취득신고(수리)서에 당해 부동산거래를 입증할 수 있는 서류 또는 담보취득을 입증할 수 있는 서류를 첨부하여 해당 신고기관에 제출하는 것이다.

2) 신고의무의 면제

비거주자가 국내에 있는 부동산 또는 부동산에 관한 권리를 취득하려는 경우에 해당된다고 하더라도 그 경우가 다음과 같은 경우에 해당한다면 외환규정 제9-42조 제1항에 따라 외환법상 신고의무는 면제된다:

① 해저광물자원법의 규정에 의하여 인정된 바에 따라 비거주자인 조광권자가 국내에 있는 부동산 또는 부동산에 관한 권리를 취득하는 경우;
② 비거주자가 본인, 친족, 종업원의 거주용으로 국내에 있는 부동산을 임차하는 경우;
③ 국민인비거주자가 국내에 있는 부동산 또는 부동산에 관한 권리를 취득하는 경우;
④ 비거주자가 국내에 있는 다른 비거주자로부터 토지 이외의 부동산 또는 부동산에 관한 권리를 취득하는 경우;
⑤ 외국인비거주자가 상속 또는 유증으로 인하여 국내에 있는 부동산 또는 부동산에 관한 권리를 취득하는 경우.

3) 취득한 국내부동산 매각대금의 지급절차

비거주자가 국내에 있는 부동산 또는 부동산에 관한 권리의 매각대금을 외국으로 지급하기 위하여 대외지급수단을 매입하는 경우에는 외환규정 제9-43조 제2항에 따라 원칙적으로 외환법상 신고의무가 발생한다. 해당 신고기관은 한국은행총재가 된다. 하지만 비거주자가 다음과 같은 경우에 해당하는 방법으로 취득한 국내에 있는 부동산 또는 부동산에 관한 권리의 매각대금을 외국으로 지급하려는 경우에는 해당 신고기관은 외국환은행장이 된다(외환규정 제9-43조제1항): ① 외환규정 제9-42조 제2항 제1호에 의한 자금으로 같은 규정 제9-42조 제1항 제1호 내지 제4호의 규정에 의하여 국내에 있는 부동산 또는 부동산에 대한 권리를 취득한 경우; ② 외환규정 제9-42조 제2항의 규정에 의하여 국내에 있는 부동산 또는 이에 관한 권리를 취득한 경우(다만 외환규정 제7-13조 제4호의 규정에 의하여 국내부동산 또는 국내부동산에 관한 권리를 취득한 경우를 제외한다); ③ 외환규정 제9-42조 제1항 제5호 및 제9-42조 제3항의 규정에 의하여 국내에 있는 부동산 또는 부동산에 관한 권리를 취득한 경우.

한편, 신고의무의 이행방법은 외환규정 제7-21조 제3항의 규정에 따라 대외지급수단매매신고서(별지 제7-4호 서식)를 해당 신고기관에 제출하는 것이다. 여기에서 해당 신고기관이 외국환은행장인 경우 해당 부동산 또는 이에 관한 권리의 취득 및 매각을 입증할 수 있는 서류를 함께 제출하여야 한다. 하지만 재외동포의 국내재산 반출의 경우라면 외환규정 제4-7조의 규정을 적용한다.

Ⅳ. 신고의무위반행위에 대한 형사제재

1. 불법 해외직접투자행위(죄)

불법 해외직접투자행위(죄)[33]는 외환법상 자본거래에 대한 신고의무를 위반한 행위 중 해외 직접투자에 대한 신고내용의 타당성을 인정하는 신고수리를 받지 않는 행위가 적용된다. 본죄의 처벌요건 위반금액은 20억 원이다(외환령 제40조제1항제2호). 따라서 처벌요건 위반금액을 충족하지 못하는 20억 원 이하의 신고의무위반행위는 본죄의 적용범위를 벗어나게 되며, 단지 과태료 부과대상 질서위반행위에만 해당될 따름이다.

해외직접투자 신고의무위반행위(죄)에 대한 형벌제재는 1년 이하의 징역 또는 1억 원 이하의 벌금에 처하되, 위반행위의 목적물 가액의 3배가 1억 원을 초과한다면 그 벌금을 목적물의 가액의 3배 이하로 한다(외환법 제29조제1항). 본죄는 징역과 벌금을 병과할 수 있으며(외환법 제29조제3항), 몰수 및 추징과 양벌규정도 적용된다(외환법 제30조·제31조). 그러나 미수행위에 대한 가벌성은 없다.

2. 불법 부동산취득행위(죄)

불법 부동산취득행위(죄)[34]는 외환법상 자본거래에 대한 신고의무를 위반한 행위 중 부동산취득에 대한 신고내용의 타당성을 인정하는 신고수리를 받지 않는 행위가 적용된다. 본죄의 처벌요건 위반금액은 10억원이다(외환령 제40조제1항제2호). 따라서 처벌요건 위반금액을 충족하지 못하는 10억원 이하의 신고의무위반행위는 본죄의 적용범위를 벗어나게 되며, 단지 과태료 부과대상 질서위반행위에만 해당될 따름이다. 불법 부동산취득죄의 행위태양은 거주자의 해외부동산 미신고취득행위와 비거주자의 국내부동산 미신고취득행위가 있다.

---

33) 형사법적으로 자세하게 설명한 내용은 김용태, 앞의 책, 288~292쪽을 참조.

34) 형사법적으로 자세하게 설명한 내용은 김용태, 앞의 책, 293~299쪽을 참조.

불법 부동산취득행위(죄)에 대한 형벌제재는 1년 이하의 징역 또는 1억 원 이하의 벌금에 처하되, 위반행위의 목적물 가액의 3배가 1억 원을 초과한다면 그 벌금을 목적물의 가액의 3배 이하로 한다(외환법 제29조제1항). 본죄는 징역과 벌금을 병과할 수 있으며(외환법 제29조제3항), 몰수 및 추징과 양벌규정도 적용된다(외환법 제30조·제31조). 그러나 미수행위에 대한 가벌성은 없다.

부록 : 관세사 시험 기출문제

◆ **2023년도 40회**

(20점)

[문제 4] 다음 물음에 답하시오.

물음 2) 외국환거래법령상 소액해외송금업자와 관련하여 (1) 등록의 요건(영 제15조의2)을 모두 쓰고, (2) 소액해외송금업무의 안전성 확보 기준 등(영 제15조의4)을 4가지만 쓰시오. (10점)

◆ **2022년도 39회**

(20점)

[문제 4] 다음 물음에 답하시오.

물음 2) 외국환거래법령상 (1) 외국환업무(법 제3조) 4가지(단, 법 제3조제1항제16호 마목 제외)를 쓰고, (2) 대통령령으로 정하는 외국환업무(시행령 제6조)를 모두 쓰시오. (10점)

◆ **2021년도 38회**

(20점)

[문제 4] 다음 물음에 답하시오.

물음 2) 외국환거래법상 외국환평형기금을 조성(법 제13조 제2항)하기 위한 재원(財源) 5가지만 쓰시오. (10점)

◆ **2020년도 37회**

(10점)

[문제 2] 외국환거래법상 제21조의2 부담금납부의무자에 해당되는 5개 기관만 쓰시오. (제21조의2 7호 각 목 제외)

◆ **2019년도 36회**

(10점)

[문제 2] 외국환거래법상 '거주자'의 정의와 이와 관련된 '거주자의 범위'(시행령 제10조 제1항) 7가지를 쓰시오. (10점)

◆ 2018년도 35회 (10점)

[문제 6] 외국환거래법령상 소액해외송금업자와 관련한 이행보증예탁기관의 이행보증금의 지급사유와 반환사유에 대하여 각각 설명하시오.

◆ 2017년도 34회 (10점)

[문제 6] 외국환거래법령상 외국환업무취급기관 등의 '건전성 규제' 기준에 대하여 설명하시오.

◆ 2016년도 33회 (10점)

[문제 5] 외국환거래법(제3조 제19호)에서 규정하고 있는 자본거래의 정의에 관하여 설명하시오.

◆ 2015년도 32회 (10점)

[문제 6] 외국환거래법령상 자본거래의 신고 등에 관한 내용 중 경미하거나 정형화된 자본거래로서 ① 사후에 보고하는 거래의 종류와 ② 자본거래신고 등의 예외거래의 종류를 설명하시오.

◆ 2014년도 31회 (10점)

[문제 2] 외국환거래법령상 '외국환거래의 정지 등'을 다루고 있는 규정을 조치의 대상, 관련 사항의 고시, 적용기간, 적용의 제한 등으로 나누어서 설명하시오.

◆ 2013년도 31회 (10점)

[문제 3] 외국환거래규정상 비금융기관의 해외지사 설치신고 시, 설치신고를 하는 각각의 경우에 따른 신고자 또는 신고기관을 서술하시오.

◆ 2012년도 30회 (10점)

[문제 2] 외국환거래법령상에 규정된 지급수단의 개념과 대외지급수단에 대하여 설명하시오

참 고 문 헌

김용태, 외국환거래법 with 외환형사법(서울: 주식회사 부크크, 2024)
______, 무역관계법규(서울: 도서출판 두남, 2024)
박수혁, 행정법강의[제4판]: 주요이론과 논점 및 판례(서울: 법률문화사, 2004)
홍정선, 행정법원론(상) 제11판(서울: 박영사, 2003)
관세청, 외국환거래법 유권해석 사례집(2017)

약 어 표

기재부	기획재정부
공공기관운영법	공공기관의 운영에 관한 법률
공공차관법	공공차관의 도입 및 관리에 관한 법률
금융사지배구조법	금융회사의 지배구조에 관한 법률
금융산업구조개선법	금융산업의 구조개선에 관한 법률
금융실명법	금융거래실명 및 비밀보장에 관한 법률
금융위원회법	금융위원회의 설치 등에 관한 법률
과기정통부	과학기술정보통신부
남북교류협력법	남북교류협력에 관한 법률
대외경협법	대외경제협력기금법
대외무역령	대외무역법 시행령
부정경쟁방지법	부정경쟁방지 및 영업비밀보호에 관한 법률
산업부	산업통상자원부
외국인관광객면세규정	외국인관광객 등에 대한 부가가치세 및 개별소비세 특례규정
외투법	외국인투자촉진법
외환법	외국환거래법
외환령	외국환거래법 시행령
외환규정	외국환거래규정
원산지표시법	농수산물의 원산지 표시에 관한 법률
여신협회장	한국여신전문금융업협회장
자본시장법	자본시장과 금융투자업에 관한 법률
정보통신망법	정보통신망 이용촉진 및 정보보호 등에 관한 법률
채무자회생법	채무자 회생 및 파산에 관한 법률
특정금융정보법	특정 금융거래정보의 보고 및 이용 등에 관한 법률
한 · 미SOFA	대한민국과 아메리카합중국 간의 상호방위조약 제4조에 의한 시설과 구역 및 대한민국에서의 합중국군대의 지위에 관한 협정
환전영업고시	환전영업자 관리에 관한 고시
해수부	해양수산부
HS	Harmonized Commodity Description and Coding System
SOFA군대	한 · 미SOFA에 따른 미합중국군대 및 이에 준하는 국제연합군
SOFA신분자	SOFA군대의 구성원 · 군속 · 초청계약자와 SOFA군대의 비세출자금기관 · 군사우편국 · 군용은행시설

찾 아 보 기

■ 저자약력

김 용 태(jdykim3239@naver.com)

〈학력 및 해외연구 경력〉

- 성균관대학교 문과대학 독어독문학과 졸업
- 서울시립대학교 일반대학원 법학과 석사과정 (행정법전공), 법학 석사
- 서울시립대학교 일반대학원 법학과 박사과정 (행정법전공), 법학 박사
- 독일 Köln대학교 국제경제법연구소 객원연구원(1998.11～1999.2)
- 독일 Giessen대학교 경제형법연구소 객원연구원(2001.4～2001.9)

〈주요 경력〉

- 관세청 FTA집행기획관실 · 조사감시국 관세행정관
- 서울본부세관 조사국 외환조사팀장
- 법무법인 화우 관세팀 파트너 관세사
- 관세청 FTA 정책자문단 자문위원(2015.10~2016.6)
- 관세청 통관물류 정책자문단 자문위원(2016.5~2017.6)
- 한남대학교 무역학과 관세법 및 HS · 관세품목분류 담당 외래교수
- 관세사 국가자격시험 출제(제34 · 38회) · 채점(제34 · 35 · 37 · 38회) 위원
- 국세공무원교육원 외환조사기법 및 사례연구 담당 외부교수
- 세무TV『세무컨설팅최고전문가과정』 전임교수
- 『한국 관세법판례연구회』 사무총장 및『(社)한국 FTA 원산지 연구회』 사무총장
- 건국대학교(글로컬캠퍼스) 경제통상학과 겸임교수
- 덕성여자대학교 국제통상학과 겸임교수

〈주요 저서〉

- FTA 원산지 이야기 (도서출판 두남, 2022)
- 관세행정법 with 관세형사법 (도서출판 두남, 2023)
- 외국환거래법 with 외환형사법 (주식회사 부크크, 2024)
- 관세평가의 법리와 판례연구 (도서출판 두남, 2024)
- 무역관계법규 (도서출판 두남, 2024)

이 기 웅

〈학력〉

- 건국대학교 무역학과 졸업
- 건국대학교 일반대학원 국제무역학과 석사과정 (국제상무전공), 경제학 석사
- 건국대학교 일반대학원 국제무역학과 박사과정 (국제상무전공), 경제학 박사

〈주요 경력〉

- 제14회 관세사 일반시험 합격(1997)
- 반도관세사무소 및 월드세운관세사법인 대표 관세사(2001~2008)
- 인천공항세관 품목분류협의회 위원(2007~2008)
- 관세사 특별전형 및 일반시험 출제위원
- 한국관세사회 교육홍보위원회 위원
- 한국관세학회 사무국장(2012) 및 감사(2013)
- 건국대학교(글로컬캠퍼스) 국제통상학전공 주임교수(2012~2013)
- 한국무역상무학회 이사
- 관세청 관세평가분류원 품목분류협의회 위원(2023~현재)
- 『(사)한국 FTA 원산지 연구회』 연구위원
- 건국대학교(글로컬캠퍼스) 경제통상학과 교수

〈주요 연구논문 및 저서〉

- Export control issues on strategic items: International law perspective and effective implementation
- The Rising Usage of Internet Online Portal Services as Trade Remittance Method : Case of the Small and Medium US Trading Companies
- 다차원척도법을 이용한 중소수출기업의 수출애로요인과 촉진요인 분석 등 다수
- (HS)관세율표 및 상품학 (공저, 한국교육문화원, 2000)
- 내국소비세법 (공저, 도서출판 두남, 2000)

통상행정법 : 대외무역법 · 외국환거래법

초　판 1쇄 인쇄 —— 2024년 12월 26일
초　판 1쇄 발행 —— 2024년 12월 30일
지은이 —— 김 용 태 · 이 기 웅
펴낸이 —— 전 두 표
펴낸곳 —— 도서출판 **두남**
서울시 강동구 성내로 6길 34-16 두남빌딩
신 고 : 제25100-1988-9호
TEL : 02) 478-2066, 2067
FAX : 02) 478-2068
E-mail : dnbooks@dunam.co.kr
http://www.dunam.co.kr

정가 20,000원

ISBN 978-89-6414-704-7 93320